清水幾太郎の闘い

中島道男

東信堂

はしがき

清水幾太郎をどうとらえるか――。

清水には、さまざまな評価がなされている。清水のように、派手に政治的活動や政治的発言をしてきた人は、その側面だけで評価されることがある。評価の軸は、評者の政治的スタンスである。自分のスタンスに沿っていればプラス評価され、自分のスタンスに反した言動であればマイナス評価される。とりわけマイナス評価の場合、一定のレッテルのもと一刀両断される。

しかし、それで、はたして理解したことになるのだろうか？　清水の勘所はつかまえられているのだろうか？

清水幾太郎という人は、表面にあらわれたその政治的言動だけに還元されはしないし、還元してはならない。

清水幾太郎は、単に政治活動家でも単にジャーナリストでもない。単なる社会学者でもないだろう。単なる倫理学者ではもちろんない。何々だと規定することは難しい。知識人としか言いようがない。

清水幾太郎は知識人であるが、知識人を大いに批判してきた人でもある。〈知識人に抗して、とはいえ知識人として〉活動した清水を、まるごととらえなくてはならない。

とはいえ、すべての著作に言及すれば全体像がとらえられるということではないだろう。それに、本だけで百冊近くを書いた人に、そういう迫り方はそもそも不可能である。もちろん、そうしたやり方では、清水の明確な像も浮かんでこない。

レッテルのもとに一刀両断で切り捨てることなく、勘所に届いた清水像をつくる――。そのためには、清水に得意技をすべて出してもらい、それをしっかりと受けとめることが前提になるだろう。評価は、そのうえで、ということになる。

出合い頭に勝負をつけられるはずがない。一瞬で勝負をつけることが強さの証としてありうる、柔道や相撲やボクシングといったスポーツではなく、そう、エンターテイメントとしてのプロレスの一流レスラーのような構え方が必要なのではないか。

清水幾太郎にいかなる読み方をしていくのかについての議論から、本書は始まる。

本書が提示した清水像が狙いどおりのものになっているかどうか、有意義な像を提示できているかどうかは、読者の判断に俟つしかない。本書は、あるていど時系列にそって清水を描いているので、すでに没後三〇年以上にもなる清水幾太郎についてあまり知識を有していない方にも、生涯と著作についての情報を得ながら読んでいただけるようになっているはずである。多くの方に読んでいただけるとうれしい。

目次／清水幾太郎の闘い

凡例

引用個所は本文中に示した。同一著作からの引用が続くときは、頁数のみとしている。

引用文中の〔　〕は引用者（中島）による補足である。

引用文中の旧字体は新字体にした。

清水幾太郎の場合、同一論文が複数の著作に収められていることが多いが、引用は必ずしも最初に収録された著作からではなく、あくまでも私が参照した著作によっている。

『清水幾太郎著作集』(全19巻）に収録されている著作・論文であっても、引用は必ずしも『著作集』からではない。

『著作集』からの引用は、集＋丸囲みの数字＋頁数で表記した。たとえば集⑩二五頁は、『著作集』10の二五頁からの引用であることを示す。

清水の著作からの引用は、出版年、著作名、引用した著作名、頁数を表示する。たとえば、一九三一『社会学批判序説』集①三二頁とあるのは、当該部分が『社会学批判序説』(一九三一年）にあり、引用は『著作集』1によっていること、一九五三「内灘」『現代文明論』一四五頁とあるのは、「内灘」論文（一九五三年）を『現代文明論』から引用していることを示している。

清水以外の文献からの引用にあたっては、基本的に、著者名、頁数のみを表示する。文献リストに著作が複数ある著者の場合は、著者名、出版年、頁数を表示している。

文献一覧は巻末に掲げた。

註は章末においた。

清水幾太郎の闘い

伝統の精髄が庶民の常識および良識によって支えられていることを期待して、知識そのものを懐疑しつづけるのが知識人である。しかし同時に、彼らは庶民のコモンセンスおよびボンサンスに的確な表現を与える仕事をすすんで引き受けたために、知識を信頼せずにはおれないのである。

西部邁[1]

序章　読解のスタンス

清水幾太郎の生涯

清水幾太郎（一九〇七〜一九八八）の自伝（『わが人生の断片』）に主によりながら、その生涯をおおづかみにとらえるとともに、どのあたりに焦点をあてれば清水の姿を的確に描くことができるか、あるいは清水像を描くためにはどこに焦点をあてるべきか、を探ることにしよう。

清水は、日本の社会学の発展にも重要な貢献をした。領域としては、社会学の成立史（一九三五『社会と個人』）、社会学原理（一九五〇『社会学講義』）、社会心理学（一九三七『流言蜚語』、一九五一『社会心理学』）、ジャーナリズム・マスコミ論（一九四九『ジャーナリズム』、一九五八「テレビジョン時代」）などである。その清水は、中学のころから社会学を志望している。それには、関東大震災の大きな影響があった。当時流行っていた天譴説に対しても、清水少年は強く批判していた。関東大震災のインパクトは清水にとってきわめて大きく、自らを「戦後派」ならぬ「地震後派」と規定していたほどである[2]。

社会学への期待にもかかわらず、清水のデビュー作は社会学批判であった。史的唯物論の立場から、コントを代表者とする社会学全般をブルジョア科学として批判したのである。

このあと、清水は、プラグマティズムに接近し、アメリカ社会心理学、プラグマティズムの導入という面でも大きな貢献をした。

社会学批判をしたにもかかわらず、清水は、生涯、社会学、社会科学には思い入れがあった。「完全雇用による会社全入」がもたらした「大学のレジャー施設化」を理由の一つとして退職した(一九七四「戦後の教育について」『戦後を疑う』八三頁)学習院大学での最終講義は、コントについてであった[3]。この日は一九六九年一月一八日、奇しくも安田講堂に機動隊が突入した日である(一九八八「研究室」集⑲九二―九三頁)。岩波新書でもコント論を書いている(一九七八『オーギュスト・コント』)。ブラジルのコント主義者訪問の旅もおこなった。コントにはとりわけ強い思い入れがあったといってよかろう。

このコントへの思い入れとも関連しているだろうが、清水は、倫理・道徳の問題を適切に扱い得ない社会科学を批判している。これは、社会科学の革新の試みである。

このように生涯をざっとみてみたとき、清水をめぐって解明されるべきいくつかの問題が、すぐさま浮かんでくる。――清水のベースとなる思想はなんだろうか？　清水にとってマルクス主義はいかなる位置を占めているのか？　またプラグマティズムの位置は？　いかなる社会（科）学が構想・想定されていたのだろうか？　等々の問題である。

一方、清水は平和運動、米軍基地闘争に参加した。安保闘争では〈全学連主流派同伴知識人第一号〉とも目された。闘争後は、共産党や、安保闘争で共闘したはずの知識人を激しく批判している。安保後の高度大衆消費社会も批判している。

晩年には、いわゆる「右傾化」（本書では、「国家の前景化」と呼ぶことにする）したことも注目された。戦後思想を批判し、教育勅語の復権を主張、核武装をも日本の選択肢として主張したのである。

こうした「国家の前景化」はどこからでてきたのであろうか？　また、このように起伏の多い、清水のキャリアをいかにとらえるのか、ということも検討されるべき問題となろう。

清水は、知識人／大衆図式（後述参照）に依拠して、知識人を批判している。とはいえ、彼は大衆なのではない。大衆が百冊近くもの本を書くのだろうか！

清水は東京帝国大学を出た知識人である。では、どんな知識人なのか？　――いかなる知識人が批判され、いかなる知識人が目指されたのか？

知識人であるからには、いかなる時代に生きたのか、いかなる語り方をしたのか、いかなるスタイルをとっていたのか、だけでなく、いかなる主張をしていたのか、いかなる思想を紡いだのかが問われなければなるまい。

その場合でも、留意したいことがある。ジャーナリズムに生きた知識人は、それぞれの時代の出来事・事件に敏感に反応せざるをえない。しかし、その時々の発言そのものよりも、その基礎にある思惟構造をとらえる必要があるのではないか。

もちろん、清水を理解するためにそのバイオグラフィーをおさえておくことは重要だろう。これについては、さきほど、清水の思想の理解に資するかぎりでおこなっておいた。清水の生涯のできごとについては、このあとも、考察に必要な範囲内でおこなうこととする。

〈思想家〉清水幾太郎への評価

清水への評価は毀誉褒貶さまざまである――。

天野恵一は〈危機のイデオローグ〉と題する清水批判を展開した。このレッテルは批判的なものである。――「権力のイデオローグとして振舞う清水は私の理解を越えていた。そこには自己の過去の思想と対決するといった思想的誠実さが微塵もなかった。権力によりかかって愚劣なデマゴギーを垂流す夜郎自大さだけが目についた」(天野 五頁)。

一方、西部邁は、清水を一言で形容するとしたら〈アジテーター〉である、としている。その意味は、「状況が分裂するという危機のただなかにおいて平衡を保ちつつ、多大の絶望を背に負いながらもかすかな希望を創造すべく、動揺と臆病をなんとかおさえこんで決断と勇気のことばを、人々と一緒の場で、しかしそこでも人々から孤立して、発する人間」であるとされる[4]（西部一九八八：三六七頁）。西部によれば、清水は〈稀代のアジテーター〉なのである。さらに、西部は、アジテーターは〈能動的ニヒリスト〉でもあるとしている。その意味するところは、「価値喪失、目的喪失、関係喪失のゆえにいまにもくずれおれんばかりの背骨をなおも屹立させて前進しようとする強い意志につらぬかれたもの」ということである（三六八頁）。

うえの二つは「左」と「右」からの評であるが、どちらの見方にも一理ある。どちらか一方だけでは、清水の理解としては一面的である。両方を押さえる必要がある。――この辺の事情を具体的にみていくのが、私の清水論になるだろう。

毀誉褒貶さまざまな評価があるのは影響力のある人物にはつねに付きまとうものといえようが、清水の場合は、その主張が時々でいとも簡単に変遷しているように思われるので、なおさらそうした傾向が強い。否定的な評価にあっては、その思想にまで踏み込まずに、そうしたスタイルでもって判断している場合が多いのではないか。

清水は「思想」というものを以下のようにとらえている――。

思想は、「混沌としての現実を一篇のドラマに仕立て上げる活動」であり、このドラマにおいて人間に一定の役割が与えられる。役割を与えられ、それを果たしていくことを通じて、「地上に生きることの意味」が見出されるのである（一九六九「最終講義　オーギュスト・コント」『無思想時代の思想』一九四頁）。つまり、混沌に、地上に生きることの意味を与え得るようなドラマを与えるのが、思想なのである。清水は、この意味で〈思想家〉にほかならない。

ドラマを物語と言い換えてもよかろう。思想家は人々を説得し得るような物語を与えようとする。そして、人々はその物語によって地上に生きることの意味を理解しようとするのだ。思想は、人々を動かさなければならない。行動に結びつかない思想は無意味である。そのためには、人々を説得できなければならない。

〈思想家〉で〈アジテーター〉であった清水は、周囲の評価に臆することなく、自らの考えを表明していったのであろう。清水は、思想の一貫性ということに拘ることはなかった。思想の一貫性それ自体に意味はない。むしろ、それは状況の変化に対応できない知識人であることのあらわれなのである。――そう考えていた。

これは、知識人と大衆はいかなる関係にあるべきかをめぐる問題に関連している。知識人と大衆の関係をめぐる清水の考え方（本書では、「知識人／大衆図式」と呼ぶ。第2章参照）は、本書の大きなテーマの一つである。

清水の立ち位置が「左」だからよい、「右」だからよくない、あるいは「右」だからよい、「左」だからダメというのではなく、私の関心は、清水がいかなるスタンスから社会を論じているか、ということである。それは、清水の社会批判の流儀を探ることである。社会批判の原理――単なる賛成あるいは反対ではなく、社会の論じ方と言ってもよい――をひきだすことである。そして、その社会批判の原理のよって来るところを探ることである。

たとえば、清水は、晩年、国家を前景化させた時期に、大衆よ貴族たれ、さもなくば貴族に従え、という主張をしたのだが、こうした主張はいかなる社会批判に根ざしているのか、が問われなければならない。本書は、この主張の根底にあるものを「貴族／大衆図式」（第3章参照）と呼び、さきほどの「知識人／大衆図式」とはまったく別の文脈でなされたものであることを主張していく。

読解のスタンス

こうした関心からする読解は、読解のスタンスとしていかなる位置にあるといえるのだろうか。

吉本隆明は、思想家を論ずるには、二つのアプローチがあるとしている。一つは、書かれた思想の構造から入るもの。もう一つは、思想と人間とのかかわりや、思想の効力について、社会との相関から入るものである（吉本 一九六三：二四〇―四一頁）。

社会・時代との相関からとらえる清水論はこれまで多くなされてきた[5]。

その時々の問題に対して清水は発言してきたのであるから、その時々の発言の効力やその発言と人間清水とのかかわりなどから清水を論ずるのは必要である、大事である。しかし、少なくとも私の関心からすれば、これでは外濠を埋めることにしかならないのではないかと思われる。

社会のさまざまな事件との相関のみに注目する視角からは、たとえば『倫理学ノート』（一九七二年）などは漏れ落ちてしまうだろう。言及されることがあっても、同書末尾の貴族／大衆の話に触れて、清水は大衆を切り捨ててしまったという安易な批判をするだけになりがちである。外濠を埋めているだけだとする所以である。清水の思考および思想の型（思惟構造）までもとらえなければならないのである。こうした思惟構造をとらえようとしない立場からは、清水における（本書で言うところの）「知識人／大衆図式」と「貴族／大衆図式」とが混同されてしまうのである。社会と人間をめぐる、清水の思想の構造、考え方の枠組み、思惟構造をとらえる試みはまだ十分なされていない。本書の清水論のターゲットはまさしくここである。

本書の狙いは清水の思惟構造をとらえることである。そのためには、個々の政治的・社会的出来事に対する清水の時事的な発言・対応といった、表面に現れたものだけでなく、その由って来るところを見ないといけないだろう。「左」だからよい、「右」だから悪い（あるいはその逆）といったとらえ方ではなく、清水の思想をとらえなければならない、というのが本書の立場である。

先行研究のうち注目すべきものとして竹内と天野をとりあげ、この観点から検討してみよう。

「六〇年安保までの清水の進歩的文化人の旗手という立ち位置とそれ以後の極端な右傾への振り幅の大きさが、多くの進歩的文化人の反撥をかっていた」(竹内 二〇一二：一六二頁) とする竹内は、清水における「転向」問題について、鶴見俊輔、天野恵一等の議論を検討しながら、独自の視点を提示している。

竹内は、体制・権力・時勢への抵抗か迎合かのどちらがタテマエでどちらがホンネであるかの決着をつけようとする方式自体に問題があるという。ホンネの顔をしたタテマエ、タテマエの顔をしたホンネというものがあるように、タテマエとホンネは相互浸透するからである。偽装転向か、偽装抵抗か、真性ファシストかと問うのではなく、三つのいずれにも読み取れる「ジャーナリスト清水の高等修辞的戦略」をとらえきるためには、迎合か抵抗かの二項関係ではなく、迎合、抵抗、差異化の三項関係をみなければならないというのである (一四〇—七四頁)。

これが、「差異化」という第3項を入れた、〈転向パラダイム〉とは異なる〈ジャーナリズムパラダイム〉である。

竹内の批判はもっともなものである。権力への迎合／抵抗かのみをみていては、清水の考え方のおもしろさ――「清水の言論の襞」(一六二頁)――はわからない。とはいえ、「差異化戦略」(二〇八頁) を清水のなかにみることによっても、やはり清水の考え方を真にとらえたことにはならないのではないか。

この差異化戦略論の延長線上に、竹内の清水論において中心的な位置を占める、ブルデュー的な戦略論がおかれている。それは、「知識人の言説（文化的生産物）や実践を知識人の差異化戦略としてみる視点」のことであり、差異化戦略は、「当人の性格や能力などの資質よりも、界における位置＝地位によって、つまり、中心にいる者（正系）か周縁にいる者かによって異なった形で行使される」ととらえられる（二一五頁）。竹内の関心は、その著作の副題にあるとおり、「覇権と忘却」、つまり流行り廃りである。であるからこそ、ブルデュー的な戦略論の角度から切り込むわけである。清水の「覇権と忘却」に切り込むため、丸山眞男等正統派知識人とは異なった、傍系知識人清水の戦略（差異化戦略）をとらえるために、ブルデューが援用されるわけである。「清水のラジカリズム」は「正系への対抗戦略＝覇権戦略」としてあるのである（二二〇頁）。こうした観点から、清水の忘却もとらえられる。「転覆戦略」が清水の知識人としての成功をもたらしたが、「忘れられた思想家になったのも過剰に反復される転覆戦略ゆえのものだった」と（三一五頁）。きわめて社会学的な関心ではある。しかし、私の関心のありようとは異なる。関心の違いであり、いかんともしがたい。

われわれが清水の考え方の枠組み、思惟構造をとらえなければならないというのは、こうした〈ジャーナリズムパラダイム〉およびブルデュー的戦略論を駆使した結果として示された清水の思想あるいは主張の、その基礎にある構造をとらえようということである。他者への差異としてある思想の構造そのものをとらえようということである。

天野は、少なくとも、清水の思想の中身に踏み込んだ議論をしていた。これは、天野の議論のメリットである。これを活かしたい。とはいえ、天野は実践的思想家であり、思想・考えに賛成か反対かという観点から清水を評価する傾向がある。これと、われわれの関心とは異なる。

ちなみに、湯浅泰雄は、ハイデッガーのナチス入党に触れて、次のように述べている[6]。――「哲学研究者としての筆者の立場から評すれば、ハイデッガーのナチス入党を理由にして彼の哲学を批判するのは、哲学そのものに対する侮辱である。なぜなら、ナチス入党はハイデッガー個人の問題にすぎないのに対して、彼の現存在分析の学問的価値は、哲学という学問的地盤においてのみ理論的に吟味さるべき問題であるからである」(湯浅 一二二頁)。われわれの清水論も、基本的にはこの立場である。学問的価値を、政治的スタンスによって即断してはならないであろう。

竹内によれば、清水は現代のメディア知識人の源流・先駆けとされる（竹内二〇一二：二九頁）。しかし、清水を源流とする、現代のメディア知識人とは、どのあたりの人を想定したらよいだろうか、よくわからない。テレビ・コメンテーターあたりだろうか。竹内は、今日、「ネット論壇人やテレビ文化人」などの「メディア知識人の差異化戦略、生存戦略、転覆戦略など、『清水的なるもの』は、かえってあからさまになっている」とみている（三三八頁）。しかし、清水は単なるメディア文化人・コメンテーターなのだろうか。彼自身の自己規定としては、社会学者だったのではないか。時事的評論もいわば清水社会学の一環であったのであろう。少なくとも、清水は単なるテレビ文化人ではない。ちなみに、学習院の教授になる前の一九四六年に、文部省人文委員会の常任委員になってもいるのである（一八九頁）。単なるメディア文化人ではないがゆえに、私なども関心をもったのである。

それゆえ、清水の、そのつどの出来事への反応の基礎にある考え方をとらえなければならない。そのつどの出来事に対して政治的にあるいはジャーナリスティックに反応する清水の考えの底にある思惟構造をとり出すべきではないだろうか。

さきの吉本の分類に従うならば、本書の立場は、思想の構造から入るものということになろうが、いかなる意味でそうなのかについては、もう少し補足が必要であろう。

これまでの清水に関する研究においてまったくといっていいほど不十分だと思われるのは、清水の、ときどきの社会での発言、社会についての発言の奥にあって、いわば清水思想を形づくっている骨組みの発掘である。それを、本書では、清水の思想を支えている思惟構造と呼んでいる。本書がめざしたのはこの、清水の思想を支えている思惟構造の研究にほかならない。それは、必ずしも一貫してはいないだろう。変化もするだろう。それゆえ、思惟構造、考え方の骨組み（フレームワーク）を、その変化とともにとらえよう。清水の思想の評価は、そのうえでなされなければならない。

清水には、そうした骨などないと見る人もいるかもしれない。私は、そうした立場をとらない。清水に骨はないのか？　断じて、否！　清水に骨はある。みていないだけではないのか！　ここで、西田幾多郎の言葉を引いておこう。——「偉大な思想家の書を読むには、その人の骨というようなものを摑まねばならない。そして多少とも自分がそれを使用し得るようにならなければならない。偉大な思想家には必ず骨というようなものがある。大なる彫刻家に鑿の骨、大なる画家には筆の骨があると同様である。骨のないような思想家の書は読むに足らない[7]」(上田閑照 六三頁より)。清水は「偉大な思想家」かどうか、という点には、ここでは触れないことにしよう。

註

1　西部邁 一九八六『大衆社会のゆくえ』(ＮＨＫ市民大学) 日本放送出版協会、一二八頁。

2　たとえば、清水一九五一「私の社会観」『私の社会観』二〇一頁。

3　「私はレジャー業者ではない」という「小さな誇り」を持って清水が退職したのは一九六九年である。清水の退職は、大学がマス段階になったことが原因である、とみることができる。
マーチン・トロウによれば、高等教育進学率15％未満はエリート段階、50％未満はマス段階、50％以上がユニバーサル段階とされる（トロウ 一九七六）。４年制大学についてみれば、日本の場合、一九六四年からマス段階（15・５％）、二〇〇九年からユニバーサル段階（50・２％）である。ちなみに、大学がマス段階になった時期は、高度経済成長期と重なる。

4 清水自身、考え、信じ、行動するのは状況の中であった、という点を強調している。――「万事は、透明な真空の中のことではなく、混沌たる状況の中のことであった」（一九八八「若き読書子に告ぐ」集⑲二四三頁）。

5 清水の（全体）像を提示しようとしている、代表的な先行の清水論としては、天野恵一 一九七九『危機のイデオローグ――清水幾太郎批判』、都築勉 一九七九『戦後日本の知識人――丸山眞男とその時代』、小熊英二 二〇〇三『清水幾太郎――ある戦後知識人の軌跡』、竹内洋 二〇一二『メディアと知識人――清水幾太郎の覇権と忘却』、庄司武史 二〇一五『清水幾太郎――異彩の学匠の思想と実践』など。

6 これは、和辻の『人間の学としての倫理学』がハイデッガーの存在論的分析から影響を受けている点をとらえて、「ヒトラー主義」と「日本主義」を並べることで和辻を批判しようとした戸坂潤への批判、という文脈で指摘されているものである（湯浅 二〇一〇―二一一頁）。

7 西田幾多郎 一九三八「読書」の文章である。

第1章　マルクス主義とプラグマティズム

はじめに

清水のバイオグラフィーをみるとき、誰しもが驚くのは、きわめて早い時期から社会学という学問を志しながら、アカデミック・キャリアのごく最初期に、その社会学を根底から否定する本を書いたことである。なぜ、そんなことになったのか？　なぜ、そんなことをしたのか？　彼のスタンスはいかなるものであったのか？　スタンスの変更が関係しているのだろうか？　これらの問いをひとことで言えば、清水におけるマルクス主義とプラグマティズムとの関連はいかなるものなのか、ということになるだろう。

1. 社会学への期待

社会学へ向って

清水は、易者の勧めもあり、医者になろうと思って、独逸学協会学校中学に進学した（一九二一年）。「日本中の医者の息子が集まる」（一九七五『わが人生の断片』上一七一頁）学校であり、英語ではなくドイツ語の教育がおこなわれていた。

中学3年のとき、関東大震災が発生する。一九二三（大正一二）年九月一日のことである。清水家も被災し、一家は「完全に無一物」になった（二〇六頁）。清水は、地震の恐ろしさを次のように語っている。――「どんな敵が現れても、大地だけは私たちの味方でいてくれる、と暗黙のうちに私たちは信じている。その大地が揺れ始める途端に、私たちは最後の味方に裏切られたような気持になる。火事や洪水は、外部から私たちを襲うのに対して、地震は、内部から私たちを襲うように感じられる。人間というのは、大地から生れ、大地に縛りつけられている存在であるためか、大地が揺れ始めると同時に、人間そのものの最も深い個所が揺れ始める」（二〇七頁）。清水が、一九七〇年代に地震への備えを繰り返し主張するようになる、そのきっかけの一つは関東大震災の経験であった。

この震災の際、さまざまな人たちによって天譴論が説かれた[1]。清水によれば、渋沢栄一子爵が最初だったらしい（二一三頁）。清水は、この天譴論にひどく反発する。修身の授業中、天譴論を説いた教師に、清水は次のような趣旨の質問をした。――「このクラスで私だけが天物暴殄の罪を犯して、私だけが天譴を受けたことになるのではないか。私のことなど、どうでもよい。貧しい、汚い、臭い場末の人々、天物暴殄に最も縁の遠い人々、その人々の上に最も厳しい天譴が下されたことになるのではないか」（二一三頁）。震災の数年前の大正八年、清水は、日本橋薬研掘から、「両国橋を西から東へ渡って」、本所柳島横川町へ引越しをしていた。そこは「場末」であり、「単なる引越ではなく、落ちて行くような引越」であった（一七〇頁）。社会的格差を肌で感じていた清水が、天譴論に鋭く反応したのもむべなるかなである[2]。

　社会的格差へのまなざしについては、「亀戸の紡績工場の火事」にも注目しておくべきだろう。この火事を見に行った清水は、「寄宿舎を焼け出された寝巻き姿の女工たち」が、火がだんだん迫るなか、頑丈な鉄の門の内側で「開けて下さい」と泣き叫んでいるのに、門衛は知らん顔をしていたのを目撃する。やがて火事は下火になって、女工たちも助かる。清水は、「買つて来た女工を会社が逃すものか」という見物人の会話も耳に入っていたので「この事件を黙つていてはいけない」と思うようになり、学校の弁論大会で、「かなり尾鰭をつけて」演説をした。そのため、生徒監の軍人に取調べ受けたが、処分は免れた。それは、担任の加藤先生が弁護してくれたからでもあった（一九五六『私の心の遍歴』集⑩三〇九―一〇頁）。

これら二つのエピソードをやや詳しく紹介したのは、それが、清水の、医学から社会学への進路変更と関係しているからである。進路変更はこれらの事件ののちのことであったのである（二九五―三一一頁）。「君などは社会学をやった方がよい」と清水に言ったのは、担任の加藤先生であった。清水は、このときのことを、「社会学以外のものは、この世から消えてしまいました。私の眼前には、一筋の白い道が開けて来ました」（三一一頁）と回想している。「こうして、私の一生は決定された」（一九七五『わが人生の断片』上二一八頁）とあるように、清水は社会学と運命的な出合いをしたのである。

このあとは、社会学一直線である。すぐにタルドの翻訳書を買い（二二〇頁）、タルドの次には高田保馬を読んでいる（二二二頁）。中学校を四学年修了で官立の東京高等学校に入学した直後、日本社会学会に入会し、例会にも参加する（二三五頁）。日本社会学会は、大震災の年に生れたばかりである（二一九―二二〇頁）。当時は、今のようなマンモス学会ではなく、会員数も多くはなかった。いくら旧制高校とはいえ、高校1年での学会入会というのは、清水の早熟ぶりを物語るものであろう。「天晴れ、小社会学者になった心算で、ドイツ語の社会学文献を手当り次第に読み始めた」という（二三五頁）。

清水は、社会学に大きな期待を抱き、（『わが人生の断片』の章タイトルにもあるように）「社会学へ向って」突き進んでいった。そして、一九二八（昭和三）年東京帝国大学文学部社会学科に入学するのである。

後年、『私の心の遍歴』において、大学入学の頃までの社会学への期待について、次のように語っている。――「人間の社会はどう動いて行くのか、どこから来て、どこへ流れて行くのか、現代の人間はこの流れの中のどこに立っているのか、また、全体として、人間の社会はどういう構造を持っているのか、どういう問題或は困難を背負い込んでいるのか、これ等の問題を解決し、困難を乗り越えるのには、私たちは何をしたらよいのか、本当の社会学はこのような歴史的で包括的で政治的な諸問題に対して答を与えてくれるはずである。少くとも、答を与える努力をしてくれるはずである」（一九五六『私の心の遍歴』集⑩三六〇頁）。そう風変わりな期待とは思われない。時代にもよるだろうが、そうした期待を抱いて社会学を志望する学生は、少なからずいるのだろう。ところが、戸田貞三教授は、その開講講義で、「社会学を勉強して、それで現代の社会問題を解決しようとか、世の中を良くしようとか考えている」学生のことを、「飛んでもない馬鹿な学生」とし、「そんな学生は、社会学科ではなく、どこか他の学科へ行つたらよい、社会学という学問はそんな役には立ちはしない」と語り、清水の社会学への期待に冷や水を浴びせたのである（三五九―六〇頁）。戸田のこの主張も、わからなくはない。これまた時代状況によっては、主任教授としてそう発言せざるを得ないときもあるだろう。戸田の発言にもかかわらず、清水は、社会学を捨てることなく、大学入学まで親しんでいたドイツ社会学ではなく、コントに興味を持つようになっていく。

戸田教授も清水の秀才ぶりを買っていたことは間違いなく、たとえば、清水が1年の終わりごろには、日本社会学会の月刊機関誌『社会学雑誌』に外国の新しい文献の紹介を書くよう勧めている。この「紹介批評」という欄は、それまで、「先生や先輩」が書いており、清水自身が言うように、「入学したばかりの学生が参加するのは、あまり前例のないことであった」のは間違いなかろう。それも単発ではない。「毎月のように」、清水はドイツの雑誌の論文を中心に、一千字の制限で発表していったのである。このときのことを踏まえて、清水は文章観を次のように述べている。——「書くというアクティヴな態度は、文章の長さが厳格に制限されている場合に、本当に生れて来るのではないか。狭い限界がなければ、精神の真実の緊張は生れないのではないか。一千字という制限は、少し極端であったかとも思うが、『紹介批評』の仕事は、私の文章の修行にとって或る貴い意味があった」と(一九七五『わが人生の断片』上二八二―八五頁)。いずれにせよ、清水の秀才は主任教授も認めるものであったのは確かである。

コントへの関心

当時の社会学界は、ドイツの形式社会学が流行しており、綜合社会学は時代遅れとして批判されていた。コントは綜合社会学の代表的な社会学者である。

清水は、高校時代からマルクス主義にも関心をいだいていた。高校時代には、東京帝大新人会の学生の勧めもあり、ブハーリンの『史的唯物論』の読書会を組織していたのである。校長の許可も得たうえで、学校の玄関の横の応接間まで貸してもらっている（二三五―三七頁）。

当時、学界で批判されていたコントの社会学に関心を持ち、卒論に取りあげるようになったのはどうしてだろうか？　コントは流行遅れの社会学者ではないのだろうか？　ここには、ブハーリンが関係している。

「乱暴な表現を用いれば、あの頃は、マルクス主義と言えばブハーリンであった」（二三六頁）。

そのブハーリンについて、清水は、「私の好きなブハーリン」（二六八頁）と述べている。高校時代にも東大入学後にもブハーリンの読書会を組織していた。しかし、高校時代から大学に入ってからのこの三年間で「ブハーリンの地位」は大きく変わった（二六二―六三頁）。「ブハーリンがいけない」と、「或る絶対の権威によって決定された」のである（二六三頁）。ブハーリンの読書会について、清水は、「三年前は、高等学校の応接間で堂々と行われたことが、今は、警察の眼を逃れて密かに行われている」（二六二頁）と語っている。ソ連でブハーリン批判がなされたわけである。

ブハーリン『史的唯物論』（一九二一年）について、清水は、S.F.Cohenに拠りつつ、述べている――「ブハーリンと限らず、この時期に活躍した人たちにとって、マルクス主義は、単に『一党支配国家のイデオロギー』というようなものではなかった」（二六五頁）。それは、コーエンによれば、「現代西洋思想の確立へ向って競争し身構えた瑞々しい諸観念のシステム」であった（二六五頁）。

「一九二〇年代末に始まるスターリン時代から今日に至る、国家（或いは、組織）の絶対権力と一体の絶対思想ではなかった」(二六五頁) のである。

「十九世紀末葉から二十世紀にかけて、西洋諸国で行われた多くの精神的冒険」は、第一次世界大戦後のドイツや革命後のロシアで目覚しく復活していた。「ブハーリンにとって、社会学も、そういう精神的冒険の一つであった」(二六六頁)。ブハーリンは、「社会学は、マルクス主義と同じように、大規模な――多くは歴史的な――スケールの理論であり、これまた自ら科学と称していた」。清水によれば、ジンメル、デュルケム、パレート、M・ヴェーバー等、「多くの社会学説がマルクス主義の批判を含んでいたので、ブハーリンは、これに警戒の態度を取っていたけれども、その半面、多くの社会学説が生み出した成果は尊重していた。これらの諸学説との接触を通じて、彼はマルクス主義社会学としての史的唯物論を豊かなものに作り上げて行こうと考えていた」(二六六頁)。

清水にとっては、「彼のマルクス主義は、『新しい知的潮流を敏感に受け容れる開放的な思想体系』であった」(二六六頁)。ブハーリンの魅力もそこにあった。「ブハーリンにとって、ブルジョア社会学は、西方の他の諸思想と同じように、マルクス主義の発展に役立つ刺戟であり養分であった」(二六六頁)。

ブハーリンの地位は大きく変わってしまったが、清水は、おそらく当時、回想でも語っているように、ブハーリンの「瑞々しい」思想を好み、マルクス主義社会学の可能性に魅力を感じていたのであろう。それが、なぜコント研究に向ったのだろうか？　そこには三木清からの影響があった。「文章のスタイルは、否応なしに思想のスタイルになる。書くスタイルは、考えるスタイルと不可分のものである」（二五二頁）とする清水は、その文章のスタイルを三木に求めた。

「真似をしているうちに、彼が哲学の伝統の中にマルクス主義を据えたように、オーギュスト・コント以来の伝統の中にマルクス主義を据えるという仕事があるのではないか、と私は考え始めた」（二五八頁）。三木は、彼にとって「一つの救い」（二五四頁）であったのだ。――「私も、私たちも、今までの勉強をただ気前よく投げ捨てることによってでなく、むしろ、それとの有機的関係を保ちながら、マルクス主義へ入っていくことが出来るのではないか。三木清の仕事は、そういう救いとして現れた」（二五四頁）。

今まで勉強してきた社会学を捨てることなくマルクス主義へ入っていく道を、三木清が指し示してくれたというのである。

大学に入って、清水は、「突然、よし、オーギュスト・コントを勉強してやろうという気持になった」（二七〇頁）。「コントは、社会学のマルクスではないのか」（二七一頁）、と清水は考えた。

しかし、当時の社会学界で綜合社会学を批判することが流行しており、形式社会学が流行っていた。形式社会学がパラダイムになっていて、「職業的社会学者の間では、綜合社会学は嘲笑されねばならぬものであり、形式社会学だけが方法論的根拠をもつものであった」（二七六頁）。「当時は、誰もコントを問題にしていなかった」(二七一頁)。だからこそ、清水はコントを選んだのである。コントが多くの人の関心を集めていたなら、「私は知らぬ顔をしていたであろう」(二七一頁)。

コントの魅力はどこにあるのか？　ジンメルは例外であるが、多くの形式社会学者たちの学説は、現実の社会や人間とは関係なしにフォーマルであるだけのものであった。それに対して、コントは「現実的関心および歴史哲学的体系という点で、形式社会学とは全く別の世界へ私を導いてくれるであろう」と清水には思われたのである（二七一頁）。この「別の世界」は、「コントより二十年遅れて生れ、二十六年遅れて死んだマルクスが見せてくれる世界に少し似ているかもしれない」(二七一頁)。そこで、「コントは、社会学のマルクスではないのか」という発言がでてきたのである。

清水は、高校時代からブハーリンに可能性をみていた。そこに、三木清の影響が加わり、マルクス主義社会学の可能性を模索するようになった。流行としての形式社会学批判への反抗ということもあった。そこで、大学に入ってから「よしコントをやろう」と決意した。マルクス主義＝ブハーリンの魅力を感じていた清水は、コントとマルクスを重ねてみていたのである。そして、コントで卒論を書き、それが三木清に評価され、『思想』に卒論の一部が掲載されることになる。その少し前に東大を卒業して（一九三一年三月）、副手になっている（四月）3。

清水は、副手になり、「遠い将来の東大教授への微かな道」も期待した。戸田教授が家族についての実証研究を専門としていたからであろう、清水は、今まで関心のなかった「家族をやろう」と思い立つ。しかし、「何冊読んでも一向に面白くなかった」。そのとき、気晴らしに、田山花袋の『生』を読む。これは、「明治末年の、早稲田近辺の、田舎のような土地の家庭の話である」。清水は、家族のなかの「醜い、愚かな、悲しい関係の生々しい描写に吸い込まれて行った」。そして、「百巻ノ研究文献、一篇の小説に如カズ」という気持になり、「読みかけていた家族研究の洋書を放り出した」のである。その後、社会学批判の文章を書き、一九三三年三月、戸田教授に「君は研究室を辞め給え」と言われ、副手を首になるのである。清水は、こうして、「学問とジャーナリズムの間をウロウロする」ようになる。小説がまさに「一生を決めた」のである（一九八五「私の一生を決めた田山花袋『生』」集⑲五五—五八頁）。

副手になったことによって東大教授が単なる夢ではなく、実現可能なものにみえたからこそ、社会学の地道な研究に取りかかったのだが、やがて、東大教授への道を断念せざるをえなくなるという皮肉な結果を生んだということになる。

2. 社会学批判へ——清水はマルクス主義者だったのか

卒論は『思想』をはじめとした雑誌に掲載され、その後、これらの論文をもとにして『社会学批判序説』が出版された（一九三三年九月）。このプロセスのなかにこそ、本章のテーマである、清水のスタンスをどうとらえるかについてのヒントがあると考えられる。マルクス主義とプラグマティズムとは、清水のなかでどのような関連にあるのか？　前者から後者へと乗り換えたのか、それとももっと別の見方をしたほうがよいのか？　こうしたことを考えるために、このプロセスをやや詳しくみていくことにしよう。

『思想』論文と『社会学批判序説』とのあいだ

『わが人生の断片』では、「地震のあとさき」「社会学へ向って」「習作時代」「東大のうちそと」「悲しい処女作」といった章タイトルで、清水が高校・大学時代にいかに社会学に向い、そして（いったん）離れていったかが述べられている。『社会学批判序説』を書いた頃は「習作時代」（一九七五『わが人生の断片』上）と位置づけられている。「習作」という言葉を使うことによって、軽い位置づけをしようとしている。練習段階として、軽く見られるようとしているのである。いわゆる若気の至りと言いたいのかもしれない。

大学の卒論が『思想』に掲載され、そして『社会学批判序説』の出版にまで至った。一見華々しくみえるこの活躍の背後にはいかなる事情があったのだろうか？　『思想』掲載論文と『社会学批判序説』とのあいだにはいかなる事情があったのだろうか？

そこには、唯物論研究会の大きな影響があった。

唯物論研究会の創立は一九三二年一〇月二三日。清水は創立当時の幹事17人のうちの一人であった（古在二五頁）（一九七五『わが人生の断片』下一三頁）。

清水は、その機関紙『唯物論研究』に、加田哲二・大森義太郎批判の論文を書く（一九三三年）。「社会学としての史的唯物論」（一月）、「史的唯物論と社会学」（四月）という論文である。この間、三月に副手を解雇されている。この論文が原因である。この論文を執筆したのは、岡邦雄から書くよう終始要求されていたからであるという。清水は、岡は機関紙の責任者であったのではないか、と回想している。いずれにせよ、清水はせっつかれて書いた論文という位置づけをしているのである（一九七五『わが人生の断片』下一七頁）。

加田は慶應義塾大学の教授であった。大森は、かつて清水が三・一五事件の際の辞職絶対反対のデモに参加したこともある前東大助教授で、労農派の指導者の一人であった。「労農派反駁」が唯物論研究会の政治的方向であり、「モスクワと結びついた講座派」が「南朝」であるのに対し、これと対立する労農派はいわば「北朝」と位置づけられていた（一六―一七頁）。

加田と大森を批判した二つの論文について、清水は、次のように述べている。「読む前から、両氏を攻撃することが決定されていて、この目的に都合のよいように読んで行き、それに相応しい語句を拾い上げ、これを利用して文章を書くのである。それを私は書いたし、身辺の人たちは褒めてくれたが、私自身は、如何にも後味が悪かった。〔中略〕あれは、勿論、当の二氏を傷つけたであろう。しかし、それに劣らぬ傷が私の内部に残った」(一七頁)、と。清水にとって、それは、「私の自殺を意味するような文章」(二四頁)であったのである。というのも、その論文は、それまでの清水のスタンスを否定するものにほかならなかったからだ。

マルクス主義社会学の可能性を追究するブハーリンに魅かれ、コントに社会学のマルクスをみていた清水にとって、あの論文は、「高等学校入学直後のブハーリン以来の、私の内部における社会学とマルクス主義との曖昧な共存関係を破壊せねば書けないもの」であった(一七頁)。加田と大森は、「ブハーリンと同じようにマルクス主義社会学ということを説いていた」からである(一七頁)。その両者を攻撃するためには、「マルクス主義と社会学とは両立しない、マルクス主義に忠実であるならば、社会学を否認せねばならぬ」という主張をしなければならなかった(一七―一八頁)。清水の論文は、社会学は否認されなければならない、という主張をすることになってしまった。これでは、たしかに清水の「自殺」になってしまう。

『唯物論研究』に二つの論文を書いたことによって、「唯物論研究会に入会し、幹事にまで選ばれた時に、それと知らずに結んだ契約を忠実に履行したことになるのであろう」(一七頁)。とはいえ、清水にとっては、自主的にではなくせっつかれて、しかも会の政治的立場を考慮しながら書いたものであるという思いがあった。少なくとも、後年、そのように回想している、そのような物語を作っているのである。清水にとって、唯物論研究会の影響が大きかったことがわかる。

卒論および『思想』論文の時代からそういうスタンスをとっていたのだろうか？　そうであれば、社会学に期待などしないはずだし、東大教授を夢見たりしないはずだ。では、卒論および『思想』等とこの『社会学批判序説』とのあいだの距離はどれほどのものだろうか？

(i)『社会学批判序説』は卒論がベースになっていた。

卒論をまず5本の論文として発表し、それらをまとめ、「加筆」して『社会学批判序説』として出版されたのである（清水禮子、集①「解題」五一五―一八頁）。

(ii)　この「加筆」は大幅な増量であった。

たとえば――「オーギュスト・コントに於ける進歩と秩序」(30枚）は「コントに於ける二つの魂」(79枚）になっている。これを、清水はあくまで「加筆」としてとらえている[4]。とはいえ、これは方向性の大きな変更を伴うことを清水自身が認めている――「『加筆』は、自ら社会学の一切を乱暴に否定するような方向へ進められることになった」(一九七五『わが人生の断片』下三二頁)。

もちろん、説明の補充部分も多くある。これは、いわゆる通常の「加筆」である。

(iii)　したがって、増量という量的変化にとどまらない質的な変化もあったのではないか。

この質的変化についての細かな検討プロセスは割愛するが、『社会学批判序説』で大きく浮上したのは以下の二つである。これらについてもう少し詳しくみながら、『社会学批判序説』に特有の立場がいかなるものかを絞っていくことにしよう。

①コントの階級性について

清水は、コントがいかなる階級の利害を代表するものかという問いをかかげ（一九三三『社会学批判序説』集①一一四頁）、この、「コント社会学、又全実証哲学の階級性闡明」のために、秩序と進歩の観念を通してコント社会学を検討した（一三四頁）。この点に関する清水の『社会学批判序説』での評価は、以下のようなものである――。

ブルジョワジーが要求するのは「秩序と進歩」であり（一二〇頁）、コントによれば、これは「現代の要求である」とされた（一二二頁）。これに対して、清水は、「だが現代社会大衆全体の要求ではなかつたことは既に明らかである」という。「現代の要求」とは「現代のブルジョワジーの要求」にすぎなかった。コントは、さらに、「この要求を人間の本性に根ざすものとしてその尊厳を示さうとした」が、清水によれば、人間としての一切の人間の本性に根ざすものではなく、「ブルジョワジーの本性にのみ属するものである」とされる（一二二頁）。

コントにおける秩序と進歩についてさらに検討しながら、清水は、「進歩に対する秩序の優位」と結論づける（一二八頁）。これは、全人類の利害においてではなく、ブルジョアジーの利害において言われているものであり、「新しい敵プロレタリアート」への対抗としてあるのである（一二九頁)。「革命的理論として完成させられたところの自然法への反対者」としてのコントは、個人主義を非難し、進歩より秩序を、個人主義より全体主義を優先し、「社会的全体の優越」を主張した。これは、まさに、「コントをブルジョワ社会学の祖」として資格づけるものなのである(一三〇頁)。

②社会学と資本主義社会との関係について

社会学における一問題として個人と社会との関係の問題がとりあげられるのが一般的であるが、「余り解明されて来たとは言へない」。というのも、それは、社会学者たちが不勉強であったことのみによるのではなく、「資本主義社会の構造そのものに依つて規定されてゐるところの原因が伏在してゐる」からである(一三〇―三一頁)。

個人の自由なる営利活動を基礎とする資本主義社会は、その原理として個人主義を含んでいるが(一三一頁)、他方、資本主義社会の必然の産物としての近代国家は一個の社会的全体であり、個人主義の無限の主張は国家の秩序の維持と矛盾するようになる(一三二頁)。こうして、清水は次のように主張する。――「個人と社会との関係は一個の矛盾として資本主義そのものに固有なるものである。だが若しも個人が社会的全体に対して決定的な優位を占めるならば所謂社会学はそこでは不可能となる。社会的全体の優位のみが所謂社会学を実現せしめることが出来るのである」。コントにおける進歩に対する秩序の優位こそは、この、「個人に対する社会的全体の優位」を主張するものであったのである(一三二頁)。

さて、①②についてみてきたが、①②ともに質的変化に相当するのであろうか？

①コントの階級性については、オリジナル論文においても主張されている論点である。清水は、コントを「ブルジョワ・イデオローグ」として規定しているのである（一九三一「オーギュスト・コントに於ける秩序と進歩」『思想』八月号九二頁）。清水によれば、コント自身は「プロレタリヤの哲学者の如く振舞つてゐる」が（九二頁）、秩序と進歩との調和に関する彼の主張を検討していくと、アンシャン・レジームを恢復せんとするものに対しては進歩を要求し、レジーム・モデルヌに対する進歩を実行せんとするものには秩序を要求している。コントは、「レジーム・モデルヌの健全なる発展を計らんとするブルジョワジー」にほかならない（九五頁）。

したがって、①については、両者にそう大きな違いはないのではないか。両者とも、コントはブルジョワジーの要求を代弁するものとしてとらえている。とはいえ、『社会学批判序説』においては、「ブルジョワジーの本性にのみ属する」とか、「新しい敵プロレタリア」といった論点で、主張がより補強されたということは言えよう。

資本主義との関係で社会学を位置づけた②が、『社会学批判序説』にみられる新しい論点といえよう。『社会学批判序説』の書下ろし部分である「社会学批判の課題」という冒頭の章の末尾の主張こそが、この新たな論点にほかならない。清水は、次のように主張しているのである。――「右の両氏〔加田哲二と大森義太郎〕の試みあるにも拘らず、社会学と史的唯物論との関係はしかく円満なものであることは出来ない。それは階級闘争の一つの形態であるところの闘争的関係に立つものとして把握されねばならず、従つて吾吾はこの関係に於いて唯一の真なる社会理論としての史的唯物論の建設と擁護とのために社会学を粉砕せねばならぬ。そして社会学の破壊的批判は実に社会学を担ふところの土台としての資本主義の破壊的批判の一部として遂行するのでなくてはならぬ」（一九三三『社会学批判序説』集①四二頁）。

以上のように、質的変化は、唯物論研究会からの影響によって、マルクス主義社会学の可能性を否定し、ひいては社会学そのものを否定するような主張となって現れる。もちろん、「社会学のマルクス」としてのコントの研究の可能性も否定される。

清水の『社会学批判序説』は、卒論に大幅な「加筆」をすることで、質的変化を起こさせ、社会学を否定する内容のものとなった。これには、唯物論研究会が大きく関わっていた。またそこには、さきほども触れた、清水が好きだったブハーリンの位置の変化、マルクス主義陣営でのブハーリンの評価の変化が関係していると思われる。

ブルジョア社会学からも刺激を受けとっていたブハーリンであるが、コーエンによれば、「しかし、レーニンは違う」（一九七五『わが人生の断片』上二六六頁）という。レーニンの『唯物論と経験批判論』（一九〇九年）は、「新しい諸思想との闘争を経て、社会学に対して冷たい敵意を示すようになっていた」(二六六頁)。コーエンは、「この時期から、社会学(いつも括弧がつくようになった)は、ただレーニンの嘲笑を買うものになった」(二六六頁)、としている。言うまでもなく、レーニンは「ロシア革命の指導者であり、マルクスやエンゲルスと並ぶ権威」なのであった(二五五頁)。

清水は、ブハーリンのようにマルクス主義社会学の可能性を構想していた。しかし、レーニンによってブハーリンが批判された。マルクス主義社会学などありえないことになったのである。こうしたなか、唯物論研究会の影響で、加田・大森批判をおこなった。それは、社会学を否認することであった。『社会学批判序説』もまさにこの立場にほかならない。

『社会学批判序説』は、「吾吾の社会理論」たる「プロレタリアートの社会理論」としての史的唯物論(一九三三『社会学批判序説』集①一二―一三頁)によるコント、ひいては社会学そのものの批判を企図したものであった。こうして、清水は、自ら、社会学の一切を乱暴に否定することになった。社会学と史的唯物論との関係について、清水は(さきほども引用したように)次のようにとらえていたのである。――「この関係は「階級闘争の一つの形態であるところの闘争的関係に立つものとして把握されねばならず、従って吾吾はこの関係に於いて唯一の真なる社会理論としての史的唯物論の建設と擁護とのために社会学を粉砕せねばならぬ。そして社会学の破壊的批判は実に社会学を担ふところの土台としての資本主義の破壊的批判の一部として遂行するのでなくてはならぬ」(四二頁)。

しかし、清水は、結局、自らがとったこうしたスタンスを、自分の「自殺」だとした。自己批判という言葉があてまるかどうかはともかくとして、少なくとも以前の立場について考え直したのである。マルクス主義を捨てたということになる。マルクス主義を捨てるという行為は、そのほかの流行思想の乗り換えとは異なった見方をされることになる。いわゆる転向論である。清水は、その生涯においてさまざまに立場変更を繰り返し、これに対し毀誉褒貶がついてまわったのであるが、こうした清水評価には、この最初のマルクス主義の〝放棄〟が大きく関係していたことは間違いない。

清水はマルクス主義者だったのか？

そこで、次に問われるべきは、清水はマルクス主義者であったのかどうか、ということである。それは、キャリアの出発点にある『社会学批判序説』は清水においていかなる位置づけを与えられるのか、という問いでもある[5]。清水は『社会学批判序説』においてコントを、延いては社会学を、マルクス主義の立場から徹底的に批判した。清水にとってマルクス主義はいかなる位置を占めているのか？　清水は芯からマルクス主義者だったのか？

清水は、マルクス主義について、高校2年の頃（一九二六（大正一五）年頃）を五〇年後くらいに振り返って、「それの説く資本主義の崩壊や革命の到来を少しばかり信じ始めていた」（一九七六『この歳月』集⑮一五七頁）と述べている。なぜかといえば、マルクス主義は、「自然な説得力を持っていて、むしろ社会的現実そのものの分泌物のように見えていた」(一五七頁)からである。

「赤い十年間」と呼ばれる一九三〇年代は、「マルクスの予言通り、資本主義が最後の日を迎えたように見え」ていたが、「それ以前から、日本では、貧困、不況、失業などが慢性的になっていたので、私たちは、自分がマルクス主義者であると思わなくても、その用語を使わなければ、現実を説明することが出来ない、そういう立場に追い込まれていた。現実が学説を分泌したというか、現実と学説とが一体に見えたというか、マルクス主義には、今日とは全く違う説得力があった」、と清水は述べている(一九七八『オーギュスト・コント』一二頁)。マルクス主義と現実とが一体に見え、資本主義が終焉するのも時間の問題にように思われた時代に学生生活を送っていた清水にとって、マルクス主義の用語を使うのはまったく自然なことであり、「自分がマルクス主義者である」かどうかはさほど重要なことではなかったのである。

マルクス主義が大学生や旧制高校生を中心にインテリ集団にひろがるきっかけとなったのは、竹内洋によれば、一九一八年(大正七年)の東京帝大の法学部学生たちによる新人会の設立、そして一九二〇年の、東京帝大助教授森戸辰男が発表した論文「クロポトキンの社会思想の研究」をめぐる処分であるという。帝大助教授が論文を書いたことが、逆に社会主義やマルクス主義の威信を高めたのである。これによって、「マルクス主義は壮士あがりのならず者やごろつき集団の思想ではなく、インテリ(学歴貴族)のかっこいい思想」となった。マルクス主義は反教養主義ではなく、

「教養主義の上級バージョン」としてみられることさえあったというのである（竹内 二〇一一：二五七―五九頁）。これは、清水が、東京高等学校に入学[6]（一九二五年）、東京帝大に入学（一九二八年）した頃の状況にほかならない。あの清水が、この「かっこいい思想」に影響を受けないはずがない。

ちなみに、このころ「日本の知識人世界ではマルクス主義が一世を風靡していた」ことの現れとして、湯浅泰雄は西田幾多郎に言及している（湯浅 一五六頁）。西田は、京都帝大を定年退官した翌年（一九二九年）、「夜ふけまでまたマルクスを論じたり　マルクスゆゑにいねてがにする」という歌を詠んでいるのである。これは、この頃しばしば田辺元などが西田の自宅に来て、十二時過ぎまでマルクスについて論じたことを詠んだものである。自由闊達な議論に、西田も、寝付かれなくなるぐらい積極的に付き合ったようである（小林敏明 一四四頁）。マルクス主義が知識人に大きな影響を与えていたことを物語るエピソードであろう[7]。

清水が大きな影響を受け、機関紙に社会学批判の論文を書いた唯物論研究会も、古在由重の証言によれば、次のような性格のものであったという[8]。

清水は唯物論研究会創立当時の幹事17人のうちの一人であった[9]。幹事といえば、中心的なメンバーと思われるかもしれない。しかし、この組織はそもそも「唯物論者集団」ではなく、「およそ『唯物論』というものになにかの関心をいだく人々」の集まりであった。「ひろい層をふくむことを目標」にしていたのである。しかし、権力による弾圧の激しくなるにつれて[10]、「多少とも中心的だった人たちがつぎつぎにこの会をぬけていってしまった」。その結果として、「ついには唯物論者たちだけが最後までふみとどまって、結局は唯物論者集団にならざるをえなかった」(古在 二五一二七頁)。戸坂潤——古在は「わたしたちの集団のキャプテンだった」としている(二三頁)——のように、メンバーのなかには獄死した人もいた。しかし、古在が証言しているように、当初、この研究会は「唯物論者集団」ではなかった。メンバーであっても、また幹事であっても、必ずしも戦闘的なマルクス主義者であるとはかぎらないのだ。

清水はマルクス主義者だったのか？　答は、否、である。一九三〇年代は「赤い10年間」ともいわれる時代であった。いわば、時代がマルクス主義を呼んでいたのである。マルクス主義は流行としてあった。学生のときであれば、なおさらそうした流行に敏感になるだろう。清水もそうだったのではないか——。

この点からみると、天野恵一の清水論はあまりにマルクス主義を重くとらえているのではないだろうか。——天野は、清水の立場を、ウルトラ・マルキシズム↓プラグマ・マルキシズム↓ウルトラ・プラグマティズム↓プラグマ・マルキシズム↓ウルトラ・プラグマティズムという変遷として、マルクス主義を基底に据えてとらえているのである。

象徴的な出来事として、唯物論研究会脱会(一九三七年か)があげられよう。「退会証明書」まで発行してもらっている。和服を着た男性事務局員は、「呆れたという顔、見下げ果てたという表情」をしながらも、書いてくれた（一九七五『わが人生の断片』下五五五頁）。この経緯をみても、当時から、清水は、芯からマルクス主義者ではなかったといえよう。秀才ゆえに流行の思想をうまく使いこなすことができたということではないか。『社会学批判序説』では史的唯物論の立場からコント＝社会学をブルジョア科学として批判していたが、清水はこの仕事をのちに反省していたし、そもそもマルクス主義に心酔していたわけでもない。

マルクス主義に拠って論じたことはあった。しかし、マルクス主義者ではなかったのである。マルクス主義を信奉したことはなかった。秀才の清水にとって、流行のマルクス主義の公式を応用することなど容易いことである。だからマルクス主義に拠って論じてだけのことである。「京都学派」について論じた竹田篤司は、三木清について、三木の友人の評価を援用しながら、次のように述べている。――「パスカルも唯物論も西田哲学も親鸞も、その他、目まぐるしく転回する三木の論題は、すべて三木にとって、『教養的』理解の対象にほかならなかった」(竹田　一三七頁)。これを借りて言えば、清水のマルクス主義も「『教養的』理解の対象」であったということになろう[11]。

マルクス主義者かどうかをみるにあたって、竹内は、社会主義という言葉や、演習で使用されるテキストに注目している。

「安保闘争一年後の思想」論文（一九六一年）において、清水が、「安保改定は『日本資本主義の帝国主義的復活』を意味し、『平和は社会主義と一組』で『有意味』」と述べていることは、竹内によれば、清水の考えが「社会主義思想の枠内で表現されている」ことを示している（竹内二〇一二：二五四頁）。また、竹内によれば、一九六一年度の学習院大学での演習が「ライト・ミルズの社会学説」であったことは、清水が「マルクス主義自体を懐疑の対象としてはいないことの傍証となる」（二六六頁）。一九六二年度の演習では、ハンガリー革命でフランス共産党を脱党したP・フジェロラの『問題としてのマルクス主義』をテキストに使った。これは、清水が、「マルクス主義そのものを問う方向になっており、マルクス主義への懐疑が芽生えはじめていることをあらわしている」、とされる（二六六—六七頁）。竹内は、また、「清水はマルクス主義者であったことはなくても」、「社会主義への前進を通してのみ」とか、「社会主義の展望と予想の下に」といった言い方をしているのは、清水が「社会主義への道を自明視していた」ことのあらわれである、と指摘してもいる（二七一—七二頁）。

こうした竹内の見方によれば、「清水の転向騒ぎ」が「決定的になる」のは『現代思想』（一九六六年）の刊行によってである（二七五頁）。竹内のこの指摘は、なるほど、清水自身の変化についてというよりも、社会の一般的な評価——「転向騒ぎ」——についての記述かもしれない。とはいえ、竹内自身、清水のスタンスをはかる指標を、演習のテキストとか、社会主義という言葉に求めているのは確かである。しかし、授業のテキストそれ自体がマルクス主義に対していかなるスタンスをとっていたかで、そのテキストを使用した者の立場を推測することは、はたして適切なのだろうか。敵の考えを知るために読む、ということはよくあることなのではないだろうか。敵とまでいわなくても、自分が信奉してはいない立場のテキストを読むというのは、ふつうにみられるものであり、それを指標にはできないはずである。

「社会主義」というタームの有無だけを、マルクス主義者であるとかマルクス主義への懐疑とかを判断するメルクマールにすることも、適切とは思われない。

「社会主義」とは何を意味していたのか？　清水は、日本の多くの人々にとって、社会主義は「ただ種々雑多な不満や願望に与えられた仮の名称」であるとも述べているのである。それは、マルクスの学説の研究や吟味を踏まえたものでもなく、また社会主義諸国の歴史・現状の観察・批判を経たものでもない。「互に衝突する願望や要求が大きな袋に入れられ、その袋に『社会主義』と大書されて」おり、「雑」のようなものである、と（一九七五『わが人生の断片』下二二八頁）。清水自身にとってもまた、社会主義はそのようなものであったのだろう。「社会主義」は、status quoへの批判とか、社会の作り替えの可能性とかいった、もっとルースな意味で用いられてもいたのではないだろうか。

われわれは、清水はマルクス主義であったとはとらえていない。もちろん、『現代思想』段階で

「転向」したとはみていない。のちほど、デューイ論（一九五七年）でみるように、清水は、竹内がマルクス主義への懐疑を示唆しているとする時期（一九六一〜六二年ごろ）よりももっと前に、デューイのマルクス主義批判に賛同しているのである。

清水がマルクス主義にコミットメントしていたかどうかを示しているエピソードを、一つみておこう（一九五六『私の心の遍歴』集⑩三六五頁）。

清水の社会学への期待は、ひとことで言えば、社会学の研究を通じて現状から脱出することである。しかし、すぐさま、清水はこう述べている。「現状からの脱出、とはいかにも体裁のよい言葉ですが、簡単に言ってしまえば、出世したいということになるでしょう」。本音は、「出世したい」「世の中で立派な地位に就きたい」ということだ、と。マルクス主義の学説の研究、そしてその学説に従った行動によって、「私は出世出来るでしょうか」と問い、「現状からの脱出は出来るでしょうが、出世は出来そうもありません」と結論づける。（『私の心の遍歴』は『婦人公論』の連載がもとになっている。読者は大多数が女性だろう。清水は、読者が女性であることを意識して、ある程度ウケを狙いつつ本音を語っているのではないか……）。もちろん、清水も述べているように、出世が「出来る出来ないの問題より、危険ということが先に出て参ります」という時代状況もあった。高等学校入学の年（一九二五年）に治安維持法ができ、大学入学の年（一九二八年）には、死刑と無期懲役が追加されている。「マルクス主義は、出世とは逆の方向と言わねばなりません」。

『私の心の遍歴』には、これと関連した、清水の正直な本音が語られている。連載時のタイトルが「インテリになりたい」とされている文章である。清水一家が日本橋から「川向う」(二八九頁)の本所に引っ越した頃──「江戸時代以来の繁栄と趣味とをとどめている日本橋から見れば、本所は汚いのです」(二八九頁)など、清水はこの引越しをいわゆる〝都落ち〟としていろんなところで語っている──をふり返りつつ、清水は自分の将来・進路について次のように語っている。「何になりたいのか。何でもよいのです。要するに、インテリでありさえすれば」(二九一頁)、と。ふり返ってみれば、ということではあるが、インテリということが「私の心を占領していた」という。「何でもよいから学問と縁のある人間になりたい。それだけでした」(二九一頁)。医者になることを目指し独逸学協会学校中学へ進学するが、やがて医者への夢もしぼみ、「後に残ったのは、ただ学問と縁のある人間というボンヤリした姿でした」ということになったのである(二九一─九二頁)。

インテリ、知識人へのこだわりということが、清水の、少なくともこの自伝を書いている頃(一九五〇年代半ば)の清水の心の中に渦巻いていたのである。この思いは、終生、清水のなかにあったのだろう。清水は知識人である。知識人として出世したのである。その知識人清水は、知識人のあり方をめぐって、他の知識人たちを批判していくようになるのである。清水の知識人像はいかなるものだろうか。本書の関心はそこのところにあるが、今ここで確認しておきたいのは、清水にとってマルクス主義は、史的唯物論こそわれわれの理論だと言っていたときにも、インテリの道具としての教養の一つであったということ、芯からのマルクス主義者などではなかった、ということである。

3. プラグマティズムへの目覚め——デューイの重要性

副手を解雇された清水は、内職の一つとして、児童の問題について原稿を書くという仕事を獲得した。そのための勉強をとおして、アメリカのプラグマティズムへ目覚めることになる。一九三四年のことである。

プラグマティズムへの目覚めは、清水にとって、「見えなかったものが一挙に見えて来た」、いわば「啓示」として振り返られている。「本当は日を逐って展望が開けて来たのかも知れないが、十五年を経た今日から回顧すると、昭和九年の或る日に突如として思いも寄らぬ展望が開けたとしか考えられぬ」(一九七七『私の読書と人生』集⑥四四一—四四二頁)、と。それらは、「生物としての人間に与えられた性質と可能性、社会生活がこれに加える選択的作用、社会的に形成された諸個人が逆に社会を形成して行く事実」(四四二頁)についてである。なかでも、デューイの影響は大であった。デューイの『人間性と行為』は、「或る人間にとって救済の書である」という意味で、清水にとって「聖書」であった(四四二頁)。

清水のデューイ論

清水のプラグマティズム理解を、早い時期の論文にみてみよう。プラグマティズムからいくつかの重要な論点が引きだされている。

・倫理の問題の根本的解決は、社会の改革に向って進まねばならぬ（一九四一「現代アメリカの倫理思想」『民主主義の哲学』四一頁）。

・究極の善＝崇高な善と現実の生活において決意を迫られるところの諸問題とを区別し、後者に注目する（七〇―七一頁）。

・「人間がその生活を通じて出会ふ問題は、殆ど凡て道徳の問題である。だが古来究極の善を求めて来た倫理学が一としてこれ等の問題に答へ得たであろうか」（七一頁）。

・倫理学の問題は、「哲学者の問題」ではなく「多くの人々の問題」、コモン・マンの問題である（七二頁）。人間生活の凡ゆる問題はアメリカに於いて倫理的反省の対象となっている（七二頁）。

・世界が未完成でありプラスティックであるという確信がデューイにある（八八頁）。

「アメリカ思想に関する報告を企てながら、寧ろ身勝手な告白になつてしまつたところが多い」（一九四六「二十世紀思想としてのアメリカ思想」『民主主義の哲学』一八〇頁）とあるように、この時期、清水はアメリカの思想を語りながら自分の思想を語っている。さきほどから紹介している論文が収められている『民主主義の哲学』(一九四六年) という著作が代表的である。

この著作において、清水は、アメリカ思想、とりわけプラグマティズムに拠りながら、「多くの人々の問題」、すなわち「普通の日常生活に没頭する人達が、その生活の底に於いて遭遇するところの問題」(一九四一「凡人の哲学」『民主主義の哲学』五頁) を解決することの重要性を指摘している。ちなみに、論文タイトルの「凡人の哲学」とはデューイの哲学のことであり、デューイは「コモン・マンの哲学者」とされている (一頁)。清水は、プラグマティズムの、「学説への義理や潔癖でなく、現実の問題の解決だけが関心事である」ことに注目しているのである (一九四六「二十世紀思想としてのアメリカ思想」『民主主義の哲学』一七一頁)。

これらの論点はみな、さきほどの「現代アメリカの倫理思想」論文に凝縮されていたものである。

プラグマティズムへの目覚めは、唯物論研究会からの退会に先立つ三年ほど前のことであった。芯からのマルクス主義者ではなかったうえに、多くの人々の現実の問題の解決を目指すプラグマティズムに出合ったことで、清水のマルクス主義離れが決定的となったのである。

興味深いのは、後の『倫理学ノート』(一九七二年) の構想もこの観点からなされているということである。『倫理学ノート』は、現実の問題はほとんど倫理的問題であり、こうした問題を倫理学は対象としなければならないという、きわめて初期の関心の発展線上にあるのである。この論点については、第3章で論じる予定である。

清水へのプラグマティズムの影響のうち、デューイからがとりわけ大きかった。デューイの『人間性と行為』は「聖書」と位置づけられていたのである。

論文「デューウィの思想」(一九五七年)で、清水はデューイへのダーウィンの影響に注目している。清水が依拠するのは、デューイの講演「ダーウィニズムの哲学への影響」(一九〇九年)[12]である。ちなみに、一九〇九年は『種の起源』(一八五九年)公刊五十周年にあたる。

清水がデューイをどう評価しているかをみることを通して、プラグマティズムへの清水のスタンスを見ておこう——。この論文を検討することによって、清水の拠って立つところがマルクス主義なのかプラグマティズムなのかについても、示唆されるところ大だと思われる。清水のこのデューイ論は、清水におけるマルクス主義とプラグマティズムの関連をみるための、連結器としての役割を果たしてくれるのである。やや詳しくみていこう。

デューイはダーウィンの意義を重視している。

アリストテレスが名づけたエイドス=形相を、スコラ学者たちはスペキエス（Species）というラテン語に翻訳したのであり、「種の起源」は「エイドスの起源」である（一九五七「デューウィの思想」『私の社会学者たち』二五六―五七頁)。エイドス・スペキエスは固定的形式・目的因であって、「知識及び自然の中心的原理」であるのに対し、変化は「一種の堕落となり、知性を侮辱するもの」となる。このとき、学問は「変化する自然の背後にある不変の超越的実在を捕えようとするもの」となり、「学問は、当然、普通の感覚や経験を超えた特別の合理的能力に基づくもの」でなければならなくなる（二五六―五七頁）。これに対してダーウィンがおこなったのは、「種の、スペキエスの、エイドスの固定性を否認して、これを目的のない進化の流れに投じ」ることであった（二六九頁）。

たしかに、それ以前の十六・十七世紀における物理学の発達も、古典的な哲学を疑問に附してはいた。たとえばガリレイも、「或る固定した究極的目的に変化を従属させようとする態度」を追放した（二五六―五七頁）。しかし、「生命、精神、政治に対する新しい科学的方法の衝撃」は、「生命の園の門」の前で閉ざされていた。新しい観念に向って「生命の園の門」を広く開いたのが、ダーウィンなのである。「発生的及び実験的な研究方法」は無機界から有機界にまで拡張されたのである。デューイが主張したのは、「ダーウィンは、『生命の園』を通って、更にこの方法を精神、倫理、政治の領域へ導き入れようとするものである」（二五八頁）ということであった。

このように、デューイにとっては、「一般的な真理や善が存立するというのは、畢竟、不変で究極的なエイドスを空しく求める伝統的な哲学の通弊に過ぎ」ないのであり、「特殊的で具体的な個々の状況と、そこに生じた一々の問題の個別的な処理だけが重要な且つ有意味な事柄」である（二六六頁）。ダーウィンの進化論は、「人間を超自然的なものから最後的に解放した」のである（二六〇頁)。清水は、この文脈で、人間の責任の登場ということに注目している。「人類が無能力であった時代は、人類の背負い切れぬ責任を超越的原因に負わせていたのだが、具体的条件の研究が行われるようになれば」、「古い包括的問題は問題としての意味を失」い、「新しい具体的問題」が現われ、「人間は〔この〕特殊的問題の具体的解決においてのみ真に責任を負うことが出来るものである」(二五九頁)。人間の責任範囲が限局された、というよりも正確には、限局されたからこそ人間の責任という考えが成立したということであろう。

デューイによるダーウィンの大まかな位置づけは確認できたので、いよいよデューイ思想の中身を、われわれの清水論に関連するかぎりでみていくことにしよう。

デューイにとって、「人間は一個の有機体」である（二六〇頁）。この「有機体としての人間は、植物や動物と一つのものとして、植物や動物と共有する条件において捕えられる」(二六〇頁)。人間も「自然の懐に抱かれ」ているし、自然が「環境」なのである（二六〇頁)。「人間に関する問題の一切は、有機体と環境との間の関係を一瞬も離れることが出来ぬ」のである（二六一頁)。「有機体である以上、人間は、決して最初から思惟の主体として生活しているのではない」(二六一頁)。伝統的な哲学の前提とは異なり、「現実の人間は、一般に非反省的な経験のうちに生きている」の である（二六一頁)。一切の出発点として経験があるのだ。この経験という概念は、有機体としての人間という考えと異なるものではない。「経験という観念は、有機体と環境との関係を有機体の側から摑んでいるもの」なのである（二六一頁）。

「経験」という言葉は日常的なものなので、清水が「経験」をどのようにとらえているかについては、注意が必要である。日常語と必ずしもぴったり同じだとは言えないからである。清水は、次のように述べている。――「人間の一生は、不断に経験を構成し直す過程である」（二七二頁）。社会学でいう社会化を思い浮かべてもいいだろう。とはいえ、清水の言うところを正確にとらえておかなければならない。つづけて、こう述べている。「ということは、人間が謂わゆる経験を積んで行くという意味に解すべきではない」（二七二頁）。Aという経験の上にBという経験を重ね、さらにCという経験を重ねていくのとは違う、というのである。「そうしながら、或るゴールへ向って進んで行くということではない。却って、それは、経験の過程において人間が益々新しい可能性を手に入れるということを意味する」（二七二頁）。清水の言いたいのは、古い経験が後々まで影響を及ぼすのではなく、新しい経験をするということは古い経験はキレイさっぱりと清算されるということのようなのだ。「三つ子の魂、百まで」「スズメ百まで踊り忘れず」のことわざにもあるように、ごく小さいときの経験はずっと後まで影響を与えるというのが、社会化のうちの第一次社会化という概念が教えるところだろう。とすれば、清水のいう経験とは、第二次社会化――つまり子供のころの、インパクトの強い第一次社会化ではなく、その後の、死ぬまで続くことになる、新たな事態への適応過程としての社会化――のことであるとみなしてよいだろう。清水のいう経験は新しさに重きがあって、新しい経験がなされるということは、古い経験にとってかわるということなのである。経験についてのこのとらえ方は、知識人としての清水の生涯を考えるうえでも大きな意味をもってくることを後に論ずることになろう。

さて、清水の注目するデューイ思想の概略は以上でとらえられた――それは、清水のプラグマティズム理解にほかならない――ので、次にはいよいよ、デューイのマルクス把握のどこに清水が関心を示したかについてみていくことにしよう。

デューイによれば、マルクス主義は、ダーウィンが「生命の園」に適用した方法を受け継いではいないという。「科学の仕事を特殊的問題の具体的解決のうちに限ることを知らず、誠実な人間が到底責任を負い得ないような包括的問題の包括的解決を科学の名において約束している」のである（二八〇頁）。「現在の科学の特徴を形作る蓋然性及び多元論から見れば、マルクス主義は全く神話的或いは神学的と評するほかはない」（二八一頁）。

デューイは、一九二九年の大恐慌とこれに伴う大混乱とに関連させながら、自由放任の時代は過ぎており、マルクス主義が主張するように経済の社会化――社会学における社会化の概念とは異なる――が必要であることは確かに認めている。しかし、彼は階級の観念は認めない。デューイは、

「現在、歴史を動かすものは、階級闘争ではなくて、科学的方法と、これを基礎とする技術と」であるという（二八二頁）。この、デューイによる科学および技術への注目も、清水に大きく影響を与えたことであろう。

社会哲学における思想体系・イデオロギーは、マルクス主義と同様、「人類の歴史が流れ込む究極のゴールという、ダーウィンの教訓に反するものを信じている」と、デューイは考えている。テロスや摂理を信じているのである。究極のゴール・目的は、「固定的実体と化してしまい、経験の流れやコミュニケーションの過程に溶けることを断固として拒絶する」。目的は神聖化され、目的のための手段を神聖化する。デューイによれば、「世に神聖な目的と言われるほど危険なものはない」(二八六頁)。

デューイは「スターリン主義における絶対的権力と絶対的真理との融合を憤りながら、トロツキーの無罪を確信しながら、その社会哲学の大部分をマルクス主義の批判という意味で展開して来た」、と清水は述べている（二八七頁）。デューイの社会哲学、したがって清水がデューイから吸収しようとするほとんどすべては、マルクス主義批判として展開されているというのだ。清水にとって、プラグマティズムに依拠するということは完全にマルクス主義を批判する境地に立つということなのである。

デューイに対しては、当然、マルクス主義の側から批判がなされたことについても、清水は目配りしている。

デューイに高い評価を与えていたこの論文の末尾で、幾人かのデューイへの反論をとりあげ、そうした批判を、以下のようにまとめている。「特殊的問題が生れ、それが具体的に解決される状況というものは、確かに空間的及び時間的な大きさを持ってはいるが、空間的に見れば、人間が直接的に接触する世界であり、時間的に見れば、日々という長さの世界である。人々が直接的に接触する世界の外部に何があろうと、日々という長さを超えた時間に何があろうと、それ等は、デューウィにとって最初から問題にならないものである」と（二九二頁）。デューイの状況および経験の概念は、空間的には人間が直接的に接触する世界であり、時間的には日々という長さに限局されているのである。清水は、こうした反論に一定の賛意を示しつつも、デューイの意義を以下のように改めて主張している。――「何千年の歴史というものも、これを個人の生活から見れば、小さな空間と時間とを占有する状況或は経験の継続である。人間はそこで苦しみ、そこで笑う。伝統的信仰の圧力を撥ねのけて、こういう状況乃至(ないし)経験の意味と価値とを救い出したデューウィの功績は、われわれの忘れてはならぬものである。明らかに、時代は日々から成り立っている」（二九五頁）、と。とはいえ、それに続けて、以下のように書いている。――「しかし、日々の問題の凡てが日々に解けるとは、今は誰も考えていないように思う」。

清水は、デューイのマルクス主義批判に注目していた。これはすなわち、プラグマティズムに拠るマルクス主義批判ということにほかならない。プラグマティズムは、マルクス主義を批判する拠点になったのである。プラグマティズムに出合ったことで、流行として、教養として、流行の教養として身につけていたマルクス主義は完全に捨てられたのである。清水が安保闘争後に『現代思想』(一九六六年)でおこなう批判が、すでにこの論文(一九五七年)にある。「今後も、超自然的或は超個人的な権威や権力から自己を解き放そうと企てるものは、必ずや、デューイによって支えられるであろう。少なくとも、慰められるであろう」と清水は述べているのである(二八八頁)。清水自身がマルクス主義から解放されるのは、安保闘争まで待つ必要はなかったということである。

そして、このプラグマティズムこそ、生涯、清水のベースとなったものなのではないか。

なぜ清水はマルクス主義者にはなれなかったのかについて、デューイ論との関連で改めてみておこう。

清水は、なぜマルクス主義を信ずることができなかったか? それは、清水が、歴史の必然性などといったことを信ずることができなかったからである。歴史の必然性に対して、清水は人間の努力や責任を強調するのである。人間というファクターは清水にとってきわめて大事である。これを軽視する思想など、信ずるに値しない。「包括的問題」ではなく「特殊的問題の具体的解決」を目指し、世界は未完成でありプラスティックであり、人間の責任が問われるとみるデューイ＝清水においては、歴史の必然性を主張するマルクス主義を完全に信ずることはなかったのである。

マルクス主義の、歴史の必然性という主張に関連して、清水はさらに大事な論点を提示している。昭和十年代のマルクス主義について、清水は次のように述べている。「何時も既に何処かで真理が発見乃至決定されていて、それを受け容れるという仕事しか私たちには残されていなかった。それは、成長する人間を内部から支えるという働きを営むことが少く、それ以上に、成長する人間と一緒に自ら成長することを拒み続けていた」（一九七六『この歳月』二五九―六〇頁）、と。歴史の必然性を主張することは、人間は成長するものであること、そして、これをとらえることによって知識人もまた成長するということを、認めないことなのである。この論点は、清水の経験の重要性という主張、そしてその経験によって知識人は思想を修正していく、何度でも修正していくのは当然であるという主張に関係している。

清水の考え方のベースにプラグマティズムがあるとすると、清水によく投げかけられた無節操とか転向といったレッテルは、あまりふさわしくないことになりはしないだろうか。本章3節でみたように、経験＝社会化なのだから。詳しくは第2章で論ずることになるが、むしろ、体系・論理は、経験と対極に位置づけられ、経験への免疫性として批判される。

体系の対極にある経験という位置づけからもうかがえるように、経験とは自分の経験を大事にすることである。まさに、「経験は自分ということである」(一九七七『昨日の旅』三〇六頁)。そして、このことはインテリであることと無関係ではない。「自分の経験をトコトンまで大切にし、それを不断に拡大し、それを丹念に純化して行くのが、インテリの条件である」(三〇六頁)。

ちなみに、清水の〝転向〟については、もちろん悪評が圧倒的に多いなかにあって、東京高等学校の二年後輩の渡辺慧(物理学者でハワイ大学名誉教授)は、葬儀における弔辞ではあるが、好意的な評価をしている。清水の、最左翼から最右翼への移行は、「自分の本心から、誠心をもって熟慮の上行なったことは、私には一部の疑いもありません」としたうえで、「自由たるべき学者が、社会の動向を敏感に感じ取って、意見を変えるのに何が悪いのですか」と述べている。ここには、「日本の政治のありかたの問題」が関わっており、「日本では党に入るということは、侍が殿様に仕えることと同様に感じるので、政党を変えることは大罪悪と見做される」。これは「完全な封建的イデオロギー」である。渡辺によれば、「他人が自分の良心の判断で政治的意見を変更したのを、破廉恥扱いする輩」こそ、「破廉恥の骨頂」なのである(渡辺 一―五頁)。

渡辺のこの評価は、清水論にあって珍しいスタンスである。が、さきほどのデューイ論における経験のとらえ方で確認したように、清水自身が主張する立場をよくとらえたものではある。

清水幾太郎とプラグマティズム

清水へのプラグマティズムの影響が大きいことを確認した。

「およそ一つの思想の意義を明らかにするのは、その思想がいかなる行為を生み出すに適しているかを決定しさえすればよい。その行為こそわれわれにとってはその思想の唯一の意義である」。――これは、ジェームズがプラグマティズムの方法として、パースの考えをまとめたものである（伊藤邦武二〇一六：二八頁より）。この点に関するかぎり、清水の立場をプラグマティズムと規定るのは問題なかろう。しかし、プラグマティズム自身、相当に広い意味合いを有しているので、清水のプラグマティズムは清水流プラグマティズムであるとしておいた方が無難であろう。

清水のプラグマティズム理解の特徴がいかなるものであるかを、もう少しみておこう。ちなみに、鶴見俊輔によれば、デューイの著作の翻訳は日本語訳がもっとも早かった（一九〇〇年）という（鶴見一九八四：二六八頁）。それほど、日本へのデューイへの影響は大きかったということである[13]。プラグマティズムの影響は清水に限ったことではないのである。

上山春平によれば、プラグマティズムには三つの顔があるという（上山一九六八：八頁）。

・マルクス主義を特徴づけている社会性ないし政治性の契機は、デューイによって代表される。

・実存主義の主体性ないし宗教性の契機は、ジェイムズによって代表される。

・分析哲学の論理性ないし科学性は、パースによって代表される。

上山によれば、これまで一般に流布されてきたのはデューイ中心であり、あとの二つの側面は見落とされがちであった（四六頁）。ちなみに、上山自身はパースに深く恩恵を受けているという（一一頁）。

上山を踏まえて言えば、清水は一般のプラグマティズム理解と同様にデューイに注目しながら、そのとらえ方は少し違った側面に向けられていると言えようか。清水は、デューイのマルクス主義批判を強調していたのである。

清水は上山との対談で、自身のプラグマティズム受容について語っている。

・マルクス主義は「どうもぴったり合わない」（一九六八「わがプラグマティズム体験」〈世界の名著〉四八「付録」二頁）。
・プラグマティズムの哲学思想史上の位置は関心事ではない（三頁）。
・ソヴィエトのマルクス主義については「全体主義的な様相」が感じられ「感心しない」。これに対して、デューイのなかに読める「一種の実存というか、どうにもならない主体的なもの」に関心をもっている（三―四頁）。
・「世界はつくりかえることができる」という「デューイのオプティミズム」に強く魅かれている。デューイは「リアリティの柔らかさというか、主体の積極的な力というか」を主張していた、と。この文脈で、西田幾多郎の「クレアタ・エト・クレアンス」という言葉に着目していたことも語られている（四頁）。

清水は、哲学思想史上の位置には無関心で、どう使うかに関心があるようだ。全体主義的様相をみせるマルクス主義に対しては、デューイによる主体の積極的な力を重視して、世界はつくりかえることができるという論点を強調している。いわゆる「クレアタ・エト・クレアンス」という論点にも触れている[14]。

この対談では、すでにみた、清水のプラグマティズム理解が語られているといえよう。この対談は一九六八年当時のものだが、一九五七年論文においても、デューイによるマルクス主義批判に注目していたということを忘れてはならない。

清水は、プラグマティズムが哲学思想史上いかなる位置を占めるかについては、関心がなかったようであるが、じつは、プラグマティズムは現代の哲学においてきわめて重要な位置づけを与えられている。それは、たとえば伊藤邦武の見方にあらわれている。

哲学の歴史を、「魂の哲学」「意識の哲学」「言語の哲学」「生命の哲学」の螺旋的変化というストーリーでとらえる伊藤は、現代の哲学を「生の哲学」と規定する。「生の哲学」を描くにあたって、伊藤は、ダーウィンの進化論のインパクトを重視している。ダーウィンは、「少なくとも人間が他の諸々の生物とは完全に隔絶した、決定的に高等な生命だという信念には、科学的根拠が欠けていると主張」した（伊藤二〇一二：二四七頁）。この「生の哲学」の源流にはプラグマティズムがある。プラグマティズムは、人間の認識活動を「活動」と捉え、「知的活動が埋め込まれた生の次元の重要性の再確認」することによって、「人間の思考を透明で計算的な知性活動と考える近代哲学のパラダイムと決別する」と位置づけられる（一九頁）。「生の哲学」の系譜に位置づけられるW・ジェームズ、ベルクソン、ハイデッガー、サルトル、メルロ゠ポンティらは、「進化論という生物学からの哲学への挑戦にたいして、哲学の側からの回答を試みた思想でもある」ととらえられている（二四八頁）。（のちに本書第3章でみることになる）清水が注目した後期ヴィトゲンシュタインについて、伊藤は、「行為としての精神と生という世界へと向かった」ものであり、「プラグマティズムへの転換」であり「生の哲学」への方向性を示したものとみている（二二五頁）。今日の哲学はプラグマティズムを基調としているのである（一八頁）。

このように、伊藤の描く哲学の歴史においても、ダーウィン進化論とプラグマティズムは重視されている。これは、デューイへのダーウィンの影響という、清水が注目した論点にほかならない。

4. プラグマティズムに拠る日本社会分析――日中戦争期の清水のスタンス

日中戦争期の清水の文筆活動はなかなか興味深い。ここでは、『現代の精神』（一九三九年）および

『組織の条件』（一九四〇年）に注目したい。『現代の精神』と『組織の条件』とは時期的にもきわめて近く、内容的にも関連し合っており、一体ともいうべき著作である。日中戦争下で執筆・出版されたものであり、清水の戦時中の考えがよくわかる。戦時中の清水の文章を、戦争支持か戦争反対かという関心でみてはつまらない。これらの著作が興味深いのは、プラグマティズムに目覚めた時期の基本的考え方に依拠して、日本社会の分析、知識人のあり方といった、清水の生涯の関心でもあるところを議論している点においてである。ただし、一つの論文だけに依拠したり、ましてや一つの箇所だけをとりだしたりしていては、清水のスタンスはわかるはずもない。したがって、ここでは、両著作に収められている論文について、なるべく多く検討することにしよう。やや冗長にはなるが、あえてとる戦術ということである。

清水の議論の背景をさぐるために、この時期の主だったできごとを年表（中村政則・森武麿編）から拾うと――

一九三七・七　日中戦争始まる
一九三七・八　国民精神総動員実施要綱を決定
一九三八・四　国家総動員法公布
一九三八・一一　近衛首相、東亜新秩序建設を声明

一九三九・六　国民精神総動員委員会、生活刷新案を決定
一九四〇・六　近衛文麿、新体制運動の決意表明
一九四〇・七　閣議、基本国策要綱決定
一九四〇・九　大政翼賛会発会式

『現代の精神』の日本社会分析

まず、『現代の精神』所収論文からみていこう。

「東洋の発見と創造」論文で、清水は以下のような主張をしている。

「吾々が現代の問題を正しく解決することが出来たときにのみ東洋の統一は世界史のうちに現れることが出来るであらう。吾々の問題は併しながら単なる東洋の問題ではない。吾々がその解決のために努力している問題はまた西洋が悩んでいる問題であり、西洋をしてその自信を捨てさせた如き困難な問題なのである。世界の問題が東洋の地に最も集中的に現れてゐると言ふことが出来る。〔中略〕吾々の問題は単なる東洋の問題ではなく、実に世界の問題である。この世界の問題を東洋に於いて解くことに依つて、東洋は新しくその統一を獲得することが出来るのであり、そこに始めて東洋は創造されるのである」（一九三八「東洋の発見と創造」集③一三九頁）。われわれ東洋が説くことが大事だとされる世界の問題とは、「日本が直面している世界的な問題」としての「現代の資本

主義」（一三九頁）のことである。

「東洋人の運命」論文でも、上の論文と同様の趣旨のことが述べられている。「現代の世界史を特徴づけるものは、数世紀の久しきに亘つてヨーロッパと世界とを統一し支配して来た資本主義から脱却するための偉大なエクスペリメントが世界の各国に試みられつつあるということ」（一九三八「東洋人の運命」集③一四三頁）である。「資本主義の克服といふ困難な問題の前に於いて」（一四六頁）、東と西がついに会するようになった現状においては、「自己の救済と世界の救済とは根本的に同じものとならざるを得ない」（一四七頁）、と。

問題というのは、外から一つの偶然として訪ねて来るものであるがゆえに意味を有する。しかし、それと同時に、内部から要求されているものでなければならない。「それ〔問題〕は主体にとつて超越的であると共にまた或る意味に於いてこれに内在的なものであると言ふことが出来る。問題は運命としての意味を含み、これを解かうと志すものはこれを運命として愛し得るものでなければならぬ」（一四九頁）。要するに、「ただ世界的問題として見るのでなく、更にこれを自己の運命として愛することがなければならぬ」（一五〇頁）という主張である。

しかし、超越的であると同時に内在的であることは、いかにして可能か――。それは、「それ自身有限であると同時にこの有限性を自覚し、これを自覚することに依つてこれを超えようとする主体」（一五〇頁）を確立することによってである。すなわち、自己の有限性を自覚しつつ、古い自己を超えて新しい自己を創造することによってである（一五〇―五二頁）。「与えられた自己の有限性を知らず却つてこれをそのまま無限なるものと信ずるものにとつては如何なる問題もこれを真に解決することが出来ないであらう」（一五一頁）。日本人は、明治初年の問題にも、「古い自己の有限性を知り且つこれを克服しようとしたが故にこの問題を正しく解くことが出来たのである」（一五一頁）。

このように、「東洋の主になろうとするものは進んで自己の有限性を自覚してこれを超えることが要求されてゐる」（一五一頁）。「吾々は東洋を代表して自己の有限性を自覚し、この自覚を通して新しい東洋人を創造しよう。世界的問題としての資本主義はここに解決の可能性を与へられ、東洋の人間はこのときに始めて世界的問題への解決能力を示すことに依つて世界史との直接の結合を作り出すことが出来るのである。新しき東洋人が形成されるのである」と清水は述べている（一五二頁）。

これら二つの論文においては、戦争の渦中にある日本の任務について、東洋と西洋との関連において位置づけられている。戦争反対の主張はみることができない。批判的な発言と思われるのは、自己の無限を信じていては問題は解決せず、自己の有限を自覚することが重要であるとされている点のみである。こうした主張の一方で、「吾々」が「東洋を代表」することさえ主張されていた。

つづいては、「革新理念とヒューマニズム」論文である。

ルネサンスのヒューマニズムは、キリスト教の主張する汚れた人間に無垢な人間を対比した（一九三九「革新理念とヒューマニズム」集③一五七頁）。そのとき、外部の汚れたものは、偶然ないし過失としてとらえられることになる（一五九頁）。したがって、そこでは、人間は深く責任を負う必要はない（一六〇頁）。

これに対して、現代のヒューマニズムは、社会絶対主義（マルクス主義、抽象的な全体主義）への対立としてある（一六二頁）。社会絶対主義に従えば、「社会的全体は人間を超えた彼岸を形成し、人間はその前に拝跪するよりほかに生きる道を持たず、よく生きようと欲するものは、社会にその進路を問ひ尋ねてこれに自己を合するよりもほかに道がないと言はれた」（一六二頁）。しかし、「一切の力を帰した社会そのものがその方向を変じたやうに見えた」とき、「予め無力なものと定められた人間はこれに抗して生きる道を知らない」がゆえに、マルクス主義は破滅ないし自殺せざるをえなかった（一六三頁）。抽象的な全体主義についても、同様に批判される。現代の日本が直面しているのは「東亜を一つの全体として新しく形成」することであり、「新しい現実の創造」であり（一六三頁）、この「新たなる全体の形成は人間の行為を媒介としてのみ成就される」のでなければならないからである（一六三頁）。

ルネサンスのヒューマニズムとは違い、人間は外部の社会の欠陥に深く責任があるのである（一六九―七〇頁)。なぜなら、「人間は仮令社会の有限性の故に自己の有限性を持つとは言へ、而も更に自己の習慣に依って外部の社会の有限性を文へてゐるからである」(一六九頁)。現代のヒューマニズムは、「自己の革新と結びつけて社会の向上と革新とを実現しようとするものであ」る(一七〇頁)。キリスト教やルネサンスのヒューマニズムとは異なり、クレアタ・エト・クレアンスに人間の本質をみるのである(一七一頁)。

マルクス主義は社会絶対主義としてくくられ、ルネサンスのヒューマニズムと同様、人間の責任という余地がないものととらえられている。これらを批判して、清水は、現代のヒューマニズムの立場として人間の努力や責任を強調している。清水のこうしたスタンスは、プラグマティズムのクレアタ・エト・クレアンスからきているであろう。安保後の共産党批判などよりずっと以前からみられるということである。

次は「転換期の思想形態」論文。

転換期という言葉は「丁度十年ほど以前」にも流行したが、このときと違って、現在の場合、転換の到達点が明かにされていない(一九三九「転換期の思想形態」集③二一一―一三頁)。一定の思想に依る媒介を経ていない(二一二頁)。これは、自由主義とマルクス主義による弊害にほかならない(二一三頁)。歴史の進歩が自ら実現されると信じているのである(二一四頁)。こうした考えを批判して、清水は、吾々は一刻も早く彼岸としての肯定的時期を作り出さねばならぬ、と主張するのである（二二〇頁）。

ここでも、清水はマルクス主義を批判している。歴史の進歩は自から実現されるようなものではない。人間の責任が強調され、彼岸を示す思想を提示しなければならないというのである。これは、過渡期における知識人の任務を語ったものである。

「日本の知識階級は何故眠つているのか」論文では、真実なもの・自然的なものは虚偽なもの・不自然なものによっておおわれているので、おおわれているものを排除すれば自己の力によって健全な成長が可能になる、という明るいオプティミズムが批判されている（一九三八「日本の知識階級は何故眠つているのか」集③二二一―二三頁）。十七・十八世紀の自由主義も、十九世紀のマルクス主義も、こうした考え方をしている。マルクス主義の場合、歴史発展法則を信じているのだ（二二三―二四頁）。

清水は、新しき知性を確立せねばならぬ、という。批判的よりも創造的でなければならない。おうものを批判しても、その底に自然的なものが出来上っているということはない。吾々の働きを俟って始めて生れるのである。真理は出来上っているものではなく、吾々が吾々の行為を通じて作り出すべきものなのである（二二八―二九頁）。

こうした考えを踏まえて、清水は次のように述べる。日本が支那と戦っているこの現在、知性の改新を通じて日本の運命を明るい方向へ導いて行こう、と（二二九頁）。

ここでも、「革新理念とヒューマニズム」論文と同様の観点から、知識人批判がなされている。けっして戦争反対の議論ではない。しかし、戦争賛美でもない。清水は、プラグマティズムの立場から、社会の現状に対してむしろ批判的な議論をしているのではないか。戦争に反対していないから戦争賛美だということにはならないのである。

「戦争と文化」論文はどうか。

清水は、「人間生活に対して最も強く且つ意識的な強制力乃至統制力を振ひ得る社会」は基礎的社会であるとし（一九三九「戦争と文化」集③一八七頁）、現代にあっては基礎的社会は国家だととらえる（一八八頁）。この基礎的社会を通して戦争と文化は結合される（一九一頁）。文化も基礎的社会も閉ぢたものである。戦争は対外的緊張に依って更に堅く閉ぢさせる。しかし、戦争は社会と文化が単に閉ぢることを喜ばない。「閉ぢたその底に於いて社会と文化とが世界へ向つて自己を開くことをこそ要求してゐる」（一九七頁）。そして、「戦争が文化に対してもつ建設的意義」が主張される。「既に戦争の中にある吾々」は、戦争に依る新文化の創造の単なる可能性を、人間の活動を通じて必然性へ高めることが重要である、と（一九七―九八頁）。

清水は、「戦争の文化的思想的使命が基礎的社会全体の課題として自覚されることが、真の勝利の鍵である」として（二〇四頁）、真に勝つとは以下のことだという。――「敵を何時までも対立物として存続せしめることでなく、逆にこれを自己のうちに包み込むこと」（二〇一頁）。敵を引き上げて自ら要求を充足すべき道を進ませる。「偉大なる思想的原理を確立したものがこれに依つて相手を包むことが出来る」（二〇三頁）。「真の恒久的な勝利は偉大なる思想の確立を俟つて始めて獲得される」のである（二〇五頁）。「戦争と平和とは思想及び文化の原理を媒介とすることに依つて相互に結合することが出来る」（二〇六頁）。「思想原理の確立は戦争に於ける勝利への道であると共に、この戦争を最後の戦争たらしめる道である」（二〇七頁）。このように、清水は述べている。

ここでも、戦争反対ではけっしてない。戦争が文化に対してもつ建設的意義が主張されている。その際、人間の活動を通じて、ということがポイントとなっている。クレアタ・エト・クレアンスという論点にほかならない。『現代の精神』「序文」で、本書の諸論文に統一を与えているものは、「人間を何よりも先づ行為し行動する主体として捕へ、その交渉する世界を環境として理解するところの見地である」とされているように（一九三九『現代の精神』集③一一一頁）、清水が立脚しているのはプラグマティズムである。また、思想原理の確立の重要性の指摘にみられるように、知識人の役割が重視され、「転換期の思想形態」論文同様、限定された観点からではあるが、現状が批判的にとらえられている。

以上の紹介にみられるように、『現代の精神』においては、すでに戦争の渦中にあることが前提とされている。戦争が真っ向から批判されることはない。戦争が文化に対してもつ建設的意義まで主張されている。

とはいえ、戦時下の現状がまるごと肯定されるわけではない。そこには、現状への一定の批判的契機もみられる。その拠り所となっているのが、プラグマティズムのクレアタ・エト・クレアンスの考え方である。人間の責任の重要性が強調され、人間は社会の欠陥に責任があるとされる。人間の責任という文脈で、知識人の任務も語られる。知識人の重要な任務として、転換の到達点を明確に思想化することがあげられている。現状では、それがなされていないのである。知識人は眠っているという批判である。

戦争の文化に対する建設的意義という論点の基礎にあるのも、新たに設定されるはずの到達点に向う、人間の活動が大事だということである。現状のまるごと肯定であるとみるわけにはいかないだろう。一定の現状批判が込められている。もちろん、あくまでも〝一定の〟という限定付きにすぎないし、「東洋を代表」するもの、「偉大な思想的原理を確立」するのが「吾々」であるとされていることも、見逃すべきではない。

『組織の条件』の日本社会分析

『組織の条件』も、戦時中の清水の考えを知る恰好の著作である。

「序文」によれば、本書を構成している諸論文は「現代の日本がその困難を越へて生きて行く思想的な原理に関係する」問題に答えている、とされる（一九四〇『組織の条件』集⑤五頁）。国民社会、全体社会、個人、私、知識人、文化、生活等がキーワードになっている。社会と個人の関係、知識人の役割といった、清水思想の（戦中という時期における）重要部分を知ることができる。

まず「組織の条件」論文について。

世紀の問題と日々の問題とを離して解決することはできず、国家社会そのものの問題と国民及び社会成員各自の問題とを一体としてとらえることが重要だとされる。こうした主張は、「日々の問題の重要性を一方的に主張するためでなく、これを看過する時は社会の問題を全体として正しく解くことが出来ず、延いては社会国家の前途に暗い影を投ずることになると信ずる故である」とされている（一九四〇「組織の条件」集⑤一六―一七頁）。この観点から、諸集団の統一についても、いかなる集団も国民の一定の欲求に応えてきたのであるからには、「諸集団の統一を企てるものは、この欲求に答える道を作り出さねばならぬ。そうでないならば、諸集団の整理は却ってマイナスとなるのほかはない」とされている（二五―二六頁）。

このように、国家・全体社会だけの問題を解こうとしても不可能であり、それを支えるものとしての国民・個人が強調されているのである。その際、全体社会は国民の一定の欲求に応えるものでなければならないとされている。

次は「日本の進路」論文。

「日本の進路」という問いは、改めて答える必要のないものである。というのも、すでに国民のすべてが現在この目的に向って進んでいるからである。それは、東亜の新秩序の建設ということにほかならない（一九四〇「日本の進路」集⑤二七頁）。

しかし、理想の内容が明らかになっていない。理想に到達したとき、東洋、そして日本の姿はどのようになっているか、示されていない（二八―二九頁）。その理想への変化のためには、「従来の方法に固執して国民の非力を批判することでなく、新しい方法の採用に依つて国民の力を高めることが要求されてゐる」（三三頁）。「新しく高い社会の形成は新しく高い人間の形成を外にしてこれを考へることが出来ない」のであり（三三頁）、国民の力を高める、真実の意味に於ける国民の総動員が必要とされている（三三頁）。

当時の国家の政策に従いながらも、清水は、この論文でそれを少しズラしている。真実の国民動員のためには、理想が明らかになっていなければならないという、『現代の精神』の「転換期の思想形態」論文と同様の主張がなされるとともに、理想に接近するためには「新しく高い人間の形成」が必要であることを、「国民の非力を批判する」だけの日本の政治家に対して、批判的に主張しているのである。こうした主張をするにあたって、清水は、「果して日本の政治家は知つてゐるのであらうか」、「十分に知つてゐるのであらうか」、「よく理解してゐるのであらうか」などの言葉をたたみかけているのである（三二頁）。

「知識階級と新生活運動」論文においては、支那事変によって、新しい東洋の成立に相応すべき新しい思想と文化との確立が急務となったという認識を示し（一九四〇「知識階級と新生活運動」集⑤三九頁）、知識階級に課せられた任務は、自己を含む国民の生活のうちに新しく高い生活の様式を樹立して行くところにあるとしている（四〇頁）。新しい思想の確立を使命とする共に、これを内部から支える如き新しい生活の国民的確立を以て自己の責務とすべきである（四二頁）。

今の日本の知識階級の任務が論じられている。上述の「日本の進路」論文とも呼応したものであるといえよう。

「国内文化の刷新」論文は、物の世界と心の世界とを区別したうえで（一九四〇「国内文化の刷新」集⑤四九頁）、心の世界の問題を中心的にあつかっている。

生活様式の全体を文化とみたとき、現在の日本文化は統一ではなくて混乱している（五二頁）。現代日本人の文化生活は、確乎たる基礎に立つ新生活運動が要求されている（五三頁）。この国内文化刷新の問題は、日本人の生活様式の改善と統一でなければならない（五五頁）。

このとき、清水は、「過去のうちに純粋な日本文化のイデーを探」る立場には否定的である（五四頁）。物の世界の動きに対応した心の世界が必要というスタンスである。――「物の世界は心の世界に於ける対立から離れて動いており、この動きを導き或は支へるべき動きが心の世界に欠けているために、それ自身としても所期の目標に達することが出来ない」（五五頁）。「古い統一と新しい混乱とを超えて真に要求されるべきは新しい統一でなければならぬ。古いイデーを現在の日本人の文化生活即ち日常生活に押しつけることではなく、このイデーを含みながら日常生活に新しい秩序を与へて行くことである」と主張される（五五頁）。

環境の新しい変化に対応して新しい適応の条件をつくる必要があるという、プラグマティズムにもとづく考え方が根底にある。プラグマティズムの枠組みが現状の日本の分析にも適用されている。純粋な日本文化のイデーを過去に求めようとする動きを批判していることも、重要である。この点で、「日本精神」論文も興味深い。清水は、ここで、日本精神の純化は「必然的に日本精神からその自然的な力を奪うことになる」とし（一九三九「日本精神」集⑤一四〇頁）、日本精神の純化が日本精神そのものを危険にさらす、と日本精神について批判的な議論を展開している。ちなみに、この論法は、ドレフュス事件の渦中でドレフュス擁護のために書かれた「個人主義と知識人」論文（デュルケム 一八九八）において、デュルケムが、個人主義を鼓吹する知識人を批判する反ドレフュス派に対して展開した論法を想起させる。デュルケムは、（道徳的）個人主義が国まとめあげることのできる唯一の信念体系になっている現状にあって、個人主義批判をすることは、逆に国を危うくすることになる、という批判をしたのである[15]。

次に「公と私の問題」論文の主張をみよう。

社会の内部に分裂が生じ、社会という全体者の下に自己の要求を充たし得る人たちと、自己の要求をどこまでも単なる個人的なものとしてしか示し得ない人たちとが区別されるようになったとき、公私の対立というものが生れた（一九三八「公と私の問題」集⑤一七〇―七一頁）。これを踏まえて、公と私の新しい規定がなされている。私とは、この意味での個人（自己の要求をどこまでも単なる個人的なものとしてしか示し得ない人たち）に関することであり、公とは、この意味での個人に対立する限りの社会に関することである（一七一頁）。こうした考えからすれば、公／私の関係は、単なる社会的全体と単なる一個人との関係として理解してはならない（一七一頁）。

「公を自己から切り離して浮き上がらせること、私を公から遠ざけて問題に蓋をすること」を警戒しなければならない（一七四頁）。「公私混同の危険よりも公私離間の危険に就いて語らねばならないのである」(一七四頁)。「不幸が多くの社会成員に共通であるとしたら、それこそ真に公的な問題でなければならぬ」(一七四頁)。「今日以後の吾々は公的なものを吾々の一々の行動に依つて支へてゐるという自覚を持つべきである」(一七五頁)。公と私について、清水はこうした主張をしているのである。

これを踏まえて、清水は、日本ほど社会的ないし国家的全体の超個人的性格についての信念を持っている国はない、という。というのも、「全体を個人から切り離して高めるに至り、個々人の活動が行はれることがなくても全体は自己の力を以て生きることができるかの如き迷信を育て上げ、これに依つて個人の社会的責任の欠如といふことを結果して来た」からである(一七五頁)。従来の国家的或は社会的全体を乗り越えることが必要であり、新しい公が立てられねばならぬ(一七五頁)。「この新しい公の建設は私の諸問題の解決と結びついて始めて可能となることでなければならぬ」(一七五頁)。

清水は、公を否定しているのではまったくない。公は重視されている。しかし、かつての公は超個人的性格をもっていた。清水によれば、公は、われわれが支えるものでなければならない。公を重視しつつも、従来の公の考え方は批判され、新しい公が要求されているのである。その前提となるのは私の諸問題の解決である、とされていることは重要である。「現に起りつつある公私の変化は、ただ公が私を吸収する」のではなく、「今まで私的とされていた一切の問題が一度は残りなく公的なものとして取扱われ検討されることをも含まねばならぬ。〔中略〕これ等の問題は公とかけ離れたものではなくて、実は公の根底に横たわるものである」（一七五頁）とされていたのである。個々人に支えられることによってのみ、公は存立しうるのである。この主張も、プラグマティズムに立脚したものであろう。この論文での清水の主張は、体制批判であろうか、体制賛美であろうか――。そうした二者択一では、清水の主張はとらえられないのではないだろうか。

「歴史的精神」論文は、十七・十八世紀の進歩の観念、十九世紀以後の進歩の観念を比較検討しつつ、現在の課題を歴史のなかでとらえようとしている。

十七・十八世紀の進歩の観念は未来に重心があった。ただし、未来について積極的なイメージをもたなかった。十九世紀以後の進歩の観念の重心は過去にあり、過去を尊重することを義務とし、過去を軽蔑することは許されなかった。十八世紀の人々は中世を非難し、過去を軽蔑した。これに対して、コントの進歩と秩序という考えは、過去への尊敬があり、封建的中世のうちに理想的完成を見たのである（一九四〇「歴史的精神」集⑤一八八―八九頁）。十九世紀の進歩の観念において未来のイメージが具体的であったのは、過去の一時代の模写としてあったからである。このとき、過去は単なる可能性を含むものとしてではなく、一つの必然性の資格に於いてあったのである。「歴史の可能性が未来の形成の素材となるのでなく、歴史の必然性が人間の頼るべきものとして現れたのである」(一八九頁)。

清水は、現在を歴史のなかで構想する。そのとき、清水は歴史の必然性など信じない。清水が信じるのは歴史の可能性なのである。

進歩の観念の比較検討によってとりだされる、もう一つの論点がある――。

十七・十八世紀の観念は、基礎的社会の無視に依って抽象的なコスモポリタニズムに堕するのに対して、十九世紀の思想においては基礎的社会それ自身の発展が看過されている。前者においては、古い基礎的社会の否定が基礎的社会一般の否定となり、人類の見地のみが新しいとされるのに対して、後者においては、古い基礎的社会のみが固執され、基礎的社会の拡大と発展が認められないのである(一九〇頁)。

では、現代において求められるのは何か――「真の問題は古い基礎的社会か人類かではなく、新しい基礎的社会の可能性とその実現の方法とに関係する」(一九〇頁)。

基礎的社会は現代においては国民社会であるので、その国民社会をいかに発展させるか、いかに新しい国民社会を構想するのかが、清水の課題であったのである。ここで大事なのは、清水は、現れているままの国民社会を肯定などしていない、ということである。

『組織の条件』所収の各論文のごく簡単な紹介だけからも、この時期の清水の考え方がよくとらえられるのではないか。簡単にまとめてみると――

・清水は歴史のなかで考えている。（「歴史的精神」論文）
・現在の条件への適応という、プラグマティズムの考えが根底にある。（「国内文化の刷新」論文）
・基礎的社会＝国民社会が考察の単位とされている。（「歴史的精神」論文）
・現れているままの国民社会がそのまま肯定されるのではない。（「歴史的精神」論文）
・国民社会は国民の一定の欲求に応えるものでなければならない。（「組織の條件」論文）
・過去のうちに純粋な日本精神のイデーを探ってはならない。（「国内文化の刷新」論文）
・新しい公が立てられなければならない。（「公と私の問題」論文）
・公的なものは私的諸問題を解決するものでなければならない。（「公と私の問題」論文）
・公的なものを支えるのは私である。（「公と私の問題」論文、「組織の條件」論文）
・知識階級は新しい思想と文化とを確立しなければならない。（「知識階級と新生活運動」論文）
・新しい思想は、国民の改善された新しい生活様式によって支えられるべきである。（「知識階級と新生活運動」論文、「国内文化の刷新」論文）

このように整理すると、戦時中の日本社会分析の基礎にあるのも、思想と生活の一体というプラグマティズムであるがことがみえてくるだろう。このプラグマティズムこそ、その摂取以来、清水が一貫して保持した立場である。日中戦争期の日本社会分析も、プラグマティズムに拠ってなされているのである。

清水は、当時の国策にけっしてあからさまな反対などしていない。ただし、賛美しているのでもないだろう。清水は、国策に表面的には従いながらも、プラグマティズムの立場から問題をとらえ直し、その結果として一定程度批判的なスタンスをとっているのである。

戦争へのスタンス——戦争賛美／戦争反対

二つの著作における主張が明らかになったので、戦争に対する清水のスタンスはどのようなものだったのか、改めて考えてみよう。（なお、ここでみたのは戦時中の一時期の論文でしかないが、われわれの目的は戦争に対する清水のスタンスの理解であるので、十五年戦争の全期間にわたって逐一検討することは必要ないと判断した。）

戦争中、知識人が戦争に反対の声をあげなかった、だから戦争を肯定した、時局迎合だったとして、現代のわれわれが非難・批判するのは容易い。しかし、戦争の渦中にあって戦争反対を叫ぶことはそう簡単なことではないはずである。

たしかに清水は戦争反対を声高に唱えはしなかった。むしろ「東亜の新秩序の建設」や「戦争の文化的意義」などを語っている。しかし、それは必ずしも戦争賛美ではないだろう。政府・軍部に全面的に迎合しているわけでもない。現に戦争が起ってしまっているという状況にあって、清水は、いかにそのことを原理的にとらえ直すかという観点から論じているのである。このことは、政府・軍部あるいはそれに追随する知識人への批判という意味合いさえ有していたとみることができるのではないか。実際、清水は「過去のうちに純粋な日本文化のイデーを探」る立場を否定してもいたのである。

清水が戦時中に日本社会を分析したこれらの論文は、清水が昭和研究会に参加していた時期のものであるということができる。内容的にも、昭和研究会での仕事の影響がみられるのではないだろうか。この点を、以下で確認しておくことにしよう。

昭和研究会は近衛文麿のブレーン・トラストであり、一九三三年、後藤隆之助が友人近衛のために作った[16]（一九七四「三木清と昭和研究会」『私の社会学者たち』一七九頁）。清水は、一九三八年、三木清が文化委員会委員長に招聘されたとき、三木の委員指名で参加している（竹内二〇一二：一六五頁）。

清水は近衛に期待していた。清水は、一九七四年の文章で次のように述べている。岡義武の本『近衛文麿』（一九七二年）などを読めば[17]、「この人物に多くを期待したのが間違いであったようにも見えるが、当時の私――私たち――には、この天皇に最も近いモダンな貴族だけが、天皇の統帥権を楯に国政を壟断している軍部を抑えて、日本の政治を正道に引き戻すことが出来るように思われ、従って、非力の私に何が出来るか知らないが、昭和研究会に関係することは、日本に尽す所以であると思われた。その機会を与えてくれた三木清に私は深く感謝した」（一九七四「三木清と昭和研究会」『私の社会学者たち』一七九―八〇頁）。

清水は、昭和研究会での自分たちの仕事について、「『世界に通ずる思想的原理』、換言すれば、『資本主義、共産主義、全体主義というものを凡てのりこえたもの』を作り出すという仕事であった」としている（一八一頁）。このとき清水は、一方では、そんなことが一朝一夕にできるものではないと思いながらも、同時に、「その前年（一九三七年）に本格的に始まった支那事変が、単に政治や経済における新しい工夫で処理し得るものでなく、内外に亘る深い思想的変化を要求していると思い、成るか成らぬか、この仕事を始めねばならぬ」と思ったという（一八一頁）。清水によれば、研究会は、一九三八年夏から一九四〇年一一月まで続いたという（一八二―八三頁）。

昭和研究会からの影響は、とりわけ三木清からの影響であろう。

清水は、三木の『新日本の思想原理　続編』（一九三九年）から次のような引用をしている。――「今日の如き重大なる時期に於ては、抽象的に日本精神の昂揚を求めるのみでなく、これに今日の生命を与へるべき新しい内容を創造することが必要なのである。……帰一と云ひ、王道と云ひ、その根柢には極めて実践的なる協同の思想が働いてゐるのである」（一九七四「三木清と昭和研究会」『私の社会学者たち』一八七頁）。三木のこの主張は、それまで「自ら設けていた限界を明らかに踏み越え、使うのを躊躇していた言葉」であり、戦後、全集の編者から、「著者（三木清）が筆を折って沈黙を守ることなくあえて時局迎合者と見誤まれかねない危険を冒して細心な偽装の下に空しい『抵抗』をつづけながら一歩一歩と後退を余儀なくされて行く痛ましい敗北の過程……」という評価をされたものである。三木へのこの評価に、清水は与しない。「もし三木清が書斎の奥に隠れて、以前と同じように、ディルタイ、ハイデッガー、シェストフなどを論じていたとしたら、彼は『後退』もせず、『敗北』もせず、括弧のつかぬ本当の『抵抗』を試みていたことになるのであろうか」、と問うのである（一八八頁）。清水によれば、当時、「時局迎合者と見誤まれかねない危険」など気にしている余裕はなかったという。「気に入らぬ人間たち」が「日本精神」を叫んでいたからといって、「日本精神まで投げ出すわけには行かないであろう」、と清水はいう。清水によれば、三木が日本精神を持ち出したのも「細心な偽装」などではない。「彼は素直な愛国者になって行ったように思う」と清水は述べている（一八八―八九頁）。

三木への評価をめぐる清水のこれらの主張は、まさに自分自身の弁明でもある。「日本の運命に対して冷たい傍観者であろうとするインテリ」について、三木だけでなく、清水自身もじつは「嘲笑」しているのである（一八九頁）。清水は、日本の運命について考えざるを得ない「愛国者」なのである。とはいえ、清水は「日本精神」論を叫ぶすべての人間たちの仲間ではけっしてない。「気に入らぬ人間たち」とは差異化をしつつ、要求されている「内外に亙る深い思想的変化」を、さきほど紹介した日中戦争期の諸論文で考えていったのである。それは、当時、「時局迎合者と見誤まれかねない危険」だけでなく、それとはまったく逆の危険もあったことであろう。それでも、清水は「軍部を抑えて、日本の政治を正道に引き戻す」ために「日本に尽す」ことを選んだ。もちろん、一九四一年に読売新聞論説委員になるまでは、清水の主な収入源は原稿料であったから、書かざるをえなかったこともあったであろう。

なお、清水と昭和研究会については、天野恵一も詳細な議論をしている。天野の関心は、もっぱら、翼賛か抵抗かである。こうした関心からは、三木や清水は、「支配者のイデオローグになっていった」ととらえられる。「皇道主義のウルトラ・ナショナリズム」とは対立していたにせよ、三木らは、所詮、「『合理主義的』な日本主義者」にすぎない。「その対立は二つの支配者のイデオロギー相互の対立にすぎない」というわけである。天野によれば、昭和研究会は、「一部の支配者のイデオロギーに対する対抗を支配的権力総体に対する抵抗であるとする幻想を組織した」のであり、「翼賛を抵抗とする幻想を組織した」ということになる（天野 一四一頁）。こうした見方は十分に理解できるが、こうした見方ではとらえきれない、清水の思想の構造をとらえたいというのが本書の立場である。そうでないと、清水の大事な仕事も取り逃がすことになる（本書序章参照）。

清水のこうしたスタンスは、西田幾多郎の思想的営為をも想起させるものがある。西田は、「日本文化の問題」(一九三八年)、「世界新秩序の原理」(一九三八年)、『日本文化の問題』(一九四〇年) 等において、当時喧伝されていた「大東亜共栄圏」「皇道」「日本精神」といった言葉の意味をとらえ返そうとしていた。西田の議論を紹介することはしないが、西田のこれらの試みは、上田閑照によって次のように位置づけられている。——「西田の考え方は、起こるべきではない戦争が起こって現に進行している以上、そして自分も国民の一人としてそれに巻き込まれている以上、また戦争によって起こる結果があり得る以上、歴史の方向からして、いかにあるべきか、というものです。西田はそれによってあの戦争に少なくとも一つの歴史的方向を与えようとしました」(上田 二〇二頁)。西田の「世界新秩序の原理」は、当時、「日本精神」主義者によって激しく攻撃されていたように、「そのテクストの文脈とテクストの置かれた当時の状況のコンテクストからして、明らかに軍部への警告と日本主義者たちへの批判をこめたものです。そして、西田はあの戦争にあの時点で可能な限りの歴史的方向の転換を与えようと試みました」(二〇六頁)、と上田は述べている。現在の観点で過去をみてはならないだろう。上田がいうように、当時の状況のコンテクストのなかでみなければならない。

清水幾太郎を理解するにあたっても、こうしたスタンスが要請されよう。過去を現在の状況で可能になる観点によってみてはならない。このように考えていくと、上田によってとらえられる西田幾多郎の戦時中のスタンスと類似のものを清水のなかにもみることは不可能ではないだろう。第4

章でみるように、清水自身、〈歴史の複雑性〉とでも呼ぶべき論点を提示し、現在の単純な見方による過去の断罪を批判していたのである。

たとえば「東洋人の運命」論文で示されていた、清水の、自己の有限性の自覚と新しい自己の確立の主張——逆に言えば、「与へられた自己の有限性を知らず却つてこれをそのまま無限なるものと信ずるものにとつては如何なる問題もこれを真に解決することが出来ないであらう」(一九三八「東洋人の運命」集③一五一頁)という主張——は、当時の状況のコンテクストにおいては、現状追随の議論ではなく、現状に対する批判を含んでいるものとみることができよう。戦争賛美か、さもなくば戦争反対か、という二者択一では清水の立場はとらえきれない。

おわりに

本章では、清水の初期の立場をどうとらえたらよいのか、という問題をあつかってきた。ほとんどデビュー作と言ってもよい著作『社会学批判序説』のインパクトが大きかったこともあってか、「マルクス主義者清水幾太郎」の「転向」問題が清水評価全体に大きな影響を与えることになったと考えられるからである。もちろん、清水は、その後の人生においても、いろいろ立場を変えてきた。簡単に言えば、「左」から「右」へと大きく振れたのである。しかし、立場変更にマルクス主義が絡んでいなければ、さほど大きな問題にはならなかったことだろう。西欧の最新の流行思想を、最上のものとして次々と紹介していく人たちは今でもいる。マルクス主義を捨てたとみられたからこそ、大きな問題になったのだ。（もちろん、後の章でみるように、安保闘争での〝活躍〟とその後との落差ということも、大いに影響している。）

本章では、清水におけるマルクス主義とプラグマティズムの関係について、清水は芯からマルクス主義にコミットしていたのではなく、彼にとって、マルクス主義は流行の教養としてあったという見方をとった。したがって、マルクス主義からプラグマティズムへと立場を変えたというよりも、かっこいい教養としてのマルクス主義よりももっと魅力的なプラグマティズムに出合って以降、マルクス主義はむしろ批判の対象となったというとらえ方を提示した。

唯物論研究会退会直後の、日中戦争期の清水の日本社会分析の仕事も、このプラグマティズムの立場からなされていた。それは、戦争反対を声高に述べるものではもちろんなかったが、戦争賛美でもなかった。プラグマティズムに拠って、日本社会の現実に対して批判的なまなざしを向けていたのである。

清水は、プラグマティズムに拠って戦時中の知識人の任務を語りながら、マルクス主義を批判もしていた。清水にとって、新たな経験に出合うということは、過去の経験を清算するものであった。プラグマティズムとの出合いは、回想によれば、一九三四年のことであった。

註

1 清水は、生田長江、内村鑑三、内田魯庵などの名をあげている(一九六〇「日本人の自然観――関東大震災」『日本的なるもの』二四―三六頁)。

2 柳田國男がロンドン滞在中に関東大震災の報に接し、急遽、帰国し、「本筋の学問のために起つといふ決心をした」(柳田 一九三八:三三三頁)と述べていることは、よく知られていよう。柳田は天譴説も強く批判している。それは、デンマークでの「万国議員会議に列席した数名の代議士」のうちの「或一人の年長議員」の、「是は全く神の罰だ。あんまり近頃の人間が軽佻浮薄に流れて居たからだ」という言葉に対してである。柳田は、この議員に対して、「強硬なる抗議を提出せざるを得」ず、次のように「詰問した」という。――「本所深川あたりの狭苦しい町裏に住んで、被服廠に遁げ込んで一命を助からうとした者の大部分は、寧ろ平生から放縦な生活を為し得なかつた人々では無いか。彼等が他の碌でも無い市民に代つて、この残酷なる制裁を受けなければならぬ理由はどこに在るか」(柳田 一九二八:一五九頁)。

柳田が、甚大な被害を受けたとされる、清水も当時住んでいた本所深川に言及しながら批判した相手は、石井正己によれば、「実業界の大物・渋沢栄一」であるとのことである(石井 一一二頁)。柳田の批判のロジックは、もちろん、清水のそれと同一である。

3 清水が大学を出た一九三一年は、就職難のときであった。清水は、「『卒業証書』が『失業証書』と呼ばれるほど、深刻な失業時代でした」と述べている(一九七四「戦後の教育について」『戦後を疑う』八〇頁)。ちなみに、無職であることを打ち明けていない男が、妻に週刊誌『サンデー毎日』をみせながら、毎日が日曜日だと告白する場面が登場する、小津安二郎の映画『大学は出たけれど』は、一九二九年、世界恐慌の始まった年に発表されている(難波 三八―四一頁参照)。石田雄によれば、「大学は出たけれど」は「知識人失業問題」ととらえられていたという(石田 一二五―一二六頁)。清水自身は、幸いにも就職があったわけである。

なお、清水は、この「失業証書」の話の文脈で、完全雇用は、大量失業と同様に、あるいはそれ以上に危険であると述べている。この論点については、のちほど第3章で論じることになる。

4 清水禮子は、「可也り量が増していて、加筆という言葉は馴染まないと感じられるかも知れないけれども、著者自身が、何れの文献においても一貫して加筆であると語り続け、加筆という語の使用に躊躇も疑問も抱いていなかった以上、専ら量的な見地から加筆という言葉の適否を云々することは出来ないと思う」としている（清水禮子、集①「解題」五一七頁）。

5 『社会学批判序説』は清水のほぼデビュー作である。正確に言えば、清水の最初の本は、大学2年生のとき、下地寛令との共著というかたちをとった『心理学概論』（一九二九年）である。共著とはいえ、実際は、四百字詰原稿用紙約二百枚の原稿を作ったのは清水である。しかも、原稿料は百円の約束であったが、出版社の大学書房からは一文も取れなかった。清水は「悲しい処女作」と呼んでいる（一九七五『わが人生の断片』上二八九―九〇頁）。

6 清水は、中学を、修業年限五年のところを第四学年で修了した。これは、いわゆる「四修」と呼ばれ、秀才であったことを示している（竹内 二〇一一：一二六頁）。

7 多木浩二も、「一九三〇年代の知的な学究で、共産主義に多少の関心をもたない人間はいなかったといってよい」と述べている。この記述は、マッカーシズムが吹き荒れ、「アメリカの狂信的なアカ嫌いの追及に拍車がかかり、追いつめられた」、カナダの外交官であり歴史家であるE・H・ノーマンが自殺したことに言及した折のものである（多木 一一六頁）。

8 古在は、創立から二年ほどして参加した。自身、「会の幹事としてはいわば譜代ではなくして外様」だと述べている（古在 三五頁）。

9　なお、発起人は40名であったが、そこに清水の名前はない（古在 七三―七四頁）。

10　一九三三年は、唯物論研究会主催の長谷川如是閑の講演会に行っていた一高生丸山眞男が特高に逮捕されたし（四月）、佐野・鍋山の獄中転向（六月）があった。ちなみに、『唯物論研究』第6号（一九三三年四月）の告知によれば、「第2回唯物論講演会」が四月一〇日に本郷仏教青年会館で開催されることになっており、演者として、筆頭に長谷川如是閑が、4番目に清水幾太郎があがっている。丸山が出かけた講演会はこれだと思われる（なお、古在由重がこの点を証言している（古在 二六―二七頁））。如是閑の演説途中で会が中止させられたとすれば、清水は講演をやっていない可能性がある。いずれにしても、清水と丸山は七歳の年齢差があり、清水は演者側で会員、しかも幹事であるのに対し、丸山は聴衆側であるのは、興味深い。

11　日本における社会学の展開のなかに清水幾太郎を位置づけようとした体系的な仕事としては、河村望の『日本社会学史研究』があげられよう（河村 一九七三、一九七五）。それは、われわれの見方とは異なって、清水の『社会学批判序説』の主張を真正面から受けとめる立場である。

日本の社会学の展開を社会主義・マルクス主義の展開との関連でとらえようとする河村は、社会学を社会諸科学（social sciences）の一つとする見方ではなく、社会学＝社会科学（social science）という立場に立つ。マルクス主義においてこそ、この立場は可能になる。社会学＝社会科学は、社会現象をその総体性と現実性のなかにおいて把握しようとするものである（河村 一九七三（上）「序章」）。

河村による日本社会学史によれば、明確な問題意識をもって日本の社会学の成立とその発展を批判的に検討したのは、清水の『社会学批判序説』がはじめてであるとされる（一八頁）。したがって、清水については、『社会学批判序説』と関連させて主として「史的唯物論と社会学批判」という章で論じられることになる。そこでは、「唯物論研究会」や「社会学研究会」（戸坂潤、清水、早瀬利雄らを中心とするものであり、樺俊雄、坂田太郎、佐藤慶二、武田良三、戸坂らの「社会学研究会」とかさなりあいながら存続したとされている［河村一九七五（下）一〇二頁、一一七頁］）における議論がとりあげられている。社会学史における清水の位置については本書の直接の関心ではないが、河村の研究に少しだけでも触れておくのは有意義だろう。

社会学と史的唯物論との関連で、清水はいかに位置づけられているのか――。清水は、戸坂、早瀬（ペンネーム東城英一）、新明正道、本田喜代治（ペンネーム大島操、賀川栄進）らとの関連で論じられる。史的唯物論の立場から社会学の「全面的な破壊的批判」を主張する清水と早瀬が、「新しき社会学の理論体系の樹立」をめざす新明の立場を批判するのに対して、戸坂は新明のスタンスを評価していたという（一〇五頁）。また、社会学に好意的なマルクス主義者大森義太郎について批判していた清水についても、河村によれば、大森を「社会ファシスト」ときめつける当時のセクト主義の誤りがあり、大森の正しい面をとらえられていなかったという（一〇五―〇六頁）。早瀬については、その後、清水の左翼主義的な「社会学解体」論や社会学の「武装解除」論の影響から脱し、教条主義・セクト主義の誤りを克服しようとしたとされている。社会学＝社会科学という立場をとる河村は、この早瀬を高く評価した本田喜代治の理解を正当なものであるとしている（一一二頁）。

河村は、「日本主義社会学」という章では、清水の「市民社会」論文（一九四〇年）をとりあげながら、清水を、日中戦争開始後の時点で日本ファシズムのイデオロギーとしての日本主義からもっとも離れたところにいた社会学者だとしている。そして、国家と市民社会を区別し、国家は人為的なものであり、国家の基礎に市民社会があるとする清水――これが清水自身の立場であるかどうかは、いささか疑問である（本書第4章を参照のこと）――の一定の意義は認めつつも、結局、次のような否定的な評価をしている。「清水はかつてブルジョア社会学の粉砕、いわゆる『破壊的批判』をめざし、その『健全なる発展』を否定していたが、日本主義にたいする抵抗のささえになったのは、清水にあってブルジョアないし小ブルジョア社会学だったのであり、史的唯物論マルクス主義を放棄した清水にあって、よりどころは社会学にしかなかったのである」、と（二六一頁）。

社会学＝社会科学とする立場からの河村の清水評価はなかなか興味深い。とはいえ、本書の関心は社会学史における清水の位置ということではないし、われわれは、清水は当初はマルクス主義者であったがその後すぐに転向したという見方もとってはいないので、河村の仕事への言及は以上にとどめたい。

12 邦訳は、八杉龍一編訳『ダーウィニズム論集』岩波文庫に収められている。

13 鶴見俊輔は、デューイの日本への影響の現れの一つとして、フランクリン・ローズベルト大統領の、失業と不景気に対する大胆な社会政策としてのニューディール政策とデューイの社会哲学との結びつきに注目する立場を指摘し、その代表者として清水幾太郎をあげている（鶴見一九八四：一〇—一一頁）。

なお、鶴見自身、生きているうちに、せめて一冊、書きたいという思いで、戦争末期に書き進めていた『哲学の反省』(刊行は一九四六年）において、プラグマティズムに立脚して、のちの雑誌『思想の科学』のスタンスにも通ずる、次のような主張をしていた。「我らの意識の流れは、認識的命題以外の命題を多く含んでおり、我らの日常生活は、認識的以外の問題を多く提起する」ので、「認識者としての彼らの行動半径外にあるものとして、これらの諸問題の解決に当ることを拒否」するわけにはいかない、と。鶴見が批判しているのは、論理実証主義者カルナップに代表されるような思想家たちのことである。鶴見はいう——「認識するのみに止らず、全面的に生活するところの人間は、かかる態度に止まることは出来ない」(黒川　一六八頁による)。

清水の、生活に結びついた思想という考えを、鶴見のなかにもみることができよう。プラグマティズムの然らしめるところである。

14　清水禮子によれば、「クレアタ・エト・クレアンス」は、「〔清水の〕昭和十年代初めの鍵の言葉」とされている（清水禮子、集②「解題」四〇四頁）。

15　デュルケムの「個人主義と知識人」論文をめぐっては、中島 一九九七：二〇〇―〇五頁、中島 二〇〇一：六一―六四頁、なども参照のこと。

16　昭和研究会の「発足」は一九三三年であるが、「設立趣意書と常任委員を定め、組織としての体裁をととのえる」のは一九三六年一一月である（石田雄 一三七頁）。

17　岡義武『近衛文麿――「運命」の政治家』岩波新書、一九七二年。岡は、この著作で、「政治家の運命は、彼の時代と彼の性格との交叉する中で織りなされる」（岡 iii―iv頁）という観点から、近衛がその時代をいかに生きたかを跡づけている。

岡によれば、近衛の第一次組閣のとき、街における人気は素晴らしいものがあったが（五二頁）、近衛自身は、強い進言やもたらされる情報にとかく動かされやすい人であった（六一頁）。「近衛は耳にした評判やあるいは思い付きで無造作に人事を行うところがあった。また、異色の人物を抜擢することをも好んだ。けれども、後になって起用した人物が期待に反していることを発見して失望したり、あるいは困惑したりした」（七九頁）。岡は、また、近衛は元来指導力に乏しい、としている（九〇頁）。それに、近衛は、この第一次組閣のときにかぎらず、すぐ辞任したいということを口にする人であった。近衛を支えていた西園寺公望でさえ、近衛が「いかにも自分はなにか使用人みたような気持で働いてゐるようで、もう少し国政にみづから任じてゐるといふ自信、自分が大政燮理（しょうり）の任に当つてゐるといふ自信が欲しいやうに思はれる」としていた（八六頁）。

戦後、近衛が自殺したとき、新聞は、「その性格の弱さが戦争の起るのを容易にしたのである」とか、「〔近衛〕公の性格の弱さと反省的なところが、悲劇の主人公に出来てゐる」とか、書いているように

（二三四―三五頁）、とにかく「性格の弱さ」が指摘されるような人物であった。

このように、指導力がなく、性格も弱い近衛に、清水は、当時、期待していたのである。

第2章　知識人／大衆図式と新しさの経験

はじめに——二十世紀研究所の知識人たち

清水は、戦後、「進歩的知識人」としてさまざまな活動にたずさわった。「平和問題談話会」では、全面講和か単独講和かをめぐって全面講和を支持し、米軍基地問題では内灘や砂川の基地反対運動を支援した。また清水の六〇年安保闘争での活躍は周知のところであり、全学連の国会構内突入後、全学連主流派にコミットした。ここであげたいくつかの活動については、このあと、本章あるいは次章で言及することになろう。

清水の、政治活動以外の学術的な活動として忘れてならないのが、「二十世紀研究所」による活動である。これは、戦後すぐに、大きな影響力を残した。鶴見俊輔は、その意義を高く評価している。二十世紀研究所の活動をみておくことは、その後の清水の行き方（生き方）を考えるうえでも、有効であると思われる。

鶴見は、戦後の社会科学を支える思想的な流れとして、二つあげている。「東大の奥深くに準備されたもの」として、大塚久雄の経済史、丸山眞男の思想史、川島武宜の法社会学など、いわゆる近代主義と呼ばれたものと、二十世紀研究所とである（久野収・鶴見俊輔・藤田省三 二二九頁）。また、第3として今西錦司のグループを追加した（二五五頁）。そして、この二十世紀研究所について、「東大からはじき出された、主としてジャーナリズムをよりどころ」（二五四―五五頁）とする、「ジャーナリスティックな意味でうまい文章を書く」（二五六頁）グループと特徴づけ、アカデミズムの「底にある封建性」の打破を徹底できない東大グループとは違って、「どんなにマスコミに密着しても、日本の社会に公平な競争の条件を作って行こう」とした（二四四頁）、と評価するのである。

二十世紀研究所の所長は清水であった。たとえば東大助教授であった丸山も所員であったことからすれば、鶴見による特徴づけも、所員全体についてではなく、主に清水を念頭においたものといえる。そのうえで、鶴見の高い評価は注目しておいてよいだろう。

清水自身は、次のように回想している。

一九四六年一月二〇日、清水宅を来訪した細入藤太郎と大河内一男との話で、研究所設立の話が決まる（一九七五『わが人生の断片』下六八頁）。細入は法政大学、大河内は東京大学に本職があるので、清水が所長になることに決定した（六九頁）。

ところが、清水には、友人に社会科学関係はほとんどない。でも、社会科学関係者に協力してもらう必要がある。とはいえ、清水は「大道芸人」であるのに対し、「多くの社会科学者たちは、大学や研究所の壁の内部で然るべき地位と俸給とを享受して来た人々」である。清水はいう――「私にとっては、川の向岸の人たち、政府や軍部や警察と何処かで結ばれた人たち」（七〇頁）であった、と。

大河内とも相談しつつ、3人のほかに15名が研究所員になった。メンバーは、古い友人と新しい友人という二つのグループに分かれるという。宮城音弥、福田恆存、高橋義孝、渡辺慧、中野好夫らが前者、丸山眞男、川島武宜、林健太郎、久野収などが後者である（七〇頁）。

研究所の活動の中心は研究よりも普及であり、「二十世紀教室」という講習会を開催した。当初は地方巡業の形でおこなわれた（七一頁）。

清水は、林が「とらわれない自由な空気」と書いていることを引きながら、研究所においてそうした自由な語り合いが可能だったのは、共産党員がいなかったからだとしている。「絶対的真理の体現者」がいなかったからだと。清水によれば、共産党員は占領軍という絶対的権力およびマルクス・レーニン主義という絶対的真理と一体化していたとされる（七三―七四頁）。

誰もかれもよく議論したという。議論は、いつも同じ一つのテーマに帰着した。それは「科学と価値」である。このこと自体、自分たちがマルクス・レーニン主義からある距離を保っていたことを示している。マルクス・レーニン主義者にとっては、マルクス・レーニン主義＝科学＝哲学＝世界観であり、科学と価値は一つに融合していた。ウェーバーにみられるごとく、「十九世紀末葉から二十世紀初頭にかけての数々の精神的冒険の一部でも知っていれば、科学と価値との区別は常識である。その意味で、私たちは二十世紀の人間であり〔後略〕」、と清水は述べている（七五―七六頁）。

一九四八年秋で講習会は終わった。「出版界の回復という事実」が打撃となったのである。清水は、「もし講習会が与えるのと同じ知識が書物によって与えられるならば、書物は、人間を特定の時間と特定の場所とから解放する」と述べている（七八頁）。

清水自身は、二十世紀研究所の活動を、(a)講習会という、大衆のなかに飛び込んでいく形の活動を重視したものとして、また、(b)自由な空気を可能にした、科学と価値を一つに融合する共産党員の不在としての側面から描いている。さらには、(c)構成メンバーについては、「川の向岸」の人たちという、「大道芸人」としての自分とは違った「新しい友人」たちの存在にも触れている。

(a)については、清水の知識人と大衆との関係にかかわる重要な側面である。とはいえ、若干、注意が必要である。書物が講習会の代替となったということは、講習会の参加者はある程度のインテリということだろう。したがって、大衆のなかへというときの大衆も、知識欲に飢えた人々であろう。

(b)の科学／価値というテーマについては、のちの『倫理学ノート』において、清水は、科学と価値との分離の行き過ぎに警鐘を鳴らし、科学と価値をいかに結びつけるか――もちろんマルクス主義に戻るのではなく――という問題として探究を続けることになる。

(c)については、安保闘争を契機に、清水と「川の向岸」との溝は深くなっていくだろう。

本章のテーマは(a)と(c)であり、(b)については次章で扱う。

1. 安保闘争敗北の経験

安保闘争を契機にして、清水が、マルクス主義、共産党、知識人を徹底的に批判するようになったのは、確かである。であるからこそ、「六〇年安保までの清水の進歩的文化人の旗手という立ち位置とそれ以後の極端な右傾への振り幅の大きさが、多くの進歩的文化人の反撥をかっていた」(竹内二〇一二：一六二頁)という見方もなされたのである。とはいえ、安保闘争を契機にして(正確を期すれば、安保闘争の敗北を契機にして[1])はじめて、清水はマルクス主義を批判するようになったわけでも、マルクス主義を捨てたわけでもない。清水は、そもそもマルクス主義者であったとは見ないほうがいいし、マルクス主義については、以前から、デューイを介して批判的にみていたのである。大事なのは、清水がどうして「進歩的文化人」を批判したか、いかなる知識人批判をしたか、である。清水は、知識人をどのように批判し、自らはいかなる知識人であろうとしたのか？　清水の考える知識人と大衆との関係はいかなるものか、ということが問われなければならない。こうした観点から、清水にとって転機ともみなされるほどの大きな経験であったことはたしかである安保闘争の経験がいかなるものであったか、をみていくことにしよう。

ここで、「大衆社会論の勝利」論文（一九六〇年）をベースにしながら六〇年安保関連史をはさんでおこう。［・・・］で示した出来事は、清水のこの論文では触れられていないが、わかりやすくするため年表によって補足した。

一九五一・九・八　日米講和条約・安保条約締結（一九六〇「大衆社会論の勝利」集⑩一五六頁）［発効は一九五二・四］

一九五五・七・二七　共産党、六全協で極左冒険主義清算（一六六頁）

一九五九・一一・二七　労働者と学生による［国会請願のデモ隊］国会構内突入事件（「国会乱入」事件）（一六八頁）［安保阻止第8次統一行動］

一九六〇・一・一六　学生による羽田空港事件（一六九頁）［岸首相ら新安保調印全権団、米国

に出発」［羽田で座込み］

——五・一九　［衆議院で質疑打切り強行、警官隊導入］

——五・二〇　未明［新安保を自民党単独で］強行採決および国会会期延長（一六九頁）

——五・二四　学者文化人集会（一七四頁）

——六・一〇　［米大統領秘書ハガチー来日、羽田でデモ隊に包囲され、翌日離日］

——六・一五　全学連主流派国会構内突入・東大生樺美智子死亡（一八四頁）、アイゼンハワー日本訪問中止（一八五頁）

——六・一七　新聞各紙「共同宣言」（一八四頁）

——六・一九　新安保が参議院で自然成立（一八五頁）

清水にとっては、安保闘争というのは敗北であった。喧嘩に負けたのである。ところが、「東大の教授諸君」のような知識人にとっては、民主主義の勝利であった。晩年の回想で、清水は、「私にとっては、民主主義などは、どうでもよかった。ただ喧嘩に負けた口惜しさだけであった」としていた（一九七五『わが人生の断片』下二六〇頁）。安保闘争のとらえ方のこの違いは、この後の清水の針路に大きな影響を与えていることは確かである。

とはいえ、私の関心は安保闘争の政治運動としての側面にはない。清水が安保闘争にいかに参加し、どのような実践をし、いかなる役割をはたしたか、それは政治運動という観点からいかに評価できるかなどについては、ここで論じる主題ではない。それは、すでに清水についての評伝的・社会史的研究でだいぶとりあげられている。私が関心をもっているのは、清水の安保闘争経験と彼の知識人観との関係についてである。安保闘争の経験は、彼の知識人観にとって「転機」をなすものであったのか、それとも「転機」と呼べるほどのものではなかったのかどうか――。

清水は安保闘争をめぐっていくつか論文を書いているが、ここでは、とりわけ大衆社会論との関連に注目したい。「大衆社会論」にコミットしていた知識人が、安保闘争をいかに認識したか、それを清水はどのように評価しているかをみることで、うえの課題に迫っていくことができるのではないか。第1章でみたように、清水の依拠する立場は、思想と生活の一体を主張するプラグマティズムであった。――「思考や観念は、環境への適応のための、環境との均衡のための道具であり、〔中略〕多くの哲学説に見られるように、思考や観念が最初に来るのではなく、最初に来るのは生活で、そこでの問題の発生、その解決の必要から思考や観念が生れるのである」(四九―五〇頁)。彼の知識人観もこの観点と切り離せないものではないかと予想できる。であれば、清水の知識人観と、「大衆社会論」の「大衆」観とはいかなる関係にあるのかをみることで、清水の知識人観は明らかになってこよう。そのことを、安保闘争認識との関連でみようということである。

安保闘争と大衆社会論

大衆社会論については、以前から清水自身が関与していたテーマであった。彼は、『社会心理学』（一九五一年）で現代社会を「マス・ソサイティ」と規定していたのである。この点について、清水は、「恐らく日本では初めてのことであったため、私はまだ『大衆社会』と言い切るだけの勇気もなく、『マス・ソサイティ』という表現を用いていた」と述べている（一九六〇「大衆社会論の勝利」集⑩一五六頁）。その後、一九五〇年代半ば以降、大衆社会論は流行のテーマとなっていく。しかし、研究者たちは、「日本の現実に深入りする」ことなく、欧米の研究の動向を紹介していくだけであり、清水は大衆社会論に関心を失ってしまう（一五七―五八頁）。

その清水が、安保闘争との関連で大衆社会論を論じようというのである。清水は、大衆社会論が「安保条約改定阻止闘争という日本の現実のうちでテストされたと考えられるからである」と、その意図について述べている（一五八頁）。テストされたのは、大衆社会論だけでなく、「ひとりびとりの人間が、学者というものが、政党や組合を初めとする諸組織が、いろいろの理論や思想が、すべて一様にテストされた」という（一五八頁）。安保闘争への向き合い方というのはとても大きなものであった、ととらえられているのである。

清水が焦点をあてるのは、一つには、大衆社会論の「大衆の政治的無関心」という主張である。「大衆が複雑で面倒な政治問題について、民主主義の原則が要求するような関心を持っていないこと、また、大衆が自分の内部から積極的に行動する主体であるよりは、さまざまのメディアを通じて行われる外部或いは上部からの操作の客体であるということ」については、大衆社会論では共通理解となっている（一五九頁）。大衆社会論がこのように「常識化」した時期と安保闘争の時期とは重なったのである（一六〇頁）。

政治に無関心な大衆に、安保改定阻止に向けていかに対処するのか。この点に関しては、清水の見立てによれば、「大衆社会論が大衆に与えた、もう一つの規定」、すなわち「階級的規定を持たぬところの、少なくとも階級的自覚を持たぬところの大群」という規定が前面にだされた。「果して大衆自身がそうであるか否か、これは必ずしも明らかではないけれども、大衆社会論という常識を通して大衆のことを考える人々にとっては、無関心な大衆の影が濃くなるに従って階級の影は薄くなって行った」と清水は述べている。このとき、大衆に関心を持たせるには、「大衆をまるごと包み込む」ことが必要になる。無関心の大衆を「まるごと安保改定阻止へ動かそう」とすれば、「大衆をビックリさせないような、先ず、大衆に犠牲を強いないような方法」でなければならない。そこで、「映画と組み合わせた講演」や「誰でも気軽に出来る署名」などが用いられた（一六二―一六三頁）。この「幅広主義[2]」に対して、清水は、「元来、ハッキリと敵味方が対立する〔安保改定阻止闘争のような〕政治問題について、平和運動が半ば惰性的に持ち続け広げ続けて来た幅を要求することが許されるのであろうか」と、大きな疑問をもっていた（一六三頁）。

この認識は、清水の共産党批判につながる。――「一年半に亙る安保改定阻止闘争は、終始、この幅の問題で苦しんで来た。というよりも、共産党の主張する殆んど無原則に近い幅広主義のために苦しんで来たのである」(一六四頁)。たとえば、岸打倒のスローガンを出すと、岸内閣支持者の中の安保改定反対論者を味方から失ってしまうとされたのだ(一六四頁)。清水は、「大衆社会論には、極左冒険主義を清算した一九五五年の六全協の精神とどこかで合致するものがあるということになるのであろう」と述べている(一六五頁)。清水によれば、「ノンビリと流れる時間の中で、強大な敵の前で、一致出来ない点はお互いに避けて、一致する点だけで結ばれて、どこまでも幅広く進んで行こうとする時、否応なしに、それこそ思想傾向など問わずに、われわれは大衆社会論の根本観念を実践しなければならないのである」(一六六頁)。

大衆社会論からすれば、大衆というものは政治的無関心を特徴とする。したがって、知識人が大衆を導いていかなければならない。しかも、大衆の考えはさまざまだろうから、それらを丸ごと抱え込むには幅広主義をとらなければならない。しかし、清水は、安保改定というのは「戦後最高の政治問題の一つ」であり、「不可避的に敵と味方とが戦い合わねばならぬ最高の政治問題」であるととらえていた(一九六一「安保闘争一年後の思想」『無思想時代の思想』四一頁)。幅広主義とはまったく相容れない立場なのである。

「大衆社会論と同じ根本観念に立つ〈幅広〉戦術が一旦正しいとなると」、これから外れる、署名運動、坐り込み、ストライキなど「総力を有機的に組み合わせて安保改定を阻止しようという全学連主流派の甚だ常識的な主張や行動」は「最も危険な極左冒険主義」であり「最も悪質な利敵行為」とされることになる（一九六〇「大衆社会論の勝利」集⑩一六七頁）。

ところが、「数万の労働者と数千の学生とが国会構内に突入した」国会乱入事件（一九五九年一一月二七日）は、「大衆の関心を掴んだ」のである。羽田空港事件（一九六〇年一月一六日）も同様であり、「百回の大講演会でも掴み得なかった大衆の関心を、一挙に、広汎に、否応なしに掴んでしまった」のだ。「大衆の関心度は、こういう事件のたびに高まって来ている」。岸首相の強行採決・会期延長（五月一九日〜二〇日）は、そうした事件の一つである。「強い刺戟が無関心の壁を破るという明白な事実」があるのだ。とはいえ、強い刺戟は、「敵も作る」し、「幅は多少とも狭くなる」。共産党からすれば、これは、「極左冒険主義、トロツキスト、利敵行為、アメリカ帝国主義の手先」ということになる（一六八―七〇頁）。

このように、大衆は、意外にも、政治的に昂揚したのである。「今や、大衆は大衆社会論が見立てていたものとは少し違うということ」がはっきりしてきた。大衆社会論は破産したのである。とはいえ、これは「嬉しい破産」である。大衆社会論の影響を受けて、「大衆の政治的無関心」という仮説にとらえられていた知識人は、これに感激した。「大衆の側から見れば、勝手に無関心と規定されたり、急に頼母しく讃えられたりして、やや迷惑であったかもしれない」。一方の研究者は大喜びで、「大衆の政治的関心を発見しただけですっかり満足してしまう人たちも出て来たし、安保改定阻止という肝腎の目標を忘れてしまうような人たちも出て来た」と、清水は揶揄している（一七〇―七二頁）。

清水は、「大衆社会論の破産そのものが、どうも、大衆社会論の枠の中で起っているような気がしてならない」という。それは、「いままで最も政治的に関心のなかった」と規定される層が、坐り込みをしたり集会に出たりしていることをみての感激であり、「大衆社会論の破産だけで満ち足りた気持になるというのは、それほど深く大衆社会論が人々を支配していた」からである（一七二―七三頁）。

五月二四日に神田の教育会館で開かれた「学者文化人集会」以降、学者たちのリードによって、「安保の問題は棚上げにして、岸首相の暴挙に対して、改定賛成派も改定反対派も仲よく一緒に民主主義を擁護しようということになった」と清水はみている。――「もう安保ではない、今こそ民主主義だ」。しかし、民主主義は「戦後の日本では一人として文句をつけ得ない言葉」であり、清水の認識からすれば「安保を棚上げにして得られた幅というものは、一体、何の役に立つのであろうか」ということになる。しかし、学者たちのほうは、「ようやく関心を持ち始めてくれた大衆に向って静かに働きかけて行こう、安保などを持ち出して敵を作らないようにしよう、広い幅を崩してはならぬ、民主主義なら幅がうんと広くなる」と考えているのだろう。清水は、「恐らく、大衆社会論と民主主義擁護運動とは切り離せないであろう」とみているのである。「既に大衆社会論は破産から立ち直りかけている」と彼は判断する。清水からすれば、民主主義擁護というのは、「どこにも敵というものがいない、戦いにならない、永遠の問題に似た目標」にすぎない（一七四―七六頁）。

安保は改定されてしまったけれども、民主主義は守られたのだ、と知識人たちは考えるようになったのだ。この闘争は勝利した、と。この、敗北か勝利かをめぐって、清水は、「新安保の方は固体で、民主主義の方は液体なのです。測る尺度が違うのです」と述べている（一九六〇「安保戦争の『不幸な主役』」『無思想時代の思想』二七頁）。

清水にすれば、大衆の政治的無関心も、大衆の政治的高揚も、大衆による民主主義擁護も、すべて知識人の大衆社会論のなかで、彼らの大衆観のなかで起こっていることなのである。しかし、知識人による大衆のこのとらえ方こそがそもそも間違っていることはないのだろうか。おそらく、清水はこのような問題提起をしているのではないか――。

ここまで、清水の安保闘争のとらえ方を大衆社会論の彼による位置づけと関連させてみてきたが、ここでの安保闘争認識は、まずはこの当時の清水の政治的立場に規定されたものといえる。この立場が政治的に有効であったかどうか、正しかったかどうかについては、本書の関心ではない。

清水は、安保闘争の戦術をめぐって、共産党を強く批判している。そして、たしかに、安保闘争を契機にして共産党やマルクス主義への清水への批判は烈しくなっていく。とはいえ、清水の安保闘争分析を、政治運動、政治実践の戦略・戦術上からの主張であるとのみみることは、十分ではなかろう。もっと原理的な主張でもあるのだ。そのことは、安保と大衆社会論の位置づけとを関連させた彼の議論からも認めうるのではないか。とはいえ、これとても安保闘争を契機にして初めてたどり着いた地平ではない。この原理的なものは、第1章でみた清水のプラグマティズムにもとづく、安保闘争以前から有していた、知識人と大衆との関係についての考えにもとづくものなのではないか。

2. 知識人／大衆図式

安保闘争において、清水は知識人を批判していた。それは、政治戦略・戦術面に関わるものであることは確かであるが、その側面にかぎられるものではない。そのことは、大衆社会論と安保闘争の知識人との関連についての分析でも示唆されるところであった。この知識人批判はいかなる観点からなされているのかという問題を、改めてとりあげてみよう。ここにおいても、清水の根底にあるのはプラグマティズムであることがわかるであろう。

「匿名の思想」論文と「庶民」論文

戦後、わりに早い時期、もちろん安保闘争よりもずっと前に書かれた、「匿名の思想」と「庶民」という二つの論文が重要である。

論文「匿名の思想」（一九四八年）において、思想は、科学的要素と主観的あるいは非合理的要素をあわせ持ったものととらえられている。思想は、前者によって現実に食い込みうるし、後者によって人間を掴むことができる（一九四八「匿名の思想」『日本的なるもの』一六二頁）。こうして「思想は一つの全体として人間の社会的行動の世界に働いている」のである（一六三頁）。思想はこのようにとらえられるがゆえ、清水にとっては、「思想の意味は究極において行動のうちに見出されるものなのである（一六四頁）。

現実の具体的問題を相手にするとき、国民の合理性を買いかぶってはならない。「或る一般的観念の説明を与えられるや否や、即座にこれを完全に理解し、その現実の生活と結びつけて、そこから多くの帰結を導き出し、これによって自己の生活の隅々まで残りなく規定し、自己の内部に潜む既存の信仰や観念を一つ残らず駆逐することの出来る人間」を、知識人は想定していたのではないか。清水の立場からすると、それどころか、「非合理的な人間を前提せねばならないのだ」。「われわれはもっと忙しい人間を、もっと疲れた人間を考えねばならぬ」。人間は一つの観念を完全に吸収し、これによって全行動を律するだけのエネルギーなど、有していないのである（一七七頁）。

知識人は「もっと忙しい人間」「もっと疲れた人間」を相手に説得しなければならないのである。そうでなければ、「行動の底に食い入る力」(一六八頁) をもつことはできない。そこで「匿名の思想」が大事になってくるのである。

清水によれば、「匿名の思想」は以下のように規定される (一六九頁)。

・特定の思想家によって形成されたものでも、書斎で取り扱われるものでもなく、「国民の大部分がその日常生活のうちにおいて信じているもの」。

・「思想としての自覚」や「論理的整合性」などはなく、「むしろ一種の気持として国民の行動の中に生きている」もの。

・一定の名称を有しておらず、外部からある名称がつけられれば黙って受けとりはするが、封建思想というような批判的な名称であっても、「それによって行動を規定する力は深刻な変化を蒙りはしない」。

表面で浮動しているさまざまな思想の底には、このような匿名の思想が「暗く澱んでいる」というのである。清水によれば、これは「粘体の領域」とされている (一六九頁)。表面の「有名の思想」にだけに目を向けていてはならないのである。

清水は、行動と思考の連続を主張していた。そのためには「匿名の思想」を掴む必要がある。もちろん、これはプラグマティズムの立場からの主張である。「匿名の思想」の重要性を主張したからと言って、清水は「匿名の思想」を礼賛しているのではない。「有名の思想」＝知識人を批判しながらも、清水はやはり知識人なのである。清水が知識人ではなく庶民であるとは、誰も思わない。理想とすべき知識人を想定して、そうではない知識人を批判しているはずである。本章では、清水における知識人と大衆との関係についての考えに焦点をあてる。このテーマに関わる清水のスタンスを「知識人／大衆図式」と呼ぶことにする。「知識人／大衆図式」とは、清水が知識人と大衆との関係についていかに考えているかを示すものである。清水自身が「知識人／大衆図式」と呼んでいるわけではない。とはいえ、名づけたうえで明確化しておく必要がある。というのは、この「知識人／大衆図式」と、『倫理学ノート』(一九七二年) で提示された「貴族／大衆図式」にみられる大衆批判とが混同されないようにするためである。つぎの第3章で指摘するように、この誤解から、清水思想の重大な誤解が生じているのが現状である。

清水の大衆観についてみるには、「庶民」論文 (一九五〇年) がふさわしいだろう。なお、大衆と庶民との違いについては、そうこだわる必要ないであろう。

「庶民」論文によれば、国民／臣民／人民とは異なって、庶民は「公共的あるいは国家的なもの」から切り離されており、「私的性格」のものといえる (一九五〇「庶民」『日本的なるもの』一八三―八四頁）。

庶民について、清水は次のように規定している。

・組織を欠いた集団である（一八五頁）

・公共的・儀式的であるよりも、私的・日常的であり、「人間の持つさまざまの欲求を離れがたい」。「豆腐屋のラッパの音」や「秋刀魚を炙く煙」などと不可分である（一八五―八六頁）。

・「市井に投げ出されたままの人間」であり、「背伸びして自己を超えようとしない」。欲求の上に出て行こうとする態度が欠如しており、意志ではなく感情が特徴である（一八六―八七頁）。

・庶民の古さは注目すべきであり、徳川時代の庶民と今日の庶民とは、「その間に横たわる幾多の事件にもかかわらず、驚くばかりの共通性」がある。「それは日本の歴史を背負い、併せてまた日本の山河の影を宿している」。「あの無色透明な国民」は明治維新による近代国家の成立後であるし、「天皇への服従という関係に立つ臣民」も明治以後のある時期だし、「支配階級との闘争を使命として自覚する人民」はさらに新しいのだ（一八七頁）。

このように、庶民は「無理をせぬ、背伸びをせぬ、正直な、日常の人間の姿」なのである（一八八頁）。

清水は、「庶民」論文において、庶民を以上のように規定したあとで、自己批判をおこなっている。自分は、誰に向けて文章を書き、講演をしてきたのか、と問うているのである。自分は、いつのまにか、読者や聴衆を「完全に合理的存在」「純粋な理性」「完全に公共的存在」に見立ててきたのではないか。さらには、相手が庶民であり、「市井に投げ出されたかぎりの人間」だと知ったときには、相手を見下し、「みずから指導者をもって任じ」、「誠に思い上った振舞い」をしていたのではないか（一八九頁）。清水はつづけてこう述べる。――自分も「合理的存在」「公共的存在」ならよいが、「私自身が庶民なのである」（一八九頁）。「もとより微賤の生まれであって、庶民の哀歓は、本当のところ、一々この胸に堪えるのである」、と。そして、この「自分が庶民であることを忘れる滑稽な習慣」は「成り上った独裁者というものの心理」に違いないとも述べているのだ（一八九―九〇頁）。これは、もちろん、自己批判であるとともに、いわゆる知識人を批判したものであろう。自己批判をともなわない批判は無意味であるとすれば、清水の知識人批判は聴くに値するものである。

「匿名の思想」の担い手としての庶民。――庶民は自己を超えようとしない。意志ではなくて感情を特徴とする。欲求の上に出て行こうとする態度が欠如している。

清水は、「私自身が庶民なのである」と言っていた。とはいえ、これは清水が知識人ではなく庶民（大衆）であるということではない。知識人は庶民（大衆）といかなる関係にあるべきだと考えられているのだろうか。

清水によれば、民主主義の時代には、「一個の人間が何を欲し何を願っているか、その欲しかつ願うものへの正直な感覚と同情とがなければならぬ」（二〇一頁）という。知識人／大衆図式の鍵はこのあたりにありそうだ。

ふたたび、「匿名の思想」論文に立ち戻ることにしよう。

清水は、プラグマティズムの立場から、欲求と環境とのあいだの均衡、人間と事物との融合状態が破綻することをクライシスと呼んでいる。クライシスが生ずるのは、環境を構成する事物の側に変化が生じて、従来の方法では欲求を充たせなくなったか、あるいは欲求の側に変化が生じたがゆえに従来の方法を変えざるを得ないかによる（一九四八「匿名の思想」『日本的なるもの』一六五頁）。このクライシスからの脱出にあたって、人間の全体が深刻な変化を蒙る場合と、そうではない場合とがある。前者の場合、人が最初に持っていた主観的要素（欲求、理想、信仰、伝統など）は旧来の内容と形式とを保持することはできなくなる。主観的要素の根本的変化が必要となる。「新しい理想と信仰とが必要であり、人間が自己の全体を新しく自覚することが要求せられる」のである。これが「回心」ということである（一六六―一六七頁）。

現在の、日本における真の「思想の問題」は、清水によれば、いかなる思想が国民に回心を迫るか、いかなる思想が行動の新しい原理となるか、ということである（一六七頁）。戦争と敗戦が日本人にクライシスをもたらしたのであり、今、それをいかに乗り越えるかが求められている、ということである。

思想の究極の意味が行動のうちに求められるととらえる清水にとって、「国民の行動のカーヴ」と関係のないような思想は空しい。しかし、現在、われわれの耳目を奪う諸思想は、「国民の行動のカーヴ」に影響を与えてきたのだろうか、与える見込みがあるのだろうか、と清水は問う（一六八頁）。

こうした問題を考えるなかで、清水がつかんだのが「匿名の思想」なのであった（一六九頁）。「思想を行動との必然的関連において摑もうとすれば、われわれはこの匿名の思想を看過することが出来ないのだ」（一七〇頁）。「匿名の思想」の「本領はただ人間をその内部から動かすところにある」からである（一六九頁）。

戦争・敗戦はクライシスであったが、清水によれば、完全なクライシスとしての意味を実現しなかった。というのも、「人間および社会の思想を十分に動揺せしめ」ることができなかったからである。かつて、匿名の思想の一部分は、国家の力と結びつき、伝統と権威とによりながら国家の原理たる実質的思想を形成して、神聖な権威を帯びていた（一七一―七二頁）。しかし、敗戦によって失墜などしていない。この点が、清水の「匿名の思想」論のポイントである。匿名の思想はしぶといのである。――「だが匿名の思想は権威を捨てて、今は捨身になっている、微賤の境遇に身を落している。それは身を落したものの常として強く生きることが出来る。かつてそれが権威と結びついていた頃に有効であった打撃も、現在の境遇にある匿名の思想に向ってはまったく無力であるといわなければならぬ。それはいかなる屈辱も意に介することなく、人間および社会の深層を充している」[3]（一七二頁）。

これまで述べてきたことは、従来の思想が匿名の思想のしぶとさに注目しなかったがゆえに、戦争・敗戦が十全な意味でのクライシスとはならなかったという主張であったとすれば、清水はこの主張についてもう一つの理由をあげている。

戦争・敗戦は少なくともクライシスを用意したが、「他の思想がこれをクライシスとして完成する力を欠いているために、換言すれば、科学的知識をもって障碍の除去に力めつつ新しい主観的要素をもってこれを統一する力を有していなかったために、一度四散したかに見えた思想の諸要素が、たとい多くのものは破片となっているにしても、次第に相集まって一つの沈殿物になるに至った」のである（一七二頁）。これは、清水の特徴ともいえる科学への信頼に関連している。科学が必要なのである。「科学の迂路を媒介とした思想が在来の匿名の思想を駆逐して、自己を国民の行動の原理たらしめることが、つまり自己を新しく匿名の思想たらしめることが肝要なのであろう」、と清水は述べているのである（一七三頁）。科学の力を信頼している清水は、この部分をみてもわかるように、匿名の思想をそのままで称揚するというスタンスではけっしてない。すなわち、大衆（庶民）への迎合ではないのである。

科学によって新しい匿名の思想をつくる。なぜ匿名の思想なのか？　それは、匿名の思想のみが人間を内部から動かすからである。清水は、戦後すぐにこうした課題を立てていたのである。

科学への信頼という観点から、マルクス主義批判がなされていることも、大事な論点である。清水は、「思想という曖昧な形式のために、科学の重要性が見失われていることが多い」という。「本来科学的に処理すべき問題が哲学的に」処理される傾向がその一つである（一七五頁）。清水は、これを「科学の神学的性質」と呼んでいる。「日本の社会科学はいつの間にか神学にふさわしいような格のついた観念や問題を作り上げてしまった」というのである。これは、マルクス主義を念頭においた批判である。「うっかりすると、階級、国家、革命、生産力などの諸観念も、現代の神、天使、真理、実体、本質になってしまう」。これらの観念が、「国民の生活に浸透し、例の匿名の思想まで動揺させ、それに取って代わるということにはならぬ」のだ（一七四―七五頁）。

「現実の諸問題」は、権威ある命題の例証として存在するのでもなければ、この命題を立証することがその解決でもない。科学とは、「断じて変更を許さぬ一塊の真理としてではなく、現実の経験を有効に処理して行く方法のシステムとして理解されねばならぬ」のである。「匿名の思想が権威から離れて捨身になっている時、これと戦うべきの思想がかえって自己を権威と化せしめようとしているのであろうか」、と清水はマルクス主義を批判するのである（一七六頁）。

清水は、いかなる思想が国民に回心を迫るか、と問うている。クライシスにおける改心の問題である。そして、清水は、科学の迂路を媒介とした思想が在来の匿名の思想を駆逐し、新しく匿名の思想になることを期待した。大衆を説得してこそ、匿名の思想になるのであり、そして、説得のためには「科学」が必要なのである。「科学」は、日本の「社会科学」が陥っているような「神学」ではけっしてない。〈思想家〉清水がめざしたことは、匿名の思想に表現を与えて、人々を創造し、意味を与えること、ということであろう。

本章で明らかにしたいのは、清水の知識人／大衆図式についてである。それは、清水による知識人批判であり、同時に知識人論である。清水は、知識人に抗しつつも知識人であろうとしているのである。清水の知識人／大衆図式は、まさにそこをとらえようとするものにほかならない。

この知識人／大衆図式を理解するうえで、「匿名の思想」および「庶民」という二つの論文はきわめて重要な位置を占めるものであった。ちなみに、二つの論文の位置づけをめぐっては、以下のように考えればよいであろう。

「匿名の思想」論文は、行動と思想の結びつきという観点から、行動を導く思想のあり方について論じており、「庶民」論文は、「匿名の思想」の担い手について論じている。二つの論文は、ともに、知識人と大衆との関係をめぐる知識人／大衆図式に関連している。知識人と大衆とのあるべき関係はいかに、という同一の問題を、異なった観点から論じているのである。それは、知識人の思想はどこに届かなければならないか、という問いをめぐるものにほかならない。

3．内灘経験——知識人／大衆図式との関連で

知識人／大衆図式は、清水が最後まで保持していたものである（このことについては貴族／大衆図式との関連でのちに議論しようと思う。この二つを対立するものとみてはならない）。「匿名の思想」や「庶民」についてやや詳しく議論したのは、これらが、知識人としての自己批判であると同時に、知識人を批判するという清水のスタンスにとって、きわめて重要な内容を含んでいるからである。

この知識人／大衆図式に関連して検討する価値があるのは、清水の内灘経験であろう。内灘闘争にコミットした清水が当事者である中山村長から批判され、そしてそれに清水がまた反論した。清水の知識人／大衆図式からすれば、内灘の〝大衆〟〝庶民〟によって知識人清水が批判されたことは、清水にとって大問題である。放っておける問題ではない。清水はいかに対応したのであろうか。次にみるのは、清水のこの内灘経験である。

内灘経験の変遷

知識人／大衆図式の文脈で〝内灘〟をみてみよう。

清水は、「私は、〔昭和二八年〕五月下旬以来、最初の軍事基地反対闘争として知られる石川県内灘の事件に夢中になっていた」（一九七五『わが人生の断片』下一二八頁）と述べている。半年ほど前の、昭和二七年一一月に岩波文化講演会で金沢に行ったときには、「ウチナダというものについて何も知らなかった」（一二九頁）のに、である。昭和二七（一九五二）年、金沢に近い漁村である内灘村に米軍の試射場が設置され、土地が接収されることに対して巻き起こった反対闘争が、一般に内灘闘争と呼ばれるものである。

清水は、それまでも、「平和問題談話会」に参加するなど、平和問題にはコミットしていた。この談話会は、一九四八年七月に、ユネスコ本部から「戦争の原因に関する八名の社会科学者の声明」が発表されたことを契機にしている。この声明に応えて、日本でも声明を出そうということになった。「戦争と平和に関する日本の科学者の声明」（昭和二四年三月）である。このあと、談話会は、「講和問題についての声明」（昭和二五年三月）を出し、「二つの世界の平和的共存」を目指すためには全面講和以外にないという「希望」を表明している。清水は、談話会のなかでこれらの声明の起草を担っている。この辺の経緯については、清水自身、『わが人生の断片』で述べているところである[4]。

清水はなぜ内灘闘争に関与したのか――。

清水は「基地社会」という言葉を特別な意味で用いている。「基地が異物でなくなる」のが「基地社会」である。内灘はまだ「基地社会」ではない。給水塔、カマボコ兵舎、有刺鉄線などは、内灘ではまだ異物である。永久接収となれば、最低六百名のアメリカ兵が乗り込んでくるとのことだが、そうなれば、「バー、ビヤホール、パンパン宿、クリーニング屋、輪タク屋が立ち並ぶであろう」。そのときには、「基地は、もう異物ではなくなり、基地社会が生れるであろう」。が、「今なら、まだ間に合う」と、清水は考えた[5]（一三九頁）。

とはいえ、基地問題は簡単なものではない。厄介な問題である。清水は、岩波文化講演会で金沢に行った際に内灘行きを誘われたが、日程の都合で行かなかった。しかし、仮に都合がついたとしても行かなかっただろう、と述べている。なぜか。――「軍事基地の問題には、私たちが平和問題談話会で議論していたのとは違う側面があることを知り始めていたからである」（一三〇頁）。

軍事基地とともに生きる日本人にとっては、「小さなプラスとマイナスとが深く絡み合っている」。――「貧しい土地の貧しい人間にとって、アメリカは単なる軍事力ではなく、その土地に金を落してくれる大切なお客様であった」（一三一頁）。「土地の或る人々にとってマイナスであっても、同じ土地の他の人々にとってはプラス」なのである（一三五頁）。利害関係が単純には片づかない。同一の人間にとっても、プラスもあればマイナスもある。清水は、そうした点を、象徴的に、「東京の大学教授は、軍事基地絶対反対を叫べばよいであろう。しかし、その土地の小学校や中学校の教師は、途方に暮れるほかはないであろう」（一三〇―三一頁）と述べている。「基地は、思想の問題であるよりも、生活の問題である」（一三五頁）。そして、「容易に割り切れないのが、生活の問題の特色」なのである（一三六頁）。

こうした厄介な問題に清水は関与したわけである。「東京の大学教授」を批判していても、清水もやはり知識人である。知識人清水の闘争への関与は、村民によって歓迎されたのだろうか――。村民は試射場の永久使用に反対しているといっても、多くは、日本中の軍事基地への反対を考えているのではなく、内灘だけは困る、と考えているのである。平和問題談話会や左派社会党とは違う。「漁民の味方になろうとする『よそもの』は、内灘村だけでなく、全国の軍事基地への反対を考えている。それを考えていなかったら、誰も内灘村へは来ないであろう」。清水は、つづけて、「私自身、そうであった」と述べていた（一三九―四〇頁）。清水と村民との考えは一致しているわけではないのだ。清水は、村民から必ずしも歓迎されているわけではないことになる。

清水は、村民に譲歩する。「しかし、日本中の軍事基地など、どうでもよいではないか」と。さらに、「石川県のエゴイズム」とみられることを気にしていた副知事に対して、「石川県でも、内灘村でも、エゴイズムでよいではないか。そのエゴイズムに少しでも奉仕出来るなら、それでよいではないか」というのである（一四〇頁）。このエゴイズム発言が中山村長を怒らせた。知識人／大衆図式にかかわって検討すべき重要な問題がここにある。

この点を検討するまえに、「匿名の思想」およびその担い手たる「庶民」を重視する清水の論点を、いま一度おさえておこう。

「思想は書物としてでなく、行動として実現されることをもって生命とする。いかに高尚微妙な思想を盛った書物が出版されても、肝腎の日本人の行動がそれと関係なく展開されているとしたら、すべては無に帰する」のである。この有名の思想に対して、「定かに思想とさえ見えぬ、しかし一種の粘体のような思想」である匿名の思想こそが、「日本という社会のメンバーの間に沈殿して数々の行動を支えている」のであった。匿名の思想は、「一々の庶民がもっぱら直接的接触の世界で獲得したところの智慧、それの集積あるいは総和」であり、しかも、「庶民はみずからその思想を表現せぬ」ということを忘れてはならない。「庶民は黙っている」のである。黙っている庶民に対して、外部の人が、これが庶民の思想である、と書いてくれるし、叫んでくれる。庶民はまだ黙っている。「粗忽な人々は、庶民がこれを完全に受け容れたのだ、と思い込む。だが、その代弁によって庶民の思想が完全に表現されたのではない」(一九五〇「庶民」『日本的なるもの』一九七―九八頁)。

二者択一を迫られれば、庶民は、やむを得ず、何れかにJaと言い、aberを追加しようとする。

が、aber は不要と言われてしまう。「Ja の集積が一つの立派な思想として現われはするが、しかしこれも畢竟あの大き過ぎる着物のようなもの、人々がぶらさがっている神輿のようなものである[6]」。「辛うじて網の目に残った Ja の数は多くても、実はその大部分が眼に見えぬ aber を伴っているのである」（一九九―二〇〇頁）。

これについて、「どこかに顚倒した関係がある」と清水はいい、（前に引用したところだが）「一個の人間が何を欲し何を願っているか、その欲しかつ願うものへの正直な感覚と同情とがなければならぬ」と主張する。「主人はつねに庶民である。仮にも何らかの方式を云々するものは、この庶民を主人とせねばならぬ。庶民の複雑な経験に入り込み、そこに現われる事物の意味を知らねばならぬ」というわけである（二〇一頁）。「庶民の無言のあるいは低声の願望」を「唯一の価値の源泉」とみなければならない（二〇三頁）。「庶民」論文は次の文で結ばれていた。――「更めて日本の中に、われわれの間に、庶民を見出し、その源泉のうちに価値を、その経験のうちに方法を発見する時、われわれは相ともに新しい平面へ這い上がることが出来るのであろう」（二〇三頁）。

こうしたスタンスを理想としている知識人にとっては、内灘での経験は鋭い棘となって自分自身に刺さってくるはずである。次にみる内灘中山村長の反論こそ、まさにその棘にほかならない。さきほど註で触れた回想もこうした文脈でみるべきであろう。「口に出して言えば、軍事基地反対ということになるが、正直のところ、この村に試射場が出来たところで、平和を脅かすほどの代物ではあるまいし、それに、平和のことなど、もうどうでもよかった。ただ、この美しい自然の中に静かに貧しく生きている村が醜い騒がしい基地社会になることだけが恐ろしく感じられた」という回想は、内灘での経験のずっとあとで、晩年になされたものであり、「軍事基地反対」「試射場」「平和」などは抜きにして、「美しい自然の中に静かに貧しく生きている村」を守りたかった、というように、いわばトーンダウンさせられている。トーンダウンさせざるをえなかったのは、清水に対する内灘「村民」の批判であろう。

村長の清水批判、およびこれに対する清水の対応をみることにしよう。

清水は、村民に味方するために内灘闘争に関与した。しかし、当事者である中山村長から批判を受ける。当事者によるこの批判は、清水にとっては大いにショックである。――「正直のところ、あなたからの非難だけは予想していませんでした。従って、頗る意外だった訳です。と申しますのは、拙文の狙いがあなたの味方をするところにあったからなのです」(一九五三「中山村長への手紙」『現代文明論』一六五頁)。

この出来事は、清水の知識人/大衆図式に直接的に関わってくる。

清水は、知識人を批判する。とはいえ、清水もやはり知識人にほかならない。ただ、大衆の側に立つという違いがある。であればなおさら、大衆の側から批判されるのはショックである。それは、大衆を説得できなかったということを意味する。知識人であることの根拠が失われるということである。清水が批判するところの知識人に成り下がることを意味するのである。

　これに、清水がどう対応したか？　これからみていくように、村長に批判されても、賛同してくれる村民はいるという論法で乗り切ろうとしたのである。

　清水の内灘経験をめぐる関連文献は、いくつもある[7]。これらの文章によりながら、さきほど見た晩年の回想にいたるまでの清水の内灘経験の軌跡を、段階を追ってみておこう。

　まずは、「内灘」（一九五三年）論文について。

　清水は、石川県のエゴイズムとみられることを気にしていた副知事に触れて、次のように述べている。――「そうだ。エゴイズムなのだ。村長の考えも、多くの村民も、つまりは、エゴイズムなのだ。基地は結構だが、内灘を取られては困るというのである。しかし、エゴイズムで良いではないか。内灘村は御免だが、隣村なら結構。それで良いではないか。何も無理にエゴイズムを捨てて貰って、両条約〔日米講和条約および日米安全保障条約〕の廃棄とか日本中の基地の撤廃とかまで飲み込んで貰って、さて、その上で協力するという必要はありはしない」。もちろん、エゴイズムに徹したさきで、村民はだれが真実の味方であるか知るだろうし、「きっと、エゴイズムを乗り越えた広い見地に抜け出るであろう」とはしているが（一九五三「内灘」『現代文明論』一四五頁）、清水がエゴイズムで結構という立場であることに注目したい。ここには、内灘にかぎらず、「凡ての基地が微妙な生きもの」であり、基地問題は「複雑微妙な事情を含む地元が中心になる」という判断がある。「生きものの呼吸を尊重する態度」が大事なのである（一六三頁）。

この文章の時点での清水の立場は、末尾近くにこう述べてある。――「私は前に、地元のエゴイズムへの奉仕ということを述べた。基地問題が基地反対を唱える政党だけの仕事になってしまえば、地元のエゴイズムに奉仕する道は空しく閉ざされるであろう。しかし、地元のエゴイズムに奉仕するところに、また全国各地のエゴイズムを積み上げるところに、当面、私は基地問題解決の第一歩を見出す」（一六四頁）。

内灘村の中山村長は、清水のこの論文に対して激しく抗議した。反発した。その文章が、中山又三郎「清水幾太郎氏の『内灘』を読んで」（一九五三年）、である。ちなみに、中山村長は南原繁の義兄である。

中村村長の反発の中心は、内灘のエゴイズムで結構じゃないか、という清水の考えである。中山村長は、「利己主義とはチト酷なお観方だ」として、自分の主張は、基地の候補地はいくらもあるのであり、「日本の犠牲には内灘村だけがなる訳ではない。万遍なく日本中で犠牲を振り分けて下さい、というのである。これが利己的と見られるなら、余りにも酷だと思います」と訴える（中山八一頁)。中山村長は、エゴイズムとされたことに拘る。「清水氏が御自分の主義主張のためのエゴイズムに陥っていられるのではないか。御自分のエゴイズムを棚上げして、内灘村はエゴイズムだと仰せられるのが私には受取れない」。清水の「アメリカ追払い」の主張こそ、清水自身のエゴイズムなのだ、と(八二頁)。

中山村長からの批判を受けて、清水は『世界』の同じ号に「中山村長への手紙」[8](一九五三年)を掲載する。

冒頭部分で次のように書いている。「内灘」論文に対する批評・非難は覚悟していたが、「正直のところ、あなたからの非難だけは予想していませんでした。従って、頗(すこぶ)る意外だった訳です。と申しますのは、拙文の狙いがあなたの味方をするところにあったからです」と。清水からすれば、村長とは多くの点で見解を異にしているが、「内灘試射場設置反対という肝腎の一点」については完全に一致しているので、「この一点について、及ばずながら、あなたに奉仕することが出来ると信じていた」のである。「私はあなたの味方のつもりでいたのですが、あなたの文章は、どうやら、私を敵に見立てているように受取れます。最近、私にとって、これほど不本意なことはありません」(一九五三「中村村長への手紙」『現代文明論』一六五―一六六頁)。清水の残念さが伝わってくる。残念で不本意なことこのうえないはずである。

このあと、本文では、「あなたが大切と思っている、私との相違」について書き連ねていくが、その中身は、割愛しよう。

論文は、八割方すすんだところで、〈転調〉する。八割方書いたところで、清水は内灘に行った。そのあと論文を再開するにあたって、突如、調子が変わるのである。そのことを、清水は隠しはしない。明言するのである。「しかし、正直を言いますと、私は、もう、この手紙を書き綴る元気がありません。今まで書いて来たことも、みんな無駄です。下らぬことに時間を潰して来たものだと後悔しています」と。というのは、このたびの内灘訪問によって、「何も彼も、厭になるほどハッキリしてしまった」ことがあるからだという（一八九頁）。

「厭になるほどハッキリしてしまった」のは、中山村長が反対のための坐り込みの場所へ行かなかったという事実である。村民の多くが坐り込んでいるのに、である。村長はなぜ坐り込みをしなかったのかというと、清水の理解によれば、「補償金を目当てに新しく船を註文したボスたちと一緒に、内灘村が接収される日を待っていた」からである。接収反対の態度が強い人は、反対運動に味方してくれるものに助けてもらおうという気持が強いが、反対の態度が弱い人は外部の団体の応援をいやがっていることがわかったというのだ（一八九―九〇頁）。村は、一色でも一枚岩でもないのだ。清水は、「あなたの村の人たちは、あなたのように政府を『善解』することを夙にやめています。それよりも、小型の政府である村当局を『善解』する態度は完全にこれを捨てたようです」

と述べている。

清水の言いたいのは、補償金を当てにしている村長グループとあくまで接収反対の普通の村人とに、村は二分されているということである。前者は、外部の応援を嫌がっているが、後者は応援に期待している。後者の人たちが、清水たちの味方だということである。清水は、村および村長を応援するために論文を書いたつもりであったが、当の村長は清水の論文に対して大反発した。このとき、清水は、大衆から完全にそっぽを向れた知識人となってしまっている。自身の考えている知識人／大衆図式から完全に逸脱してしまっている。清水が批判するタイプの知識人に、清水自身が成り下がってしまっている。窮地に陥ったのである。この窮地から清水がいかに脱出したか、そのロジックを示しているのが、〈転調〉以降の議論にほかならない。大衆は一枚岩ではない。「小型の政府である村当局」とつるんでいるグループ以外の大衆は、知識人清水の味方なのである。清水のこうした見方が事実かどうかはここでは問題にしない。福田恆存も述べていたが、場合によっては村長に対する名誉毀損にもなりかねない[9]。しかし、こうした見方をすることによってはじめて、清水の知識人としてのありようが知識人／大衆図式をけっして裏切ってはいないことが、清水自身、再確認できるのである。そうすることによってはじめて、知識人清水の存立基盤は確保される。

接収が解除された後で書かれた論文「最近の内灘」では、清水は、ハッキリと「村は決して一つではない」ということに触れている。

接収解除が決まると、ジャーナリズムは、こぞって内灘を弁護し、「内灘は同情され、急に『よい子』になる」。しかし、清水は、これに対して、さきほどの見方・認識を明言する。「村長もボスも貧農漁民も一緒くたに『村民』という無邪気な善玉に溶けてしまい、革新政党、労働組合、文化人、学生はこれまた一括して『外部団体』という悪玉に溶けてしまう。一体、内灘の現状は、接収賛成のボスに都合のよい、こういう解釈とマッチするものなのか」と(一九五七「最近の内灘」『世界』四月号二一八頁)。

評論家たちは、「村を無差別に一つと見る」ことによって「外部団体」と簡単に対立させる(二一八頁)。村長や元村長といった人たちは、「東京の評論家の眼に庶民の一人として映るであろうが、村の生活では決して庶民ではない」。この点を、清水は、「村の現実の中では、彼等は謂わば天皇なのである」と書いている(二二二―二二三頁)。「村は決して一つではないのだ。あの闘争の底を休みなく流れていた対立は、接収が終った今日もハッキリと存在して、村人とか村民とかいう無邪気な概括を嘲笑している」(二二三頁)。論文の最後で、清水は、「村民の力とその自覚とは、やがて機会を得て、自己を立派に表現し実現するであろうと思う」として、もちろん「保守的なボス」ではなく「一般の村民大衆」に「民主化」の担い手として期待している。

「東京の評論家」は、村民/外部団体という対立図式によって、善玉/悪玉という単純な見方をする。これに対して、村を支援してきたはずの清水は、この村は決して一つではない、一色だと見てはならない、一般の村民大衆と村長・網元・有力者とに分かれている、という。清水が支援するのは前者である。前者からは、清水は歓迎されている。

このとき、清水によって「村」はいわば縮小させられている。村長・網元・有力者／村人の対立・対比がなされている。しかし、縮小であっても、どこかに賛同する者がいないと、清水の立場はなくなる。そのための（それにかかわる）論法なのである。

内灘問題は、清水の知識人／大衆図式をテストするクリティカルな問題であったといえよう。村の分割、村の縮小という理解に立つことによってはじめて、清水の知識人／大衆図式は現実に傷つけられることなく、知識人清水の立場は守られたことになる。こうした理解によって、大衆の立場に立って知識人を批判する知識人、という立場は確保されたのである。

知識人の「場所」

知識人／大衆図式は、清水は、知識人を批判するけれども、自身もやはり知識人である、ということに関係していた。清水は、知識人を批判しているが、大衆礼賛、大衆迎合の立場ではない。清水自身もれっきとした知識人である。清水の営為は、知識人に抗しながらも知識人でありつづけるということであった。知識人／大衆図式は、このように、知識人が大衆との関係においていかなる

「位置」を占めているかということにかかわるものであった。

では、清水にとって、知識人の「場所」はどこにあると考えられているのだろうか。知識人の「位置」というときは、大衆との関係のなかでいかなるスタンスをとるかということに焦点があてられる。それに対して、ここでいう「場所」は、知識人がトポロジー的にみてどこを拠点（立ち位置）とするかということに言及するものである。明確に区別できるものではないかもしれないが、いちおう使い分けておこう。

知識人の「場所」については、『青年の世界』という著作が示唆的である。これは、清水の青年論であると同時に、知識人清水の立ち位置について宣言しているものととらえることができる。

清水は、青年を、「社会の内部に住みながらその外部にたつてゐる」（一九三七『青年の世界』集②二三六頁）ものととらえる。完全にウチにいるのでもなければ、完全にソトにいるのでもない。ウチとソトの境界を拠点としているのである。

青年は事実的にこの立ち位置をとっているのであるが、じつは、この立ち位置こそ、知識人に規範的に要求されるものではないだろうか。清水の青年論をここでみようとするのは、こうした関心からである。

清水によれば、「社会は観念が真実との間にギャップを持っているところに成立する」のであり、社会を対象とする社会科学的認識は、社会に関する既存の知識が否定されることによって生れるのである（二六三頁）。これを可能にする担い手こそ、「社会の内部に生活しながらもその外部に立つことを余儀なくされていた」（二六二頁）人々、つまり「不幸と苦悩とを俟って始めて反省し得る〔中略〕平凡な人々」と青年なのである（二六一―六二頁）。「平凡な人々」は、問題にぶつかるまでは、完全に社会の内部に浸りきっていよう。青年は、もともとウチとソトとの境界にいる。

知識人も、この青年と同様の立ち位置に立ってはじめて、知識人たりうるのである。知識人は微妙で厄介な立ち位置を占めている。であるからこそ、内灘でも厄介な事態を招いたのであった。立ち位置からして、知識人はヴァルネラブルなのである。味方になろうとした当事者からも批判されることも、当然かもしれない。

清水の政治的スタンスをめぐっては、福田恆存の批判がよく知られている。福田の批判を、通りすがりという形であってもここでみようとするのは、清水に批判的な福田の主張の基盤そのものは、必ずしも清水の知識人／大衆図式と対立するものではないのではないか、と思われるからである。福田は「平和論にたいする疑問」論文等で、平和論のありようを批判した。それは、平和論を主張する文化人への批判である。

福田は、「何か発言しなくてはならぬとしても、自分にとつてもつとも切実なことにだけ口をだすといふ習慣を身につけたらどうでせうか」という。「自分にはよくわからない」という答ができないのが「文化人」である。「親戚中の衆望をになつた秀才のもつ恐怖心とおなじ」ともされる。人間はすべてのものに関心をもっているはずはないし、始終こころにかけているわけでもない。それなのに、文化人は何にでも発言するというのである（福田 一九五四ｂ：一六頁）。

清水も、福田のこの批判が向けられている「文化人」の一人にとうぜん入れられている。福田によれば、この文化人は、「世間のあらゆる現象相互の間に関係を指摘してみせるのがうまい人種」であり、関係さえ見つければ安心してしまう（一七頁）。彼らにあっては、「屠蘇の杯のやうに、小さな杯は順次により大きな杯の上にのつかつてゐる」のであり、「小さな杯を問題にするためには、それよりひとまわり大きな杯を問題にしなければかたづかない、それはさらにより大きな杯を問題にせねばおさまらない」というかたちで、「拡大主義」がとられている（一八頁）。このような「拡大主義」は、「一種の現代病」である「自己抹殺病」に陥っており、「すべての現象や問題を、自己という主体から切り離し、遠ざけて扱ふ傾向」があり、「問題のどこにも自己が存在しないことを確め、證明しえてのち、はじめて安心する」のである（二一頁）。

福田からすれば、この自己抹殺病によって拡大主義をとっていけば、自分にとってもっとも切実な問題などどこにもないことになる。であるからこそ、文化人は何にでも口を出せるし、現に口を出している、ということになろう。

福田は、このように、文化人の論じ方を批判している。ここにみられる福田の文化人批判の論じ方は、ある意味、中山村長と同じ立場である。福田自身、内灘は、内灘村民の問題であって外部団体には関係がない、というスタンスに賛成してもいる（福田一九五五：三五頁）。しかし、福田のこの文化人批判の論点は、じつに、清水の知識人／大衆図式に関連しているように思われる。福田の文化人批判と清水の議論とは、さほど違ったロジックではないのではないか。

福田は心理的／論理的という区別を提示し、「民衆は心理的に動く」のに対して、『文化人』は論理的にものを考へる」としている。「論理的に割り切つて進めぬ民衆が、『文化人』の眼には愚昧と見え、すべてを割り切つて進めぬがゆゑに生じる民衆の迷いを、文化や学問で救いあげてやらうなどという、とんでもない仏心をだす」と。これは「身のほど知らずのこと」であり、「それより、なぜ自分たちの軽薄さを民衆の強靭な心理的執念によつて矯めようとしないのか」と主張する（福田一九五四 a：二七―二八頁）。したがって、「西欧で実験ずみの思想」であっても、「それを扱ふ日本人の心理を対象に入れて考へてみる」必要があり、論理的にはいかに正しくても、正しいかどうかはわからない（福田一九五五：四七頁）。

福田の主張は、ここで紹介したかぎりでは、清水が「匿名の思想」論文や「庶民」論文で強調していたことと同じではないか。清水は、福田と同様、知識人は「民衆の強靭な心理的執念」によって自らをテストせよ、チェックせよ、と主張しているのではないか。であるからこそ、清水は、知識人／大衆図式を提示して、それから逸脱する知識人のありようを批判したのであった。また、そうであるからこそ、内灘経験はなんとしてでもうまく対応しなければならないものであったのだ。運動や実践をとりあげる場合、その政治的な立場によって、当該の運動や実践をまるごと正当化したりまるごと批判されることになりがちである。しかし、その運動や実践を支えている思惟構造をみるとき、そのような政治的な読み方では十分ではないことが、この清水と福田との関係についての簡単な比較からも理解されるであろう。清水の知識人／大衆図式は、そう簡単に批判し去れるものではないのではないか。

4．体系／経験、あるいは新しさの経験

体系／経験図式の意味するもの

以上の議論を踏まえて、清水の知識人／大衆図式についてまとめておこう。この図式はいくつかの側面から成っている。まずとりあげるべき中心的な論点は、体系／経験という二分法にもとづいた経験の重視ということである。

安保闘争の敗北の経験を経て、清水の知識人批判は烈しくなっていった。清水が批判の根底においているものこそ、体系／経験の二分法にもとづいた経験の重視という論点にほかならない。この点からみるとき、マルクス主義は経験に対して免疫をもってしまっている。もちろん、これは否定

的に言われている。経験への免疫性という点で、マルクス主義は批判されたのであった。反対に、清水においては、経験の重視によって、経験と新しさ、リアリティとのタッチなどが重視されたのである。これが、知識人／大衆図式による、清水の知識人批判のポイントとなろう。

清水は、安保闘争敗北後、「二十世紀思想のスケッチ」(一九六六『現代思想』上iii頁) の試みとして著した『現代思想』において、「恐らく、経験というのは、人間ということと同じなのであろう」(一九六六『現代思想』下四〇九頁)、と述べている。ここで述べられているのは、人間＝経験ということだろう。この直前の文章が、「経験は、決して論じ尽されないような、必ず未練が残るような、そういう問題の一つである」ということからすると、人間と同様に経験も、とても論じ尽されるようなものではない、という意味にもとれなくもないが、清水の墓碑銘が「人間、この経験的なもの」であること (松本晃二三六―三七頁)、また後続の文章から判断すれば、やはり、これは経験＝人間の主張である。人間を特徴づけるものこそ経験にほかならない、ということである。人間をとらえることは経験をとらえることなのである。

経験を強調することで、清水は何を強調したかったのか――。

一つは、マルクス主義批判である。マルクス主義者にとって、経験は、「改良」や「修正」に結びつく危険な観念だとされている (一九六六『現代思想』下四〇九頁)。

たとえば、一つの事実としての世界恐慌について――。

マルクス主義にとっては、この一つの事実は、「体系の内部の出来事」であった。「夙にマルクスが予言したことであって、今、それが成就したのである。それがいかにドラスティックであっても、それは体系のうちに位置づけられるもの、いや、体系を一層堅固にするものであった」。「新しいものではなく、古いもの」なのである（一九六二「理論と実践」集⑪九五頁）。

ブルジョアにとっては、まったく異なる。「事態は彼らにとって完全に新しいものとして現われ、文字通り、それは危機となった」。この危機を克服しようと、彼らは、「自由放任主義や金本位制を初めとする十九世紀の思想と権威とを捨て」たのである。その結果、「或る程度まで恐慌免疫の資本主義を作り出した」のだ（九五—九六頁）。ブルジョアは、新しさを経験して、古い思想と権威を捨てたのである。

清水は、この、体系と経験との対比を次のように述べている。「すべて新しいものは経験のうちにのみ現われる。新しいものは、その出現自身によって経験というものの証人になる。これに反して、体系は、総じて新しいものを許すことが出来ない。新しいものを許すことは、とりもなおさず、体系の自己否定に通じるから」（九六頁）、と。清水は、体系／経験の対比に拠りながら、知識人批判、この場合はマルクス主義者を、経験免疫性という点で批判しているのである。この立場も、結局は清水のプラグマティズムに由来するものにほかならない。

次に、これと関連してはいるが、経験によってのみ新しいものが新しいものとして現れるということ。「超経験的な観念にとっては、新しいものは存在しない。存在しようとする途端に、それは超経験的な観念に呑み込まれるであろう」（一九六六『現代思想』下四一〇頁）。ここにみられるのも、体系／経験の対比にほかならない。「驚かないところに超経験的なものの意味があるのに反して、驚くことが経験の生命である。二十世紀における経験の発展は、人間がすべての新しいものに関心を持ち、新しいものの権利を認めて来たプロセスである」（四一〇―一一頁）。ジャーナリスティックな社会学者清水をよく表現している論点である。経験をとらえるということは新しさをとらえることである。体系に執着していると、新しさを経験することができない。

さらに、この経験をとらえることによって、現在というものの意義を救いだせるということ。「経験が過去を含んでいるために、未来は過去の単純な反覆であることが不可能になる」。望ましい過去にせよ、望ましくない過去にせよ、「経験は、新しい未来のために働く」のである。「経験がある限り、現在は無力な点ではない。経験は、過去と未来とを結合しつつ切断する現在である」、と清水は述べている（四一〇頁）。この論点は、決定論批判に関連したものといえよう。

経験ということを強調する清水の主張は、以上の3点としておさえることができよう。

清水の知識人／大衆図式の根幹であるこの体系／経験の区別を踏まえた清水のスタンスをより明細化する前に、安保闘争後に書かれた「新しい歴史観への出発」論文（一九六三年）に触れておくことにしよう。この論文によっても、体系／経験の区別にもとづく清水の主張がよく理解されるはずである。

清水は、この論文において、「近代化の観念を基礎とする一つの歴史観」(一九六三「新しい歴史観への出発」『無思想時代の思想』一四〇頁) の必要性を主張している。「新しい歴史観の必要」をもたらしたのは、「中ソ論争の発展」によって、中ソの「両者が共通の原理として掲げているマルクス主義そのものが相当のスピードで摩滅して来ている」という現状認識である (一四〇―四一頁)。

清水によれば、「一九三〇年代の西洋のインテリの苦しみは、一方で、資本主義から社会主義へという歴史の絶対的コースを信じながら、他方で、地上唯一の社会主義国の行動に絶望したことから来ている」。「平和共存の観念」が、資本主義と社会主義の関係を、前者が後者によって取って替わられるものとしてではなく、「空間的に並存」させてしまったのである。新しい歴史観に必要なのは、資本主義から社会主義へという前後関係とは別の、しかもその内部で両者を位置づけうるような前後関係、さらにはアメリカとソヴィエトとの間の新しい共通性を基礎づけうる前後関係を設定することである[10]。それこそが、ロストフをはじめとする人たちの近代化論なのである (一四三―四五頁)。

マルクス主義の歴史観にとってかわるものとして近代化論を主張した清水のこの論文は、「社会主義やマルクス主義にかわる代案の提示というポジティヴ・メッセージによって、転向先が言明された」とも位置づけられることとさえある（竹内二〇一二：二七二頁）。清水自身、そういう言い方をしていることはたしかである。――「多くの人々が気づいている通り、安保闘争の発展および終末を通じて、従来とかく思想そのもののように見られて来たマルクス・レーニン主義は、無能で怠惰なインテリの間を除いて、急速に儀式用のものになって行った」と（一九七五『無思想時代の思想』「あとがき」三二二頁）。

とはいえ、清水にとって安保闘争は転換点であったのか？　安保闘争によってはじめて考え方を変えたのだろうか？

この「新しい歴史観への出発」論文では幾つかの対比――19世紀の思想／20世紀の思想、体系／経験、「個個の人間の意識や目的や努力を無視し嘲笑し蹂躙して自己を実現する歴史の法則」／個個の人間の意識や目的や努力（一九六三「新しい歴史観への出発」『無思想時代の思想』一五八頁）、「過去は現在を素通りして未来へ流れ込む」（一五八頁）／現在を素通りされることを拒否、「決定されるものとして」の人間／「決定するものとして」の人間（一六〇頁）、体系／計画など――によって議論が運ばれている。近代化論への支持については、たしかにこの論文が嚆矢であるかもしれない。しかし、近代化論への支持をもたらしたマルクス主義批判、体系批判、経験重視といった考え方は、それ以前から、マルクス主義ではなくプラグマティズムを支持するようになった時点で手にしていた考え方ではないのだろうか。うえで触れた、体系／経験、「個個の人間の意識や目的や努力を無を素通りして未来へ流れ込む」／現在を素通りされることを拒否、「決定されるものとして」の人間／「決定するものとして」の人間、といった対比のうちの後項を重要視するのも、みな安保闘争以前にまでさかのぼるのである。清水が「新しい歴史観への出発」論文で力説しているのは、安保闘争を契機にして、マルクス主義の「摩滅」が、清水だけではなく「多くの人々」に気づかれるようになった、という認識なのではないだろうか。

この近代化論に立ちながら、清水は、テレビジョン、電気冷蔵庫、電子計算機などの重要性を指摘したのであった。ちなみに、清水のテレビ論は早くも一九五八年に書かれている[11]。清水からすれば、口では「大衆に奉仕する」という知識人が、今度は疎外論を振り回しながら、大衆の新しい経験や願望をねじふせようとしている。なぜ冷蔵庫やテレビを肯定できないのか。大衆は、「そもそも、電気冷蔵庫やテレビを正面から肯定するという線で話しかけてくれるのでなければ、真面目に話を聞く気持にはなれないであろう。実は、大衆に対して頭から疎外を押しつけるインテリも、同じようにプロレスを見ているのだ」(一九六三「無思想時代の思想」『無思想時代の思想』一一三―一四頁)。ちなみに、『現代思想』では「一九六〇年代」を論ずるにあたって「電子計算機」がとりあげられていた。

以上の体系／経験の二分法にもとづいて経験を重視しているという清水の論点を、さらに微分しておこう。すべてが重なり合っているともいえるが、次のような要素があげられるのではないか——。

(1) 思想は閉じた世界であってはならないということ。

知識人の思想の世界が閉じていることへの批判である。経験への免疫性を否定して、経験を重視する清水にとっては、新たな経験によって思想は変化するものなのである。

(2) 一元的な見方をしてはならないということ。

内灘問題をめぐってもみられたように、知識人は一元的な見方をしていた。善悪の対立でとらえてしまっている。一元的な見方に対して、清水の立場は〈複眼的視角〉である（これについては、第4章で詳しく論ずる）。これを、プラスマイナスの差引勘定でとらえる機能分析といってもよかろう。軍事基地の問題は簡単ではないという立場からなされた内灘の分析も、この機能分析であった。

(3) 思想は行動（生活）と結びつかなければならないということ。

清水はプラグマティズムに立脚している。プラグマティズムにとっては、行動が思想の生命なのである。思想がいかに行動と結びつくかに関心があるのである。

知識あるいは知識人とはいかなるものかを考えるにあたっても、清水がプラグマティズムに出合ったことを抜きには語れない。プラグマティズムの立場からは、問題解決行動としての思考、道具としての思想という論点がでてくる。

(4) 知識人の大衆への関与ということ。

知識人は、新たな行動の原理となる思想を提示し、回心をせまる。清水が知識人を批判しているからといって、大衆に迎合するのではない。清水は、大衆と切り結ぶことのない知識人を批判する知識人としてあるのである。そのためには、知識人は大衆を説得できなければならない。

体系／経験の二分法にもとづいて経験を重視する清水のスタンスの理論的に重要な論点は、以上の、相互に関連し、不可分ともいえる4点にまとめることができよう。

以上のことは、清水が思想を最後的にテストするものとして家庭を位置づけていることからも、うかがえよう。

清水は、思想を最後的にテストするのは「家庭という平凡な場所」であるという。ここにも、プラグマティズムに裏打ちされた、清水の知識人論、思想観が示唆されている。清水は、「活字の世界に生きるだけの純粋思想」と「本当に社会を変革する力を持つ」思想とを対比している。清水が与するのは、とうぜん、後者である。「本当に社会を変革する力を持つ」思想であるためには、「家庭という場所に入り込み、そこに腰を据えなければならない。すなわち、身も心も自由な学生でなく、堅気の職場に縛りつけられ、妻子や両親を抱えた現実の人間の心を摑むという実績を持たねばならない。このテストに及第して初めて、思想は大衆を或る方向へ本当に動かすことが出来る」のである。家庭や家族は、「人類」「プロレタリア」「コミューン」などと違って、平凡で卑俗なもののようにみえるが、「しかし、厳然たるリアリティ」である。この「リアリティのテスト」に堪えて初めて、思想は社会を変革する力を持つ。しかし、このリアリティは「あまりに平凡」であるので、ジャーナリズムでは活字になることがない、と（一九七二『本はどう読むか』六六―六七頁）。

ここで述べられているのは、知識人あるいは知識が、リアリティとのタッチ、匿名の思想の担い手である庶民を説得できるかどうか、結局は、思想が行動と結びつくかどうか、といったことが肝心要であるという、清水の知識人論にほかならない。

愛国心を論じたなかでも、次のように主張がみられる。

身辺の小さな問題を些細な小事として軽蔑する「志士」に対抗して、清水は、「直接的接触の世界に於ける諸問題」を重視せよ、と言う。後者に潜んでいる「諸事物の客観的関係」を探りあてることが、本当に問題を解決するためには必要だからだ。スローガンやイデオロギーの枠だけで処理されるように考えられやすい、規模の大きな問題では、言い抜けや言い逃れが自由にできてしまう。「吾々は一切のイデオロギーを身辺の世界の日常的経験のうちでテストする用意を持たねばならぬ」、と（一九五〇『愛国心』一五四―五九頁）。

清水の一貫した知識人論の主張であるといえよう。

清水幾太郎の知識人論のスタンス

ここまでみてきた清水幾太郎の知識人論を、吉本隆明の転向論と関連させて検討してみよう。

清水の知識人論は、知識人と大衆との関連についての議論であった。それを、私は知識人／大衆図式として述べてきた。

その骨子を、ここで改めて述べておこう――。知識人は思想によって生きる。それに対して、大衆は生活に生きる。知識人清水は、思想／生活が分離してはならない、という立場をとっている。プラグマティズムの立場である。思想は生活と結びついていなければならず、清水は、体系のなかで自己完結する知識人を批判する。「経験への免疫」ということが批判されるのである。この点で、マルクス主義は、清水の烈しい批判の対象であった。

このことをより一般的にみると、知識人と大衆との位置（距離）関係をめぐる議論といえよう。知識人は大衆から離脱してはならない。とはいえ、大衆に追従してもならない。知識人は大衆のウチでありながら同時にソトという、困難な場所にいる。このかぎりでは、清水の知識人論に知識人論としてみるべき価値がないなどとはいえまい。

ところが、知識人としての清水には、転向者という評価がついて回る。安保闘争での活躍とその後の落差、とりわけ第４章で述べる、晩年における「国家の前景化」ということも大いに関係している。しかし、そのこととは別に、清水の知識人／大衆図式は、知識人論として正当に評価しなければならない。吉本隆明との比較でみてみることにしよう。

安保闘争後はずいぶん異なった道を歩んだ清水と吉本。が、二人は安保闘争のときは同志といってもよかった[12]。吉本自身、「六〇年安保のとき、僕は清水幾太郎さんにつぐ『全学連主流派同伴知識人第二号』と言われていました」と振り返っている（吉本 一九九五：七頁）。

吉本が知識人をいかに位置づけているかをみるのは、彼の転向論（一九五八年）をみるのが手っ取り早い。

吉本の「転向」は、以下のようにとらえられている。「日本の近代社会の構造を、その総体のヴィジョンとしてつかまえそこなったために、インテリゲンチャの間におこった思考変換」（吉本一九五八：三六九頁）であり、「権力の強制、圧迫というものが、とびぬけて大きな要因であったとは、かんがえない」と（三七二頁）。吉本によれば、「大衆からの孤立（感）が最大の条件であったとするのが、わたしの転向論のアクシス」（三七二頁）とされる。吉本は、転向をとらえるにあたって、権力の強制・圧迫という要因を重要視しない。ここが、彼の転向論の特徴である。

吉本によれば、日本のインテリゲンチャの思考の変換の経路には二つの型がある。

①「知識を身につけ、論理的な思考法をいくらかでも手に入れるにつれて、日本の社会が、理にあわないつまらぬものに視えてくる。そのため、思想の対象として、日本の社会の実体は、まない

たにのぼらなくなってくるのである。こういう理にあわないようにみえる日本の社会の劣悪な条件を、思考の上で離脱して、それが、インターナショナリズムと接合する所以であると錯誤するのである」(三七九頁)。

天皇制とか家族制度とかいった「見くびった日本的情況」、「かつて離脱したと信じたその理に合わぬ現実」が「絶対に回避できない形で眼のまえにつきつけられたとき」、それが「それなりに自足したものとして存在するものだという認識」が生れ、それに「屈服」してしまうのである（三七九—八一頁)。これは、「日本封建制の優性因子にたいする無条件の屈服」(三七六頁）であり、「大衆的な動向への全面的な追従」(三七八頁）である。

②「広い意味での近代主義（モデルニスムス)」であり、「思考自体が、けっして、社会の現実構造と対応させられずに、論理自体のオートマチスムスによって自己完結する」(三八一頁)。この場合、たとえばマルクス主義の体系は、「原理として完結され、思想は、けっして現実社会の構造により、また、時代的な構造の移りかわりによって検証される必要がないばかりか、かえって煩わしいこととされる」(三八一頁)。これは、思想の抽象化・体系化とはまったく異なり、「思想は、はじめから現実社会を必要としていない」(三八一頁)。

①の型は佐野学、鍋山貞親のケースであり、②は小林多喜二、宮本顕治、蔵原惟人らのケースである。吉本によれば、②は、「本質的な非転向」であるというより、①とは対照的であるがやはり

「転向の一形態」である（三八二頁）。②を「転向の一形態」とするのも、吉本転向論の特徴であろう。①②とも、「日本の社会構造の総体が、近代性と封建性とを矛盾のまま包括している」ところからきており、近代性と封建性とが、「対立した条件としてはあらわれず、封建的要素にたすけられて近代性が、過剰近代性になってあらわれたり、近代的条件にたすけられて封建性が『超』封建的な条件としてあらわれる」ところから出現するものである（三八四頁）。

　吉本転向論の紹介は以上にとどめ、以下では、吉本転向論を清水の知識人論と比較することにしよう。

　①②とも共通なのは、思想が生活から離脱していることである。その共通性のうえで、①は転向後に生活に追従してしまうのに対して、②は思想が自己完結してしまっており、生活はまったく視野に入らなくなっている、という違いがある。

　このようにみていくと、吉本転向論は清水の知識人／大衆図式がとらえようとした知識人―大衆関係にほかならないことがよく理解できよう。

①は、結局、大衆へ追随してしまうことである。（Ⅰ）

②は、経験への免疫によって特徴づけられる。体系の自己完結ということである。（Ⅱ）

清水にひきつけて言えば、（Ⅰ）は知識人と大衆との位置（距離）関係をめぐるものであり、（Ⅱ）

は体系／経験の対比にかかわるものである。（Ⅰ）も（Ⅱ）も、結局のところ、思想と生活を結びつけるプラグマティズムの立場からはとうぜん批判されるものなのである。ちなみに、（Ⅰ）は、そもそも知識人が困難な場所を占めていることに由来する一つのあり方ということになる。清水の知識人論（知識人／大衆図式）は吉本転向論と切り結ぶものなのである。

知識人・清水の営為はすぐさま転向などとして切り捨ててよいものではない。そのことは、以上の、吉本の議論との簡単な比較からもわかるのではないだろうか。

おわりに

清水の知識人／大衆図式は、政治的に異なるスタンスに立っていた福田や吉本の認識とも、さほど大きく異なるものではなかった。知識人／大衆図式は、結局のところ、清水が早い段階からコミットしていたプラグマティズムの考え方からくるものである。思想は行動として実現されることこそ肝要であり、そのためには知識人が大衆を説得することが必要なのである。

この知識人観（知識人／大衆図式）は、第4章でみるように、こののち清水がいわゆる「右傾化」してからも失われはしない。

第3章でみるように、晩年、清水は、高度経済成長という現実を経験して、貴族／大衆図式を提示した――大衆は、自己を超えようとする貴族になることが出来ない場合には、貴族に従わなければならない。しかし、この貴族／大衆図式と知識人／大衆（庶民）図式とは異なることに注意しなければならない。たしかに、庶民の願望が唯一の価値の源泉という考え方は否定されるかもしれない。しかし、知識人は大衆を説得しなければならない――思想は行動に結びつかなければならない――という考えは、貴族／大衆図式が提示されてからも維持されている（このことは、ヴィーコへの注目でもわかるはずである）。

そのことを議論していくためにも、ここでは、清水の知識人／大衆図式をしっかりと確認する必要があったのである。

註

1　清水は、そもそも、安保との戦いを「一つの戦闘（バトル）」としてではなく、「一つの戦争（ウォー）」ととらえる。一九六〇年の論文で、現在、われわれは「一つの戦争が終った地点」に立っており、「日本および日本人の運命を真面目に考える限り、新安保阻止の運動は、他の何ものかの手段――例えば、党員獲得とか総選挙の準備とかの手段――であってはならない。それは、全身全霊を挙げて最後まで戦うべき問題であったのであります」と述べている（一九六〇「安保戦争の『不幸な主役』」『無思想時代の思想』

一二頁)。

2　「ブロード・タクティックス」ともいう。一九三〇年代の人民戦線を先祖とするとされている（一九六一「安保闘争一年後の思想」『無思想時代の思想』四〇頁)。

3　清水は、『社会心理学』(一九五一年）の「文献解題」で自らの「匿名の思想」および「庶民」論文をあげ、「ジャーナリズムやマス・コンミュニケーションの平面に現われることのない、隠微の、併し、深く人間の行動の底に横たわっている思想のことを論じた」としている。同書の主要な内容をなしているのが、この論点にほかならないのだ、と。こうした観点から、清水は、「現代の社会は巨大な群集としてしか考えられぬ」と述べている（一九五一『社会心理学』二二四頁)。

4　起草役だったことを回想して、清水は次のような感想を述べている。――「声明は、大道芸人のようなジャーナリストとして暮して来た私などの書くべきものではなかった、と前に述べたが、幾らか見方を変えると、そういう私であったから敢えて起草者に選ばれたのかとも思う。私は、言論の自由が日を遂って失われて行く時期に、文章を書く以外に生活の方法のない人間として生きて来た。また、多少の意地があったので、謂わゆる時局に便乗して派手に振舞うことも恥ずかしく、そのため、内部の要求と外部の要求とを文章の上で調和させるテクニックというか、それが大道芸人の処世法であるが、それを身につけていたので、いろいろな立場の人たちから成る平和問題談話会の声明の起草には、そのテクニックが少しは役に立ったのであろう」(一九七五『わが人生の断片』下一〇三頁)、と。

5　清水は、この点を『わが人生の断片』では以下のように回想している。――「口に出して言えば、軍事基地反対ということになるが、正直のところ、この村に試射場が出来たところで、平和を脅かすほどの代物ではあるまいし、それに、平和のことなど、もうどうでもよかった。ただ、この美しい自然の中に静かに貧しく生きている村が醜い騒がしい基地社会になることだけが恐ろしく感じられた」と（一九七五『わが人生の断片』下一三九頁）。

これは回想である。この前に、清水は、いろいろな経験をしている。その経験を踏まえた感想となっているだろう。このことについては、あとでも触れることになろう。

6 間接的接触の世界に関する壮大な言論が直接的接触の世界に捗々（はかばか）しい変化を生み出さぬのはなぜか、どうして庶民は旧態を守っているのか、と清水は問い、こう答える。――言論の世界では自由に言い抜けが出来る。庶民は「話し半分」に聞いているほかない、と（一九五〇「庶民」『日本的なるもの』一九四頁）。

7 清水幾太郎一九四三（昭和一八）年の日記には、こう書いてあったという。――「誰も彼も、よく話し合ってみると、自然的リベラリストとでも称すべきものなり。大勢で神輿を担いでいるように見ゆれど、大抵は本当に担いでいるのでなく、ただぶらさがっている程度なり。これで戦争が出来るのは不思議なり」（一九六頁）。

清水幾太郎一九五三「内灘」、中山又三郎一九五三「清水幾太郎氏の「内灘」を読んで」、清水幾太郎一九五三「中村村長への手紙」、清水幾太郎一九五七「最近の内灘」、清水幾太郎一九五七「ウチナーダとスナカーワ」、清水幾太郎一九七二「内灘へ」『わが人生の断片』下など。大久保孝治二〇〇四「清水幾太郎の『内灘』」も参考になる。

8 この論文は、『現代文明論』に収録されたとき、「内灘村村長への手紙」というタイトルに変更されている。

9 福田の見方は、清水に対してではなく、平野義太郎による、中山村長についての清水と同趣旨の記述に対して表明されたものである（福田 一九五五：三三五頁）。

10 清水には、歴史の必然としての、資本主義から社会主義へ、というとらえ方とは別の、社会主義のとらえ方がある。――「無名の人々の抱いている願いが充たされるような社会、無名の人々の間に積み重ねられている経験を無視しないような社会、私はそういう社会を夢に描いて、これに社会主義という名称を与えている」(一九五一「私の社会観」『私の社会観』二〇九頁)。これは、まさに知識人／大衆図式に関連したものである。清水は、こうした意味での社会主義は、第4章でみるように、貴族／大衆図式が登場してもずっと保持していた、というのが本書の立場である。

11 清水のテレビ論である「テレビジョン時代」論文は、吉見俊哉が『思想』二〇〇三年一二月号の「テレビジョン再考」特集号に、テレビ論の代表的論文として再録している。

12 勢古浩爾も、その型破りな吉本論のなかで、ブントの運動方針に共感した知識人は清水と吉本だけだった、としている(勢古 一五五頁)。

第3章　貴族／大衆図式、あるいは高度大衆消費社会における倫理・道徳

はじめに――『現代思想』と『倫理学ノート』とのあいだ

清水幾太郎が、（『倫理学ノート』公刊の一九七二年からみて）二十数年も前から岩波書店と約束していた『倫理学』（未完）で目指そうとしたものは何だったのであろうか――。それをみるためには、「倫理学のための予備的なノート」（一九七二『倫理学ノート』三頁）である『倫理学ノート』と、それに先立つ『現代思想』（一九六六年）との関連をみるのがよい。

二十世紀思想のスケッチを、世紀初頭、一九三〇年代、一九六〇年代の3期に分けて試みようとした『現代思想』において、清水は、六〇年代についてレジャーの増加をテーマの一つにとりあげた。

かつて、労働は、生活に意味と均衡とを与えることができた（一九六六『現代思想』下三九三頁）。この労働が、外部からも内部からも要求されなくなったのが六〇年代である。豊かになって飢餓の恐怖がなくなれば、労働に拘束されることは少なくなる。「拘束された労働の生活の部分は、ますます小さくなり、何にでも使用し得る自由な生活の部分は、ますます大きくなるだろう」（三六五頁）。清水は、そこに危機をみた。

清水の危機意識は、「もっと広く深い、新しい無」（三九三頁）、「新しい人間たることを求めている」（三九三頁）、「人間の側の緊張と努力とが少しでも緩めば、確実に死へ向かって流れるほかのない時間」（三九六頁）といった記述に読みとることができる。

とはいえ、レジャーの増加だけが、清水の危機意識を生みだしているのではない。

清水によれば、「決定論を捨てた人間は、裸で未来の闇に直面しなければならぬ」（四一五頁）という。このことは、第2章でとりあげた。安保闘争の経験によって、マルクス主義が一般的に正統の地位から崩れ落ちた、と清水はとらえていたのである。この論点は、知識人／大衆図式による知識人批判の一環であった。「人間に申分のない未来を約束」してくれていた「オプティミスティックな決定論」への批判である（四一五頁）。決定論が捨てられるとき、ヒシヒシと感じられるのは、「自分たちの思考がいかに過去に慣れていたか、いかに未来に慣れていないか」ということである。このとき、決定論に代わって、計画やヴィジョンといったことが課題としてでてくる。

本章および次章を論じるなかでおいおい明らかになっていくことを期待するが、安保闘争後の清水の仕事は、この「オプティミスティックな決定論」が正統の座から降りた後の思想を構築することに集中していたといってもよいのではないか[1]。「無思想時代の思想」ということである。その際、プラグマティズムから学んだ経験の重視という論点は忘れ去られることはなかった。決定論批判は、清水のプラグマティズムの立場からすれば、必然的にでてくる（第1章参照）。クレアタ・エト・クレアンスとしての人間観をとっているので、決定論とクレアンスとしての人間とは両立しないからである。とはいえ、決定論をとらないというのは、ポジティブにはいかなるスタンスだといえるのだろうか。『現代思想』には、この点で興味深い議論がなされている。それは、確率に関係している。

清水は、十九世紀の体系に確率を対比させている。体系と確率とは相容れないのである。コントは「確率の計算」に烈しい敵意を持っていた。「一般に十九世紀の思想体系は容易に確率というものを認めなかった。体系は絶対的用語しか知らなかった。つまり、確率は1か0かであった」のである。その意味で、コントは十九世紀の体系の思想家である。ジンメルはコントとはまったく異なると、清水は、L・マルクセの議論を紹介しながら述べている。ジンメルは、「恐らく」(vielleicht, wahrscheinlich) という小さな言葉を重視していた。「この言葉は、絶対的用語しか知らぬ十九世紀の思想家にとって縁のないものであり、それを使用することによってジンメルは二十世紀の方法を導き入れたのであった」。確率は、十九世紀の体系に対して、二十世紀の方法として位置づけられる。『恐らく』というのは、1か0かでなく、1と0との中間の或る地点を指すもの」なのである。確率が0あるいは1であれば、「計画という行為は有意味ではない」ことになる（四〇六—〇七頁）。

清水は、今度は、「望ましい社会主義が必然的に生み出されるというオプティミスティックな決定論」を疑問視するP・フージェロラを例に挙げながら、決定論を否定するというのは、「完全な自由を認める」ということではなく、「確率的な決定論」を認めるということだととらえている。「他の多くの可能性のうちから」人間が選んだ理想に魅惑されながら、「人間がこの確率を大きくし」なければならないのである。理想が「確率の増大へ向って人間を前進させ」なければならないのである（四一四—一五頁）。

プラグマティズムに立脚するクレアンスとしての人間という見方は、二十世紀的な「確率的な決定論」によって救い出されたのである。

清水の知識人／大衆図式からすれば、未来へのヴィジョンはそもそも必要であった。決定論を捨ててしまったからである。そこに、レジャーの増加に伴って更なる危機が出現した。――「もっと広く深い、新しい無」。大きなヴィジョンを未来に向って投げる試みが、ますます必要となる。そうでないと、未来はいつまでも巨大な闇のままである。そのことに触れようとしたのが、「目下準備中の『倫理学』（岩波全書）」であった（四二〇頁）。

この『倫理学』はけっきょく書かれなかった。その代わりとして、五年にわたって書き続けられた連載をまとめた『倫理学ノート』が公刊された。

『倫理学ノート』を書きつづけるなかで、清水は、『現代思想』に否定的なスタンスをとるようになる。『倫理学ノート』によって『現代思想』を補完しようとしたのである。両者のあいだには、実際、落差があるように思われる。『現代思想』と『倫理学ノート』のあいだ、あるいは両者の異同について検討することをとおして、清水の考えの変化を跡づけることが重要な課題となってくる。

1.『現代思想』期の認識

『現代思想』と『倫理学ノート』のあいだの変化を理解するにあたっても、『現代思想』およびそれに関係したこの時期の諸論文を軽視することはできない。それに、『現代思想』期は、十九世紀から二十世紀への転換を踏まえた、重要な諸論点が提示されている。まずは、清水の『現代思想』期の認識をきちんとおさえなければならない。

「機械について――現代思想研究ノート」(一九五九年)、「電子計算機」(一九六四年)、「ビュロクラシー」(一九六五年)などの論文は、『現代思想』に先立つものであり、同じ趣旨が『現代思想』でも述べられている。

まずは、「機械について――現代思想研究ノート」論文について。

「有機体が存在のモデルであった時代は十九世紀と一緒に終って、機械が存在のモデルである如き時代が現われ始める」(一九五九「機械について――現代思想研究ノート」集⑪三五九頁)とみる清水は、存在のモデルとしての有機体の観念と機械の観念とを対比的にとらえる。有機体には内部に目的があって、その存在と活動とをコントロールしているのに対して、人間によって作られた機械のなかには目的は含まれていない(三五九―六二頁)。それゆえ、前者においては人間の努力と責任は解放されてしまうのに対して、後者の機械の観念においては、テレオロギーから解放され、人間の努力・責任が最後まで要請される(三六二頁、三七四頁)。この点で、清水は存在モデルとしての機械の観念を高く評価している。清水にとって、人間の努力や責任といったものは蔑ろにしてはならない、重要なファクターにほかならないのである。

次に、「電子計算機」論文について。

この論文の原題は「精神の離陸」である(『精神の離陸』(一九六五年)に収められた)。原題が〈精神の離陸〉であったことは象徴的である。十九世紀から二十世紀への転換期に〈精神の離陸〉がおこったという認識がなされている。その象徴として電子計算機が位置づけられている。

電子計算機には、十九世紀のものとは違った、それにふさわしい問題のかたちがあるという――すなわち「問題の二十世紀的観念」（一九六四「電子計算機」集⑪一三〇頁）である。それは、ダーウィンの進化論に影響を受けたプラグマティズムが強調しているものであり、「論ぜられるための問題ではなく、解かれねばならぬ問題」、「有機体としての人間にとっての問題」ということである（一二九頁）。電子計算機は「高級な乗車券自動発売機」であり、硬貨の代わりに問題を入れると、切符ではなく解答が出てくる（一二五頁）。乗車券自動発売機からでてくるのは、「論ぜられるための問題」ではなく「解かれねばならぬ問題」のその解答である。これ以前には、「問題は既に提出され、既に解決されている。言い換えれば、真理は既に知られているのである」（一二九頁）。キリスト教の神学的諸体系、十八世紀の哲学的諸体系、十九世紀の思想的諸体系がその例であり、「人間としては、それらが盛り込まれていると称する『聖書』や『資本論』を謙虚な態度で読むことだけが残された仕事になる」とされている（一二九頁）。

つづいて、「ビュロクラシー」論文について。

ここでも問題解決行動としての思考というプラグマティズムの立場に立ち、思考は、必然性の世界でなく、蓋然性の世界にあることを指摘している（一九六五「ビュロクラシー」集⑪一五二頁）。自分の手で「あるべきもの」を作り出すのが思考の仕事であること（一五二頁）、人間が決定メーカーであることが強調されている（一五三頁）。そうした文脈で、清水は、機械モデルの集団であるビュロクラシーの問題解決、情報処理のメカニズムに注目している（一五六―五七頁）。その際、問題は十九世紀風の思想問題であることをやめるという論点に代表されるように（一五九頁）、清水が世紀の転換という位相に注目していることは押えておくべきである。

一方、清水は、労働時間の短縮、マス・レジャーの時代の到来を指摘し、労働を前提とした過去の一切の思想と対比させながら、飢餓と労働から自由な時間の孕む「苛立たしい無重力状態」（一七〇頁）という、『現代思想』でも強調されたネガティヴな側面を指摘している。とはいえ、この論文の段階では、ビュロクラシーや電子計算機を受け容れつつ、望ましい秩序をカオスに押しつける「人間の力」（一七三頁）に、清水は期待している。

以上の3つの論文があつかっているテーマが、「機械」「電子計算機」「ビュロクラシー」であることからもわかるように、この時期、清水は近代化論に与し、近代合理主義への讃歌を奏でているように思われる。安保闘争で活躍していた清水が、マルクス主義を徹底的に批判し、近代化論を支持するようになったことは、立場を異にする人々からは、清水の「転向」を強く印象づけるものであったのである。

『現代思想』期というのはほぼ六〇年代に相当するが、清水は、七〇年代になると、それまでのスタンスを変えていく。公害の深刻化などに眼を向けつつ、いわば〈人間の危機〉ということを指摘するようになるのである。こうした流れのなかで、『現代思想』（一九六六年）から『倫理学ノート』（一九七二年）への転換、つまり『倫理学ノート』における『現代思想』への自己批判が位置づけられる。七〇年代のスタンスの変化を象徴する論文が、「見落された変数――一九七〇年代について」（一九七〇年）である。この論文をとおして、七〇年代のはじまりにあたって、清水がどういう時代認識をしていたかをみておくことにしよう。

2.〈人間の危機〉としての公害と地震

「見落された変数――一九七〇年代について」論文は、講演がもとになったものであり、焦点はものすごくクリアというわけではない。とはいえ、いちばんの重点が地震におかれているのではないことだけは、明らかである。竹内によれば、清水は、未来学の潮流に反する問題提起こそ警世の言論になるが、公害問題はもう目新しさはないと考え、そこで地震に飛びついたとされる。「アラーミスト（騒々しく警鐘を乱打する人）としての清水がはじまった」という見方も可能だという[2]（竹内二〇一二：二九〇頁）。この論文で地震をメインに論じているとすれば、そうした見方もあるいは不可能ではないかもしれない。しかし、そうではない。われわれは竹内の解釈には与しない。清水はこの論文で何を論じ、地震はいかなる文脈で語られているかをみる必要がある。

この論文は、「生物としての人間」という、清水のプラグマティズムをベースにした考え方に立ち、「公害の離陸」を中心的に問題にしている。

清水は、公害の議論を展開するにあたって、「技術革新や経済成長が進行するにつれて、かえって、人間は一個の生物であるという、必ずしも愉快でない自覚へ連れ戻されて行く」と述べ、プラグマティズムの立場を明確にしている（一九七〇「見落された変数——一九七〇年代について」集⑪三一六頁）。公害という観念は、一個の有機体としての人間の適応能力の限界ということがあってこそ成り立つのである（三一八頁）。

清水が強調するのは、高度大衆消費時代になって「公害の離陸」という段階に立ち至ったことである。公害が一地域の問題でなくなり、もはや大気や大海が吸収してくれるものではなくなったのである（三二〇頁）。公害とは、物的自然と人間的自然との間に人間が作り出した関係が発展した末に、「一方では、それが生物としての人間の限界に衝突し、他方では、物的自然の限界に衝突しているという現象」にほかならない。このとき、「環境から物質やエネルギーを獲得するとともに、見苦しい老廃物を自然のうちへ排泄せねば生きることの出来ない人間」は、「資源の枯渇に加えて、みずからの排泄物によって環境を汚染し、その汚染のために生きることを困難にされている」のである（三二三頁）。

公害で論じられるのは、生物としての人間が生きることを困難にされていることなのだ。この、人間が生きることを困難にされているという事態は、公害のほかにも、「経験の廃品化」――「経験というのは、人間ということ」であるから、「人間の廃品化」とも言い換えられる――や「人間的エントロピーの増加」といった言葉でも論じられている。

〈経験（＝人間）の廃品化〉については、いわゆる社会化の議論がなされたあとで、次のように述べられている。「もちろん、その後の経験生活や勉強を通じて、経験は拡大されたり、複雑になったりしますし、そこに人間の成長があるのですが、しかし、成長にはおのずから限度があって、経験の大本は若い日に形成されたまま、それを自分の財産として抱きながら、人間は一度しかない自分の人生を生きて行くのです。〔中略〕その人間の経験が、全体的な廃品化の空気の中で廃品化して行くというのは、人間の意味が急速に失われて行くということです」[3]（三三〇頁）と。

「人間的エントロピーの増加」については、組織化が進むことは無秩序の量としてのエントロピーが減少する過程であるが、「餓死の恐怖から解放された人間、つまり、自己の限定や組織化を強要されない人間においては、逆に、エントロピーが増加して行くのではないでしょうか」と述べ、「この人間的エントロピーの増加――という頽廃――は、今後の社会生活の全体に或る致命的作用を営むように思われます」と危機感を表明している（三三三―三四頁）。ちなみに、この論点については、『倫理学ノート』の「余白」でより洗練された議論がなされることになる（本章後述）。

地震については、このように人間が危機を迎えていることとの関連で、最後に追加的に扱われている。清水によれば、「自然の暴力から身をかわすのに必要な方法」と「公害を組み伏せる方法」とは、ある程度まで重なり合っているという。道路、河川、工場、交通、住宅、自動車など諸方面に及ぶ公害除去・防止策の実施は、地震の発生を防げるわけではない。地震の被害の程度を緩和することしかできないかもしれない。したがって、これは「非常に小さいこと」であるが、「日本の政治や経済の根本的制度に荒々しく手を触れなければ実現しない」という意味で、「非常に大きなこと」、「或る意味において一つの革命」であるとされている（三三八頁）。

一九七〇年に、これからの七〇年代を予想して、清水は以上のように書いていた。

地震か公害かということで言えば、地震よりも公害の方に議論の重きがおかれていた。そして、議論の中心は、人間が生きることを困難にされているということにあった。その文脈で、公害等が論じられている。この論文の基調は、まさに〈人間の危機〉ということへの危機感にほかならない。

地震と公害をめぐって

もちろん、地震についての発言は重要ではないということではまったくない。地震と公害は、清水において関連づけてとらえられている。このことを、改めて押えておくことにしよう。

「日本人の自然観――関東大震災」（一九六〇年）において、清水は、地震は天災のなかでも特別な地位を占めているという。地震は、災害が「立体化」――現在では複合災害の方がポピュラーな言葉かもしれない――するうえに、とりわけ「内部から人間を襲う」という点で特別なのである。「天災は、その何れを見ても、人間に対する自然の裏切りには違いないけれども、大地の動揺としての地震は、自然のうちの最後の味方の裏切りと言ってよい」。清水は、この点を、ある外国人（T.D.Kendrick）を引用して、「私たちの生活における通常の行動は、殆んどすべて、大地が私たちの足の下で、私たちの家の土台の下でシッカリと動かずにいるということを根本的前提として要求しているからだ」と述べている。また、鴨長明も引用されている。――「恐れのなかに恐るべかりけるは、只地震なりけりとこそ覚え侍りしか」[4]。地震は、「人間の存在の根本的条件が動揺すること なのである（一九六〇「日本人の自然観――関東大震災」『日本的なるもの』一三―一四頁）。

「日本人の自然観」論文は一九六〇年のものであるが、清水が地震の対策の必要について多くの文章を書いたのは、じつは一九七〇年代である。

地震に対する発言が七〇年代に多い理由として考えられるのは、一九七三年が関東大震災から五〇年にあたるからである。清水は、「周期を最長五十年」とすれば、「来るべき大地震」は一九七三年までに起ることになるという（一九七〇「見落された変数――一九七〇年代について」集⑪三三五頁）。もちろん、一九七一年二月のロサンゼルス地震の影響もあろう[5]。

「明日に迫ったこの国難」論文（一九七三年）では、地震による「災害の立体化」が起きると、自然の発狂と同時に、大地という自然のうえに乗っかっている人間も発狂する、ととらえられている。――「自然が発狂すると同時に、私たちは、否応なしに、自分が自然の一部分であることを思い知らされ、私たち自身、一種の発狂状態に陥って行くのです」(一九七三「明日に迫ったこの国難」『無思想時代の思想』二六七頁)。「日本人の自然観」論文でみられた、人間の存在の根本条件としての大地というとらえ方からくる認識である。

「明日に迫ったこの国難」論文では、タイトルでも「国難」という言葉が使われ、この「国難」に対応するには滅私奉公の精神が必要とされるが、人びとが当てにしているだろう災害支援をする自衛隊は、戦後、嘲笑され、継子のように扱われてきたのではないか、と清水は挑発している（二八〇―八二頁)。ここにみられるのは、清水の知識人批判である。国難、滅私奉公、自衛隊とくれば、読者は、とりわけ知識層は、すぐさま否定的に反応したことであろう。しかし、「国難」というのは、大地震が、公害や労働力不足などと違って、先進資本主義諸国に共通の問題ではなく、「日本だけの問題」であることを示すためのことばとして用いられている（一九七〇「見落された変数――一九七〇年代について」集⑪三三五頁)。

日本だけの問題かどうかは措くとしても、「国難」という言葉に過剰反応してはならない。地震対策が日本にとってとりわけ大きな問題であることは、今となっては確実である。地震対策の重要性を、清水は七〇年代に繰り返し指摘していたのである。その基本認識は、大地が人間存在の根本条件であるということ。大地が揺さぶられるということは、〈人間の危機〉でもあるということであった。

〈人間の危機〉との関連

清水は少年時代に関東大震災を経験したから、後年、地震の怖さを繰り返し主張した、という理解で済ましてはならないだろう。人間の危機をもたらす地震という論点の位置を理解するためには、地震と公害についての重要な指摘が同時期になされていることを見逃すべきではない。

公害についても、地震についても、一九七〇年代に強調された。いずれの場合も、物的自然と人間的自然とが一体的にとらえられている。一九七〇年代になって、清水において、二つの自然への危機感が高まっているということにほかならない。その端的なあらわれが、高度大衆消費時代になって公害が離陸したという指摘である。――「乱暴な言い方をすれば、経済成長の離陸に遅れること数十年、成長が高度大衆消費時代に入った後に、私たちは公害の離陸期を迎えていることになるのでしょう」(三二〇頁)。

清水は、高度経済成長時代を、餓死の恐怖からの解放も含めて、〈人間の危機〉としてとらえたということが重要である。七〇年代以降の清水の仕事は、この〈人間の危機〉という問題をめぐって展開されているとみなければならないのではないか。

3. 『倫理学ノート』の位置

清水は、『倫理学ノート』において、自ら、この『現代思想』期の認識を批判的にみるようになる。その自己批判は、いかなる観点から、どのような点が批判され、それはどれほどの射程をもつ自己批判であったのかということが、問われるべき課題となってくる。この課題は、公害や地震への警告をとおしてみた、清水の七〇年代における〈人間の危機〉への関心の高まりの一環としてとらえられるべきであるというのが、われわれの見立てにほかならない。

『倫理学ノート』の重要性

『倫理学ノート』は清水の主著、少なくともその一つである。われわれの清水論においては、この『倫理学ノート』に然るべき重要性を割り当てた議論をしたい。『倫理学ノート』を重視しない清水論は清水論に値しないとさえいえよう。『倫理学ノート』は五年間にまたがって『思想』に連載されたものである。広範囲の学問分野にわたるその勉強量は驚嘆に値する。「ノート」であるので、たしかに体系的であるとは言いがたい。連載ゆえに、論点の繰り返しも多い。とはいえ、私は本書を清水の主著であると思っている。私の関心からその主張を簡潔にまとめようとすれば、以下のようになるだろうか――。

『倫理学ノート』の出発点は、倫理学の歴史を変えたともいいうるG・E・ムーアの思想に対する、清水の違和感である。この違和感は、清水が計画していた『倫理学』を一度ならず挫折させてしまったものである。清水は、ムーアの『倫理学原理』（一九〇三年）について、「この面白くもなく、役にも立たぬ学説に忠実な解説を施さねばならぬのなら、『倫理学』など書きたくない」と述べていた（一九七二『倫理学ノート』四〇五―〇六頁）。

倫理学においては、ムーアの自然主義的誤謬批判に依拠して、倫理的用語の言語分析が主流になってしまっている。しかし、道徳的状況とは、人間の複数の欲求が衝突する場であり、倫理学という学問はそうした状況での選択や決定などの問題こそとりあつかうべきではないのか（七〇頁）。ムーアも、ムーアに影響を受けた経済学のロビンズも、功利主義と闘争しようとした。そして、事実と価値との分離を主張するのである。その点で、ヴェーバーの価値判断排除（価値自由）と軌を一にする。ベンサムに始まる功利主義に固有な特色こそ、善という倫理的価値と欲求という自然的事実との連続性ということであった（九五頁）。

倫理学に対する清水の不満は、次の文に要約的に示されている。――「〔ムアの『倫理学原理』〕以来、倫理学は、ベンサムに始まる功利主義への恐怖と敵意とによって支えられることになり、

『自然主義的誤謬』というのが、倫理学者たちの共通のスローガンになった。彼らは、人間の内外に亙る自然的事実および事実判断から善の直覚を守ろうとした。それを守ろうとした時、彼らは、人間の欲求、複数の欲求の衝突としての倫理的状況、倫理的状況における選択や決定などの問題をすべて投げ捨てて、倫理的用語の言語的分析という仕事の中に自分たちを閉じ込めた。しかし、当然の話であろうが、good や right を初めとする倫理的用語の分析を続けているうち、二十世紀の倫理学は、日を逐ってトリヴィアルなものになって行った」(一一九頁)。

清水は、ムーアに代表される倫理学の動向を批判的にみながら、その倫理学と経済学とを同じ土俵に立つものと批判していく。

経済学は、科学に強い規定を与えることによって、自然科学の形式に近い科学たらんとした。このとき、人間は、経済的人間の論理へと抽象化されてしまっている。事実と価値の分離によって、価値は塵芥として外部に捨てられてしまった。しかし、価値は塵芥なのだろうか。価値判断の先行と優越こそ、人間の世界の永遠の文脈ではないか。理性のほかに情意的諸能力を持つ全体としての人間をとらえなければならないのである。ベンサムにとっても、人間は全体的人間であったのだ(一四一頁)。

価値や価値判断が関係しているのは、単に人間の世界にかぎったものではない。生命一般に当てはまるものである。こうしたスタンスはプラグマティズムのそれである。人間は、そこでは次のようにとらえられる。――「世界の諸事物は、人間を主体とする遠近法のうちで、最初から或る価値を含み、また、或る行動と一組のものである。善悪も、正邪も、美醜も、すべて遠近法のうちに現れる世界の構成原理である。それらは、いつも既にある。言い換えれば、あの塵芥とともに人生はある」（一九六頁）。

科学に対して弱い規定がどうしても必要なのである。蓋然性を捨てて確実性をとるのではなく、蓋然性こそを救わなくてはならない。蓋然性は虚偽ではない。人間の世界は、蓋然性に基づく常識の通用する世界なのである。――「絶対の真理のみを求めて、蓋然性を見捨てることは、人間の世界を見捨てることである」（三五六頁）。

科学に強い規定を与える経済学では、人間の世界をとらえられない。価値が塵芥とされてしまうからである。「強い規定に堪え得ない科学があってもよいのではないか」という主張である。「そう考えなければ、倫理学を据える場所がないし、総じて、人間に関する諸問題を有意味に論じる場所がない」（四〇七頁）。

清水は、あくまで「人間の世界」をとらえようとしているのだ。そのことは、清水のヴィトゲンシュタイン評価の変化によくうかがえるところである。

論理実証主義とヴィトゲンシュタイン——『現代思想』から『倫理学ノート』へ

『倫理学ノート』で清水が共感を持って力強く論じているのは、『論理哲学論考』を自己批判して『哲学探究』に移行したヴィトゲンシュタインと、デカルト主義者からデカルト批判に転じたヴィーコとである。共感の理由は、科学への弱い規定だけでなく、彼らが〝転向〟したからでもある。

その点で、『現代思想』における論理実証主義への一定の評価は興味深い。そこでは、論理実証主義は「新しい論理学」とされ、その新しさが評価されるのである。それは、「言語の戯れと経験への免疫性」を特徴とする「思想体系」への挑戦であった（一九六六『現代思想』下三六〇頁）。論理実証主義は、「その〔存在から解放された純粋な論理の構成である〕半面、経験の徹底的な尊重と結びつくものであった。十九世紀の体系が無視して来た経験のうちに『生命』を見出し、その掛けがえのない意味を経験への免疫性を誇る体系から救い出そう」とした（三六〇頁）。であるからこそ、「論理実証主義」とか「論理的経験論」とかという名称で呼ばれたのである。それは、「一方、古いドグマと戦い、他方、生命の味方であろうとする企てであった」（三六〇頁）。

とはいえ、清水は、この段階においても、さらなる事態の進展に眼をとどめている。「野生的な経験が科学の外へ放逐され、科学そのものは、経験への免疫性を誇る諸命題の集合になる」ような「十九世紀のアプリオリズムの批判として生れた勇気に満ちた試みの中から、〔二十世紀の後半になると〕再び新しいアプリオリズムが現われて来る」（三六二―六三頁）、と。すなわち、「思考は、経験との、従って、帰納法との結びつきを次第に失い、論理的真理だけで満足するようになった」(三六一―六二頁）のである。

このように、『現代思想』では、論理実証主義は「生命の味方」をした「新しい論理学」としてとらえられていた。この点は、『倫理学ノート』における立場とは異なる。そうした評価の半面で目配りをしていた、「新しいアプリオリズム」への転化への批判を全面的に展開していくのが『倫理学ノート』であるといえよう。

『倫理学ノート』では、ヴィトゲンシュタインに触れながら、『現代思想』は次のように位置づけられている――。二十世紀思想のスケッチをピカソの「アヴィニョンの娘たち」の解説から始め、「抽象とパッションとの、分析と生命との融合」を指摘してきたのに、「スケッチの途中から、とりわけ、スケッチを終った瞬間から」、「生命はどこへ行ったのか。忘れていてよいのか」という、「捨象されたものへの後ろめたさが私を離れなくなった」、と清水は述べている（一九七二『倫理学ノート』二四三―四四頁)。『現代思想』への自己批判にほかならない――「叙述の客体」が「分析と生命との融合という原始的な状態を抜け出して、どこにも生命の影を宿さない分析という透明な状態へ動いて行った」(二四四頁)。この文脈で、ヴィトゲンシュタインについて、「あまりに長くもない生涯において、分析から生命への転回が行われた」(二四四頁）と位置づけられる。ヴィトゲンシュタインの「転回」が評価されているのである。『論理哲学論考』から『哲学（的）探究』への

「転回」である。それは「分析から生命への変化」なのである（二四四頁）。ヴィトゲンシュタインは、この「転回」、あえていえば〝転向〟は、清水によって、「生命」を奪還したのである。

ヴィトゲンシュタインの〝転向〟は、清水によって、高く評価されている――。ヴィトゲンシュタインは、『トラクタトゥス〔論考〕』の自分を裏切っただけでなく、人間と生命と経験との犠牲において絶対的確実性を求め、透明な演繹とフォーマリズムとのうちに満足を見出そうとする近代思想そのものを裏切った」(二九〇頁)。逆にいえば、〝転向〟によって、「人間と生命と経験」が守られたのである。清水が守ろうとするのも、この「人間と生命と経験」にほかならない。

清水は、ヴィトゲンシュタインの「ザラザラとした大地へ戻ろう！」という呼びかけについて、「この言葉に出合う瞬間を求めて、私は、今まで『哲学的探究』を読んで来たような気がする」(二八九頁）と述べている。さらに、この「ザラザラした大地」は、「少なからぬ数の学者」が以前からそこに立っていた場所であるし、「学問と縁のない人たちにしてみれば、それ以外の場所に立つことは一般に不可能であろう」(二八九頁）とされているのである。

ここで、われわれは清水のプラグマティズムのスタンスに思い至るであろう。ヴィトゲンシュタインを論じた最後に、清水自身、プラグマティズムに触れている。「分析哲学の発達そのものがプラグマティズムの命数の尽きた証拠のように見られている」が、「専門家たちが何を考えるにせよ、プラグマティズムは、大いなる自然のうちに生きる一個の生物として人間というものを考え、この生物が環境に対して試みる適応の一様式として思考というものを考える。こういう観念は、そう簡単に命数の尽きるものではない」(二九一頁)、と。

清水は、このように、ヴィトゲンシュタインによる「分析から生命への転回」という点で、その〝転向〟を評価しつつ、清水自身の拠点たるプラグマティズムの重要性を再確認しているのである。

『倫理学ノート』は、清水自身によって、『現代思想』の自己批判という位置づけがなされた。清水のこの自己批判は、自身が翻訳したR・ハロッドの社会科学論に拠るならば、Bタイプの社会科学を重視しすぎたという自己批判ということになる。

清水は、ハロッドに従って、社会科学を2種に分ける。Aタイプはマルクス主義の学説であり、専門化の方向には行かず、経済学、形而上学、論理学、歴史哲学、革命的行動の指針など「一切合財が含まれ」た、非常に包括的なものである。Bタイプは、Aタイプへの批判としてでてきたものであり、「近代的」なものである。Aタイプのモデルが「古いキリスト教のドグマ」だとすれば、Bタイプのモデルは、「ニュートン力学に代表される近代の自然科学であり、時には、数学や論理学」であるとされている。清水はAタイプを早くから批判していたので、まずはBタイプに与した。しかし、やがてBタイプの欠陥に気づくようになる。Bタイプは、モデルとしている近代の自然科学にますます接近して、「近代科学としての体裁を整えようとすればするほど、社会生活の実質を切り捨てて行くことになる」。Bタイプについても、（第2章で論じた）Aタイプの場合とはまた違った意味で、「現実の犠牲において科学の形式が守られることが多い」、と批判されるのである（一九七五「最近の社会科学　2．ロイ・ハロッド『社会科学とは何か』によせて」『私の社会学者たち』二二六―二二七頁）。Bタイプへの批判こそは、『倫理学ノート』で提示された論点にほかならない。

内田義彦の議論を借りて言えば、Bタイプの社会科学が、モデルである近代の自然科学に接近することをどんどん目指していくとき、「科学で認識しえたもの」と「現実そのもの」とのギャップが見失われ、「科学的に見とどけたものを、しかもそれだけを、具体物についての科学的認識として信じこみやすい」事態に陥ってしまう（内田　一七七頁）。清水によるBタイプの社会科学への批判は、このギャップの自覚化ということにほかならない。このギャップを自覚するかぎり、科学は価値や善を塵芥として捨て去ることはできないはずである。価値判断こそ人間の世界の永遠の文脈であり、そこをはずせば社会批判など不可能になってしまう。Bタイプの社会科学への批判は、科学を強調しすぎたという批判にとどまらず、「公害の離陸」という議論にもみられたように、価値の観点からする高度経済成長への批判でもある。

とはいえ、これは『現代思想』期の全否定ではない。『倫理学ノート』以降もひき続き保持された考えも、当然のことながらある。プラグマティズムの考えは、それ以前から清水の思想の基盤をなし、これ以降も一貫して保持されるものである。――「そう簡単に命数の尽きるものではない」！

『現代思想』期のものとしてとりわけ注目すべきは、人間の努力や責任といった考えであろう。これは、存在モデルとしての有機体モデルに対比される機械モデルにみられるものとして強調されていたものである。この文脈で、ビュロクラシーや電子計算機の重要性が指摘されていた。しかし、機械モデルは、Bタイプの社会科学への批判がなされるかぎり、まるごと賛成できるものではなくなるのではないか。機械モデルと人間の努力や責任とは必ずしも折り合いがいいものとは言えないのではないか。機械モデルの立場を貫徹させようとすれば、人間の努力や責任といったものは不純物でしかなくなるのではないか。とはいえ、これら不純物を除去しては、社会科学は存立しえない。Bタイプの社会科学批判からすれば、こうした反省がでてくるであろう。

清水のこれ以降の仕事は、〈生命〉を塵芥として捨て去って純粋な科学を目指すのではなく、人間そのものである〈生命〉を取り込みうる社会科学を確立すること、人間の努力や責任は確保したままで、総じて人間の力を保持したままで、倫理・道徳を扱いうる社会科学を確立させることに向けられた。『現代思想』から『倫理学ノート』への転換はこのようにとらえられるのではないだろうか。

4. 清水倫理学――清水はいかに倫理に取り組んだか

『倫理学ノート』「余白」のねらい

『倫理学ノート』の議論からすれば、清水は、未完の『倫理学』では、倫理的状況＝人間の世界を扱い得ない「二十世紀の倫理学」に取って代わる倫理学を構築したはずである。『倫理学ノート』の総括部分である「余白」においては、そうした企画の素描がなされていると位置づけられるだろう。

清水が展開しているものとは、少し順番を入れ替えて説明しよう。

清水は、「現代の倫理学の負う特別な困難」を二つ挙げている。一つは、その方法的側面であり、科学に弱い規定を与えなければ倫理学を置く場所がないという、『倫理学ノート』を通じて議論されてきた問題である。とはいえ、倫理学を担保するためには、この科学性をめぐる問題――「方法的側面」――だけでなく、もう一つ、「対象面」においても困難が待ち受けている（一九七二『倫理学ノート』四三一―三二頁）。

科学の強い規定／弱い規定をめぐる倫理学の方法的側面はすでにみたので、ごく簡単にまとめておこう。清水が、『倫理学ノート』における経済学＝社会科学批判をとおして倫理・道徳の問題へ進むにあたっては、向うべきは、とうぜん、社会科学における「生命」「塵芥」を救い出す方向であった[6]。これは、彼のベースであるプラグマティズムに支えられたものである[7]。プラグマティズムは、論理実証主義にみられるような「事実と価値の峻別」を認めないのである（伊藤邦武二〇一六年：二二〇頁）。

対象面における困難というのは、経済学や政治学などと違って、「道徳という事実そのものが不安定な状態にある」ということである（一九七二『倫理学ノート』四三二頁）。ここに、経済現象あるいは政治現象の存在を認め、さらに望ましい経済的秩序あるいは望ましい政治的秩序を考えるところから出発できる経済学あるいは政治学とは異なる事情がある。――「もし倫理学が古今の諸学説の解説に終始せず、或る現実的な機能を持とうとするならば、それは、先ず、飢餓から解放された時代における道徳の必要を証明せねばならず、次に、対象としての道徳を自ら創造せねばならないであろう」(四三二頁)。

さきほども「飢餓から解放された時代」とあったように、清水によれば、現代は、ベンサムのいう「アバンダンスが実現される時代」であり（四二六頁)、「物質的欲望の満足が大衆的規模において前例のない発展を見るに至った時代」である（四二八頁)。こうした、「飢餓の恐怖が消える」時代は、「必然か、偶然か、一方において、或るものを出現せしめ、他方において、或るものを消滅させようとしている」という。出現したものは、民主主義の本格化とレジャーの増大とである。この二つによって「拡大された自由な行動の領域」は「或る新しい秩序の必要の増大を暗示」している。つまり、「内的制裁を含む行為規則のシステムとしての道徳の発展」ということである（四二八―二九頁）。

しかし、この時代において曖昧になってしまっているものこそ、道徳にほかならない。清水によれば、「知情意という三分法における意志」が消滅ないし地位が低くなり、したがって、「この意志そのものを原理とする道徳の地位が曖昧になっている」のである。ここでは、清水における物質的欲望・自然的欲望と精神的欲望の区別を押えることが大事である。物質的欲望あるいは自然的欲望は容易に満足させられるが、精神的欲望は植えつけることにも満足させることにも訓練や努力が要求されることを、清水は力説している。「人間が自然的に欲するものを禁止し、自然的に欲しないものを勧奨する」ためには、「自然的欲望を越えるところの、意志によって支えられるところの平面」が必要であるにもかかわらず、それが不可能になっているのである。「そこに人間が立って、然るべき責任を引受ける筈の道徳の平面の底が抜け」ているのである（四二九―三二頁）。

さきほどの、「飢餓から解放された時代における道徳の必要性の証明」がここでなされているとみることができよう。ここでの現状分析は、裏から、必要となるはずの道徳が不在であることを証明しているのである。

もう一つの「対象としての道徳の創造」という課題については、『倫理学ノート』ではまだみられない。この後の清水の営為がこれに相当するのである[8]。これは本書第4章のテーマとなる。

清水は、このように道徳の不在、そして道徳の再建を主張している。清水の位置を見定めるために、デュルケムのアノミー論と比べてみよう。

『自殺論』におけるアノミーは、欲求を規制する社会の力が弱体化しているために現出する、欲求の無限亢進のことであった[9]。清水が注目するものは、デュルケムとは異なっている。清水も欲求を制限するものの必要性について主張しているけれども、欲求の無限亢進が問題なのではない。デュルケムの場合、問題は、社会的な制約がなくなったことに伴う、欲求の肥大・亢進であったのに対して、清水の場合、注目されているのは、自然的欲求を抑えること——「自然的欲望からの自由」(一九七二『倫理学ノート』四三七頁)——の必要性ということである。清水は、この時代・社会をデュルケム的なアノミーによって特徴づけてはいないのである。清水が注目するのは欲望の種類である。物質的欲望は難なく満足させられているが、論者が予測したようには、精神的欲望は生れさえしていないのではないか、という主張である。

5. 貴族／大衆図式

「高度大衆消費社会」批判を踏まえて提示されるのが、貴族／大衆図式である。

実をいえば、『倫理学ノート』で提示される貴族／大衆図式は、連載をまとめて出版するにあたって新たに書き下ろした「余白」の最後のところでほんのちょっと顔を出す程度である。とはいえ、この図式は、論者にたちによって大いに批判的に取りあげられてきた。私もこの図式はきわめて重要なものだと考えているが、その重要性は批判者がいうようなネガティブな意味にはなく、倫理・道徳問題との関連でみられるポジティブな意味においてである。

この、大衆よ貴族たれ、という主張を誤解してはならない。

貴族／大衆図式に言及しているのは、たとえば天野恵一である。――『倫理学ノート』を「戦後翼賛時代を代表する著作」として位置づけ、この貴族／大衆図式を引合いにだしている。貴族清水が、上から教育勅語的倫理の復権を主張しているというのだ[10]（天野 四六頁）。竹内洋は、次のようにとらえている。――「清水のあのあるがままの庶民への関心は限りなく後景に退き、テクノクラートを中心とした『知識人政体』(intelligarchy) さえ仄めかされている」と（竹内 二〇一二：三三三頁）。川本隆史も、この図式は「うさんくさく思われてならなかった」、「ついていけなかった」としている（川本 四六八頁）。これらは、知識人／大衆図式に拠りつつ、大衆から知識人へと清水が鞍替えしたことへの違和感をベースにしているように思われる。

貴族／大衆図式は、これまで正当な評価をされていない。都築勉（都築 一九九五）は、この図式に注目していない。小熊英二（小熊 二〇〇三）も注目していない。そもそも、小熊は『倫理学ノート』への言及そのものがない。この貴族／大衆図式を、知識人批判の文脈で提出された知識人／大衆図式と同一視してはならない。貴族／大衆図式は人間の自己限定に関わるものである。次にみるように、人間の自己限定は人間観の問題である。

人間観

清水の人間観をきちんと押さえておくことが重要である。

「経験、この人間的なもの」にみられるような経験の重視ということと、人間には制約するものが必要ということ。清水の人間観は、この異なった二つの側面でとらえることができよう。経験の重視は、知識人／大衆図式による知識人批判に対応している。体系／経験の対比によって示されていたものである。人間には制約されるものが必要であるという論点が、貴族／大衆図式による大衆批判に対応しているのである。

人間の自己限定が、貴族と大衆とを区別するメルクマールである。自然的欲望からの自由において、自ら高い規範を打ち樹て、それへ向って自己を構成して行こうと努力する少数者に対して、自然的欲望の満足に安心して、トラブルの原因を外部の蔽うもののうちにのみ求め、自己の構成に堪え得ない多数者が対比されているのである（一九七二『倫理学ノート』四三七頁）。自己限定によって自然的欲望から自由になるのか、自然的欲望の満足に安心するのか。かつての貴族というグループこそは前者であり、現実には飢餓から解放されていたにもかかわらず、「飢餓の恐怖のままに労働に堪えている大衆の困苦に対応するものを敢えて自分たちの生活に導入して、自己鍛錬の手段たらしめようと試みた」のである（四三六頁）。その例として清水が挙げているのは、冷水浴、狐狩、正餐のための盛装などといった、些細と思われるようなものであるが、いわゆるノブレス・オブリージュとして一般化できるだろう。

こうした限定的な観点から、清水は『倫理学ノート』に末尾にこう書いたのである――「飢餓の恐怖から解放された時代の道徳は、すべての『大衆』に『貴族』たることを要求するところから始まるであろう。しかし、それが不可能であるならば、『大衆』に向って『貴族』への服従を要求するところから始まるであろう」（四三七頁）。この主張の背後にあるのは、人間には自己限定が必要であるという人間観なのである。

人間観の二つの側面に対応させつつ、知識人／大衆図式と貴族／大衆図式という二つの図式を区別する必要があるのである。

知識人／大衆図式と貴族／大衆図式という二つの図式は区別されなければならないが、同時に両者には接点もある。それは、清水の啓蒙思想批判からうかがえるだろう。

啓蒙思想は、「正義、自由、平等など、現代思想の根本的観念の殆ど全部」を生み出し、「人間に勇気を与え、社会の発展に寄与した」という一面を有している。その半面で、啓蒙思想は、「人間に『アリバイ』を保証」し、「自分の能力、努力、運命を棚に上げて、不幸の責任から自分を解き放ち、その責任をすべて外部に押しつけようとする人間本来の卑劣な傾向に迎合するもの」とされるのである。「甘い言葉のシステム」なのだ、と。その「後継者乃至(ないし)完成者と目される」ものとして、マルクス主義や共産主義が位置づけられている（一九八四『ジョージ・オーウェル「一九八四年」への旅』二〇四頁）。

清水の啓蒙思想批判は、決定論への批判としてもあるのである。その意味で、啓蒙思想批判それ自体は、（第2章でみた）知識人／大衆図式からする知識人批判と軌を一にしている。さらに、ここには、この知識人批判には収まりきらない、清水の人間観がみてとれる。それは、責任を外部に押しつけてはならないということ、人間の側の努力の必要性の主張である。こうした人間観は、（第1章でみたように）プラグマティズムとも関連し、清水が強調した、クリエタ・エト・クリアンスとしての人間の、とりわけクリアンスとしての人間の側面に相当するものである。と同時に、（さきほどもみた）「トラブルの原因を外部の蔽うもののうちにのみ求め」る「大衆」に対して「貴族」

たれと呼びかける主張とも結びつくものである。このことは、清水が『倫理学ノート』「余白」で明言しているところでもある。――「自然的欲望を越えるところの、意志によって支えられるところの平面」の存立は、自分の行為が非難されたとき、「自分自身を因果の連鎖のうちに投じて、当の行為は、自分に責任のない外的事実から不可避的に流れ出た結果である」と説明する「弁解のロジックの発達と両立することが出来ない」と（一九七二『倫理学ノート』四三二頁）。

このようにみてくると、知識人／大衆図式は貴族／大衆図式と切り結んでくるのではないか。二つの図式は、とらえようとしている事態がまったく違うものであり、前者から後者へと移行したなどとみることはできないが、とはいえ二つの図式は、人間観を介して接点をもっているのである。

ここまで、貴族／大衆図式が清水のなかでいかなる位置を占めているかの一端をみてきた。次には、清水のこの図式が他の論者との関連でいかなる位置にあるかをみていくことにしよう。

清水の貴族／大衆図式は、西部邁の「高度大衆社会」批判と関連させてとらえることができよう。西部は、大衆批判の3類型を区別している。貴族主義的批判、民主主義的批判、精神主義的批判である。貴族主義的批判は、身分制の崩壊によって近代的大衆が出現したとき、貴族陣営のなかからおこった批判に典型的なものであり、教養と財産をもたぬ社会階級としての大衆に対する批判である。バーク、トクヴィルが代表的論者である。民主主義的批判は、一九二〇年代および一九三〇年代を中心に大衆社会が急速に展開したとき、操作される政治階級としての大衆に対してなされた批判である。代表者はフロムである。精神主義的批判は、オルテガに代表されるものであり、大衆を、高度な要求を自分に課す人間に対比して、凡庸な人間ととらえる批判である（西部邁一九八六：一六—二六頁）。

西部の3類型と照らし合わせれば、清水の議論は、第3の、大衆に対する精神主義的批判にあたることは明らかだろう。清水は、貴族／大衆図式によって、オルテガ流の大衆批判をおこなっているのである。したがって、清水とオルテガとの比較ということが有意義になってくるが、この比較検討については、『倫理学ノート』ではまだなされていない、「対象としての道徳の創造」という課題が遂行された段階の清水を待って、第4章でおこなうことにしたい。

思想の困難

〈思想家〉清水にとって、一九六九年段階の日本の現実は困難を伴っていた。「現代をドラマに仕立て上げることは著しく困難」（一九六九「最終講義　オーギュスト・コント」『無思想時代の思想』一九五頁）だと感じられていたのである。これには、日本社会の変化が関わっている。そして、清水は、ドラマを作るのには悪玉が必要なのであろうかと吐露している。この変化に伴う、清水の〈思想家〉としての営為こそが、またさまざまな評価を生むのである。

なぜドラマに仕立て上げることが難しいのか？　清水は日本社会の変化をどこに見ているか——。清水は、一九六〇年代におけるアフリカ諸国の台頭について論じながら、「かつて飢餓が大衆を捕えていた限りにおいて、観念は大衆を動かすことが出来た」と述べている（一九六六『現代思想』下二七七頁）。観念が人々を動かすことができるのは、人々がまだ豊かではない状態にあるときなのである。「現代をドラマに仕立て上げることは著しく困難」になる背景には、貧困・飢餓からの解放がある。観念で人々は動かないということは、知識人であることはなかなか困難であるということを意味する。悪玉を見つけることによって、思想をドラマティックにする必要がある。いかにドラマを作るのか、という課題を清水は抱えていた。

飢餓や貧困がなくなり、労働から解放された時間が増加する。社会が豊かになったのだ。このときに、清水は高度大衆消費社会を精神主義的に批判していくことになる。その批判の極限が、大衆に対して貴族たれと呼びかけ、それができないならば、大衆は貴族に服従せよ、と主張する貴族／大衆図式である。これによって、思想はたしかにドラマティックになったといえよう。

貴族／大衆図式についてだいぶ明らかになってきたこの段階で、『現代思想』と『倫理学ノート』との落差について、まとめておこう。

両著作における社会批判は連続してはいるが、やはり落差もあるように思われる。両者の社会批判の違い・落差はどこにあるのだろうか？

『現代思想』では、レジャー時代の到来、そこでの労働——生活に意味と均衡を与えていた——の位置の変化について指摘してはいるが、『倫理学ノート』にみられる「人間の自己限定」や貴族／大衆図式はまだでてこないのである。『倫理学ノート』は、「人間の自己限定」や貴族／大衆図式を持ち込むことによって、自己限定ができないならば、そのときは（そのときになってはじめて）外部から限定するしかない、貴族に従うしかない、という主張のかたちをとって、清水の社会批判がより先鋭化したということができよう。そして、このことはその後の清水の主張、とりわけ「対象としての道徳の創造」という課題のゆくえにも影響を与えていったはずである。

6．社会批判か人間批判か——清水の高度経済成長時代批判の特色

ここでは、貴族／大衆図式に限定せず、清水の高度経済成長時代への批判の特色を、他の論者との比較をとおしておさえておこう。

公害の離陸、人間の廃品化をはじめとして、清水は、高度経済成長時代を批判的にみていた。その極限が、貴族／大衆図式であった。

清水のこの批判的スタンスは、他の論者の豊かさ批判と同じなのか、違うのか――。

社会批判と人間批判

まずは大塚久雄からみてみよう。

大塚には『生活の貧しさと心の貧しさ』という著作がある。「生活の貧しさ」「経済的貧困」に対比される「心の貧しさ」「精神的貧困」とは、いわゆる「人間疎外」のことである（大塚 一九七八：三〇頁、七八頁）。高度経済成長が始まってまもなく、大塚は、「生活の貧しさ」だけでなく「心の貧しさ」があることを主張した。とはいえ、この意味での「心の貧しさ」は、高度経済成長時代に限られはしない。たとえば、ウェーバーの「精神のない専門人、心情のない享楽人」も該当する（六九頁）。

大塚の「精神的貧困」は、このように、近代全体にまで拡がりうる概念であるが、より時期的に限定された議論、豊かさへの批判として、一九八〇年代の「宗教ブーム」にも現れている、「物質的豊かさ」に対比される「心の豊かさ」への注目がある。

暉峻淑子『豊かさとは何か』（一九八九年）、佐和隆光『豊かさのゆくえ』（一九九〇年）、中村達也『豊かさの孤独』（一九九二年）などの著作のタイトルには、その問題意識があらわれているといえよう。これらは、一九八〇年代以降、日本が経済大国になり、（経済的）豊かさは達成されたものの、精神的な面での豊かさが達成されていないことへの批判が中心となっている。モノの豊かさよりも心の豊かさを、ということである。

清水の批判は、これらの議論よりも早い時期のものである。清水は、こられの議論を先取り的に、いわば「豊かさのなかの貧困」を批判した、と一応は言うことができよう。しかし、清水の視角はこれらの論者とは少し異なるように思われる。

同じ大衆（消費）社会批判ではあるが、うえの論者の批判とは文脈が異なっていることを見落としてはならない。これらの論者は、心の豊かさが実現されない社会への批判がメインであるのに対して、清水の場合は、そのなかで生きる人間の批判にウェイトがあるのである。清水の批判は精神主義的な大衆批判であったのである。

もちろん、この人間批判は社会批判と無関係ではない。

科学技術の進展に支えられた高度経済成長によって、日本の社会は公害が大きな問題になった。清水は、「公害の離陸」という主張をしていた。これを手がかりにしてみよう。

その西田幾多郎論において「人間として生きる」ことには、「人生という面」と「生活という面」とがあるとする上田閑照の議論を用いて言うとすれば、清水の主張は、まずは「生活という面」からの社会批判である[11]。と同時に、清水は、「人生という面」からも批判している。それが、道徳への注目である。まさしく精神主義的な大衆批判なのである。この人間批判から、道徳の不在という社会批判がでてきた。人間批判にウェイトがあるからこそ、社会における道徳の不在がでてきたのである。(第4章でみることになるが) 教育勅語にまで行き着くこの側面での提案に問題があることは確かだとしても、その問いの立て方は有意義である。そこを見失ってはならない。

清水においては、このように、人間批判と社会批判の両側面がある。そして、人間批判にウェイトがあるのが他の社会科学者とは異なる、清水の批判のユニークな側面であるといえよう。

ここで、大塚久雄をもう一度とりあげ、彼の禁欲についての考えを参照することで、清水の精神主義的な大衆批判の位置をより明確にしておこう。

大塚自身も、戦後すぐ、近代的人間類型の創出、人間変革を主張し、その一環として、禁欲あるいは禁欲的生活的態度が位置づけられている。大塚によれば、それは、「ある客観的な目的あるいは理想の実現をめざして、そのために自己の精神的ならびに肉体的エネルギーのすべてを集中的に放出しようとする、訓練された生活態度である」(大塚 一九六三：二一六―一七頁) と定義される。裏からいえば、こうである。――「自己のエネルギーをそれ以外の用途、なかんずく無目的な享楽のために浪費することを極力抑止し禁圧しようとする、訓練された生活態度ともいえようし、またそうした鍛錬され、自己抑制・自己統御の内的能力をそなえた人間類型だともいうことができよう」（二一七頁）。

大塚のこの定義は、清水による貴族たれの議論にもあてはまるであろう。清水は、モデルとして、飢餓から解放されているにもかかわらず自己を律している貴族の生活に言及していた。清水が、自然的欲望と精神的欲望とを区別しながら、精神的欲望を成長させるべきことを主張したのも、大塚のいう禁欲の主張であるといってよいだろう。

貴族たれという主張をしたころの清水と、禁欲を主張する大塚とは、政治的スタンスにおいて大きく異なっていよう。禁欲の主張それ自体は、政治的スタンスの左右にかかわらずみられるものである。

大塚自身、明治維新以降の日本歴史をみれば、体制の側にも反体制の側にも禁欲精神の伝統はみられるとしている。たとえば、明治期の軍隊、明治から大正にかけてのプロテスタンティズム、大正末期の社会主義者や革新陣営である（二二一―二二二頁）。しかし、戦後の「自由」の思想は、「伝統主義的な旧体制の束縛から民衆を解放した」と同時に、「伝統主義的束縛とともに禁欲一般を断罪し、湯水とともに赤子を流しさった嫌いがないではない」という。この傾向はますます強まり、経済の高度成長とともに、レジャーやバカンスが叫ばれ、「反禁欲的な享楽的消費の高揚が出現」した（二二二頁）。このように、大塚は、戦後の「大衆社会現象」（二二三頁）を禁欲一般の否定ととらえ、批判的にとらえているのである。しかし、大塚は、あらゆる禁欲の主張を肯定するのではない。保守の側の、「伝統主義への郷愁に支えられてある種の禁欲を復興しようとする動き」は、「道徳復興！」として批判的にとらえられているのである（二二二頁）。

「反禁欲的な享楽的消費の高揚が出現」した高度成長期は、清水によっても批判されていた。「大衆社会現象」を禁欲否定として批判的にとらえる点で、大塚と清水の問題意識は同じであるといってよいだろう。しかし、大塚によれば、（第４章でみることになる）清水の立場は、とうぜん「道徳復興！」として退けられるはずである。

では、大塚の禁欲論と清水の禁欲論とはどこが違うのであろうか？

大塚の禁欲の重要性の主張は、あくまでも、とりわけウェーバー思想の影響を受けた、「世俗内的禁欲」によって、「旧来の伝統主義的な束縛の社会的枠組から解放」し、さらには「新しい近代社会の枠組の形成」をめざすものである（二一八—一九頁）。その観点から、日本においても、いまこそ、「自由をふたたび禁欲にむすびつけるような思想的立場」が要請されている、と主張されるのである（二二三頁）。

ここまでみてくると、禁欲を評価するにあたっては、それが自由と結びついているかどうかが、一つの重要な論点となることがみえてくる。清水の場合はどうなのだろうか。第４章で検討することになるが、この点、清水との違いは明白となるはずである。教育勅語が持ち出され、国家が前景化されることになる清水にとって、自由が十全な位置を占める余地がはたしてあったのだろうか？これは、先に予告しておいた、（第４章でなされる）オルテガとの比較にも関係してくる論点である。清水の場合、立てられた問題に対する解答の方は大いに疑問を感じさせるものであると予想されるのである。しかし、そうであっても、問題の立て方と解答とは区別されなければならないだろう。

清水の危機感は、レジャーの増加によって労働の意味が変質してしまうことにあった。レジャーや余暇について論じたのは、もちろん、清水だけではない。この点についての清水の特色はどこに認められるのだろうか？　加藤秀俊と比較しながら、清水の高度経済成長時代批判の特色をさらに明確にしておこう。

加藤は、『余暇の社会学』（初出は一九八四年）を書いている。これは、一九八三年度の学習院大学での授業にもとづいている。時期的には、清水のレジャーへの注目よりだいぶ後のものである。とはいえ、加藤はもっと以前から余暇に注目はしていた。

まず、一九五七年の「中間文化論」論文がある。この論文では、「中間文化」の時代を支えている一つの要因としての「生産力の向上にともなってわれわれが持ちうる休み時間（leisure）がふえ」ていることに言及しているだけであり、レジャーについては突っ込んだ議論はみられない（加藤秀俊一九五七：二七二頁）。

次に、一九六三年『「余暇」への視点——生活論から文明論へ』論文をみてみよう。これは、清水のレジャーへの注目と同時期にあたる論考である。この論文では、「人間存在への、過酷なる試練」としての、現にあるレジャー＝「人生の『余白』」の生き方に焦点をあて、「知的好奇心の養成」「精神的享楽をすることのできるような、さめた好奇心」を主張している（加藤秀俊一九六三：一六八—一六九頁）。

ここでは、加藤の余暇観を、先行する二つの論文よりも体系的な著作である『余暇の社会学』に探ってみよう。

加藤は、余暇をめぐっては二つの立場がある、とする。

①労働に人生の価値をあたえる立場。ウェーバー『プロテスタンティズムの倫理と資本主義の精神』もここに該当する。日本のケースではベラーの研究があてはまる。ベラーは、日本にもキリスト教とはちがった精神的地盤があるとし、たとえば二宮尊徳の勤労第一の日本の庶民思想をとりあげた（加藤秀俊一九八四：六〇頁）。加藤は、「寸暇を惜しんで学び、かつ働くこと」は「わたしなどの世代の人間のうけた基本的道徳教育」としている（六〇—六一頁）。

この立場は、労働に人生の価値をあたえる禁欲主義的な思想の流れであり、生産第一主義である（六一頁）。

これに対置されているのは、②なまけることこそが人間の本性だとする立場であり、B・ラッセル『怠惰への讃歌』や（六三頁）、ホイジンガ、マルクスの娘婿であるポール・ラファルグ『怠ける権利』（七二頁）などが該当する。

これら二つの立場は、一般によく指摘されるものである[12]。

加藤の余暇論が焦点をあてるのは、社会の変容にともなう、①の変質の問題性についてであるといえよう――。

ロストウのいう「高度大衆消費社会」になると、経済活動のなかで主導権をにぎるのが、生産の側面ではなく、消費の側面に移行する（二三三頁）。こうした社会では、生きがいの喪失という現象がおこる（二四〇頁）。アノミー（一種の無秩序状態）の表現形態としての暴力や（二四五頁）、非暴力的な表現としてのヒッピー、禅、ＬＳＤやマリファナの常用、あるいはセックスの追求などもみられるようになる（二四六―四七頁）。

清水と加藤は、高度大衆消費社会の生き方の問題という同じ問題を扱っているのである。しかし、違いもある。違いこそが注目に値する。

清水の場合、労働にとって代わる道徳（意識）の不在にウェイトがあった。これに対して、加藤は、問題関心を集約したように、次のように述べている。――「ウォルフェンシュタインによると、現代の人間には、仕事についてのモラリティだけでなくて、楽しみについての道徳も成立してしまったというのであります。じっさい、現代人は土、日、祝祭日、夏休み、バカンス等のヒマな時間があるならば、その時間は楽しまなければならない、余暇は楽しむべきであるということになっております。そして、そういうふうにかんがえたとたんに、余暇は、あるいは遊びは、あらたな道徳によって拘束されることになるでしょう」(二五八頁)。

加藤の主張は、余暇時代（裏から言えば、「人生の一〇分の一のあまった時に働いている」という意味で、むしろ「余働」の時代であるとされている（二五七頁））の生き方＝死に方の問題（二六八頁）、「楽しみについての道徳」(二五八頁）にしばられない生き方、「自己実現の問題」(六八頁）が大事だということなのである。加藤は、高度大衆消費社会になって、それまでの禁欲主義的な思想が、中身は替えつつもやはり「道徳」になってしまっていることを批判し、この時代にふさわしい生き方＝死に方を模索すべきであるという主張をしている。これは、先行の論文でも主張されていた論点――「精神的享楽をすることのできるような、さめた好奇心」――と異なるものではなく、加藤の一貫した問題意識のようである。

表面的に言えば、加藤は道徳・モラリティを批判し、清水は逆にそれを求めている。

もちろん清水にしても、「勤勉／遊び＝〝怠ける〟」の二分法に立ち後者がドミナントになっている時代・社会そのものを批判したのではなく、働くこと、延いては道徳のベースとなっていた飢餓への恐怖が不在であることを批判していた。そして、そこから意志の力（あるいはまた、ノブレス・オブリージュ）を重視しつつ、貴族たれと主張したのである。一方、加藤も、余暇を楽しまなければばならないという強迫感をともなった「楽しみについての道徳」を批判しつつも、「人間存在への、過酷なる試練」にあって「精神的享楽をすることのできるような、さめた好奇心」を模索すべきという主張をしている。

両者とも、社会の変容によって人間は試練のときを迎えており、そこでいかなる生き方をつかみとるかが課題になっている、という点では共通しているのである。清水と加藤とはまったく相容れない立場にいるのではなく、課題へのパースペクティブが異なるということにほかならない。

清水には、高度大衆消費時代になって飢餓への恐怖が消失し、労働に伴っていた道徳も消失してしまうことへの危機感があった。清水のこの労働観について、もう少し考えてみよう。ここで、引き合いにだすのは、山本七平の勤勉論である。

山本七平は、「労働を尊しとし、生産活動を神聖な業務」(山本　一九七九　a：二〇三頁)、もっと簡単に言えば「仕事＝修業的なもの」(三三頁)ととらえる日本社会においては、機能集団は共同体に転化してはじめて機能する――機能集団で自分が機能しようと思えば、まず、自己を否定して共同体を優先させねばならない(五二頁)――ことの淵源を、鈴木正三の「宗教的労働論」から石門心学に流れる系譜のうちにみた。

清水が飢餓への恐怖ということを重視するのも、こうした労働観があるからこそであろう。しかし、山本は、こうした労働観・勤労観は現在もけっして消失してはいないと考えているようである。清水とは認識が異なるのである。清水は、山本とは異なり、こうした労働観は高度大衆消費時代に消失したと考える。そこから、清水の、いわば飢餓への恐怖の消失への恐怖が生れている。道徳を可能にしていた、飢餓への恐怖にもとづいた労働というものが消失したという問題意識である。（そこで、清水は、道徳を再建せんとして、第4章でみるように教育勅語にたどりつくのであった。）

この勤労観が存続しているのか、消失したのかという問題に、ここでは決着をつけることはできないが、この問題について別の角度から少しだけ焦点をあててみよう。

清水が危惧したのとは違って、現在は、完全雇用の時代ではない。しかし、失業しても、いわゆる3Kの職種にはなかなか就かない、就く人が少ないといったことが生じているのではないか。こうしたことからみると、「仕事は修行」というような伝統的エートスはもはや失われているということになり、清水のとらえ方は今でもあてはまるといえるのではないだろうか。一方、働きすぎ・ワーカホリックが問題になってもいる。過労死の問題である。この側面からみれば、清水ではなく、山本の見方に軍配があがるだろう。完全に消失したとか、まるごと残っているとかいった、一元的な見方をとることはできないということだろう。

おわりに――ヴィーコの重要性、あるいは二つの図式の並存

清水が評価する思想家としては、コント、ヴィトゲンシュタイン、ヴィーコらがあげられる。いずれの人も〝転向〟している。このことについては、『倫理学ノート』で詳論されているところである[13]。

なお、うえで、ヴィトゲンシュタインの「転回」について〝転向〟とも呼んできたのは、清水自身に倣ってのことである。清水は、「デカルトの従順な弟子」であったヴィーコがデカルト批判に転じたことについて、次のように述べていたのである。――「この時期に、ヴィーコは、デカルトを裏切ったのである。そう言ってよいなら、彼は、論理から経験へ大きく転向したのであった」(一九七二『倫理学ノート』三一二頁)。清水にとっては、転向は転回とイコールなのであった。

ヴィーコについては、『倫理学ノート』とほぼ同時期の「私のヴィーコ」(一九七五年)においても論じられた。そこで、清水は述べている。――「ヴィーコがデカルトの敵であるならば、ヴィーコは私の味方ではないか」(一九七五「私のヴィーコ」『私の社会学者たち』二二頁)。この論点は、清水の知識人／大衆図式に関係するものである。これは、清水の次のようなとらえ方に明白である。――「デカルトは、蓋然性の領域にとどまる多くの学問を斥け、絶対に確実な、しかし、どこにも人間

のいない数学だけを認めた。これに対して、蓋然性を認めることによって、ヴィーコは、蓋然性に基づく常識の通用する人間の世界のことを考えていた。〔中略〕真理の領域は、デカルトにおいては、透明の極端に狭い世界であるのに反して、ヴィーコにおいては、半透明の広大な世界である」(一九七二『倫理学ノート』三一九―二〇頁)。

ここでは、清水のヴィーコ論の重要性について論じていきながら、貴族／大衆図式が提示された『倫理学ノート』の時期においても、知識人／大衆図式は何らの変更がないこと、つまりは二つの図式は独立した、まったく異なるものであることをダメ押し的に論じておこう。清水はヴィーコを高く評価しているが、清水のヴィーコ論は、彼の知識人論の一環としてあるのである。

うえでもみたように、清水はヴィーコの真理観に注目している。

ヴィーコにとって真理は「数学における真理」ではないし、真理を伝達する相手も「純粋に理性的な存在」ではない(三二一頁)。清水がここで提起している、真理とは何か、およびそれを誰に伝達するのか、という問いはきわめて重要である。それは、清水のここでの議論が彼の知識人論であることを、明確に示すものである。清水によれば、ヴィーコにおける真理は「法廷において争われる真理であり、伝達の相手は、法廷における敵対者であり、裁判官である」。なぜか？――「そこでは、真理は、真理であることだけでは十分でない。真理は、真理であるからといって、自ら虚偽に勝つのではない。真理は、真理らしく見えなければならない。真理らしく見えないならば、更に、虚偽が真理らしく見えるならば、真理は容易に虚偽に破れるであろう。今、真理は、無垢の真理だけを追求する人々の間を去って、利益や野心で動く人々の間へ引き出される。そこで真理であるためには、真理は、レトリックによって自らを真理として示さなければならない」(三二一頁)。

ここで提示されている論点はきわめて重要である[14]。というのは、ここで、他者の説得という論点が提示されているからである。「法廷において争われる真理」は他者を説得してはじめて真理たりうる。ヴィーコをとおして示されている清水のこの議論は、他者の視点の重視という主張であり、他者の視点の重要性こそ、まさに社会学者の観点である。社会学は他者の視点を重視する学問なのである。社会学者清水の面目躍如たるものがあるといえよう。ヴィーコが批判している「数学における真理」には、そして清水が批判している知識人には、他者がいないのである。

ヴィーコのレトリック論への依拠は、清水による、現代の知識人に対する批判にほかならない。『倫理学ノート』でみておこう。

ソクラテスの、「レトリックを説く人々は、その国の人たちの中で最も無力なように思われる」という主張をプラトンの『ゴルギアス』から引用しながら、清水は、「今日のインテリが呟いていることとそう違ってはいない」としている。清水によれば、「哲学者〔ソクラテス〕たちというのは、現実に背を向けた無力な人々のこと」なのであり、「これは、当時も現在も同じことあろう」(三三一頁)。これは、清水の知識人と大衆との関係をめぐる問題群である。ソクラテスは、清水からすれば、大衆を繰り込むことのない、したがって清水が批判的にとらえている知識人にほかならない。ソクラテスの想定している読者は「最初から超現実的な価値を信じている読者」であるが、「本当に説得されねばならぬ筈」の読者は、「汚れた現実の底に沈んでいる読者」である。「汚れた現実の底に沈んでいる読者」の場合、「そういう人間への理解や同情で和らげられた表現」が必要である（三三一—三三三頁）。レトリックの重要性はそこにある。

ソクラテスのような哲学者は、「真実らしいものは決して真実らしく見えず、ただ虚偽と見え、また、真実らしく見せるための技術としてのレトリックは哲学者には何の効果もない」と考えている。プラトンも、清水が批判的にとらえるこうした立場にある点では、もちろん同様である。プラトンにおいても、「無垢の真実と真実らしいものとしての虚偽との対立」がみられ、その対立は、「少数の哲学者と無智な大衆との対立」に対応している（三三四頁）。「レトリックの餌食になって、単に真実らしいものを真実として受け容れる無智な大衆」（三三四頁）という像こそ、清水の批判の対象そのものである。

説得すべき他者とされているものは、「純粋に理性的な存在」ではなく、「利益や野心で動く人々」とか「汚れた現実の底に沈んでいる」人々であった。これは、清水の人間観に関わってくる。ここで想定されている人間は、「理性のほかに情意的諸能力を持つ全体としての人間」である。

——「聞き手が理性のほかに情意的諸能力を持つ全体としての人間であるなら、真理が裸であることは許されない。真理を裸の弱さから救うものが、話し手に理性以外の情意的諸能力の利用を教えるレトリックである」(三二三—二四頁)。清水が想定している「理性のほかに情意的諸能力を持つ全体としての人間」こそは、大衆である。いわゆる普通の人間である。知識人は大衆を説得しなければならない、説得してはじめて知識人たりうるという主張である。そのためのレトリックの必要性の主張なのである。

この人間観は、トピカ論とも関連している。トピカ論は、レトリック論の一環としてある。トピカとは、「トポスの技術」「場所の技術」であり、場所とは「そこに論点が隠れていると思われる場所」のことである。ヴィーコによれば、トピカが擁護されなければならないその論拠とは、包括性(問題のあらゆる側面に触れる)、即時性(不確実性に満ちた世界において、緊急の問題に答える)、話し手と聞き手の関係(聞き手の心の琴線に触れるための、聞き手の気持に合うような順序)の3点である(三二一—二四頁)。

清水は、ヴィーコに依拠しながら、批判の人とトピカの人とを対比する。「黙っていても、真理は、自ずから真理として認められるものであるか。正義は、必ず勝つものであるか。真理であること、正義であることだけで、私たちは安心していてよいのか」という問いに対して、批判の人は然り、トピカの人は否、と答えるのである。清水によれば、「批判の人たちは、すべての人間に平等に与えられている理性——恐らく、良心も——を信じ、トピカの人たちは、理性や良心とともに人間の全体を組み立てている感情や欲望や野心のことを知っている」。清水は、ヴィーコに依拠して、トピカの人に与する。人間は、理性や良心だけでなく感情・欲望・野心を含めた、トータルなものとしてあり、またそのようなものとしての人間を考慮にいれなければならないのである。批判の人は書斎に属しているのに対して、トピカの人は街頭に属している（三二八頁）。この、書斎／街頭という対比は、真の知識人が相手にしなければならない、また伝達しなければならないのが後者、清水が批判する知識人が相手にしているのが前者、という対比にほかならない。書斎／街頭という対比は、このように、清水の知識人論でもあり、清水は、知識人に抗しつつもやはり知識人たらんとしている。

清水は、思想を、「混沌としての現実を一篇のドラマに仕立て上げ」、それによって人々に「地上に生きることの意味」を与えるものとしてとらえていた（一九六九「最終講義　オーギュスト・コント」『無思想時代の思想』一九四頁）。思想がそうあるためにも、知識人は街頭に属している人々を相手に、レトリックを用いながら説得を試みなければならないのである。これを街頭に属する人びとの側からみれば、ドラマ化によって現実に直面することが可能になると同時に、混沌のなかにあった自己に焦点があてられ、人々が自己に直面することが可能になるということであろう。

わが国において、レトリックやトピカの重要性を指摘し、これらの言葉をポピュラーにしたのは、中村雄二郎のトポス論であろう[15]。中村が注目したのも、キケロやヴィーコの議論である。たとえば、『共通感覚論』で、中村は次のように述べている。トポス論は、政治や法律の具体的な議論にかかわり、蓋然性の上にのっとっているため、とくに近代世界では、不確かなものとして退けられることが多かった。「しかし蓋然的なものとは、ただ不確かなものではないばかりか、とくに発見と結びつくとき、きわめて積極的な意味をもつのではなかろうか。その点にとくに注目したのは、ほかならぬヴィコであった。彼は蓋然性の領域を、真理によって代えられない固有の領域と見なし、レトリックの重要性をはっきりみとめている」(中村雄二郎一九七八：二七一―七二頁)。清水のヴィーコのトポス論やレトリック論への注目は、彼が編集した「世界の名著」シリーズの『ヴィーコ』の刊行（一九七五年）にも先立つ、『倫理学ノート』(一九七二年）を構成するヴィーコ関連の諸論文（一九七一年）であるので、少なくとも中村よりも早い。清水のセンスのよさは、やはり抜群である。

ヴィーコへの言及・重視は、知識人／大衆図式が最後まで放棄されてはいないことの証拠でもある。貴族／大衆という対比が提示されたからといって、知識人と大衆との関係についての清水の考え、つまり知識人／大衆図式がなくなったわけではない。『倫理学ノート』では、二つの図式が難なく並存しているのである。貴族／大衆図式と知識人／大衆図式はまったく別物なのである。

本章で論じてきたのは、貴族／大衆図式が登場するまでの、清水の危機意識についてであった。高度大衆消費社会への危機意識こそが、『倫理学ノート』における『現代思想』への自己批判をもたらし、貴族／大衆図式を導いたものであったのだ。とはいえ、このことは、知識人／大衆図式から貴族／大衆図式への移行を意味しない。二つの図式は並存可能なのである。清水は、大衆の側に立った知識人であることをやめたのではけっしてない。

註

1　柴田翔の芥川賞受賞作品「されどわれらが日々――」(一九六三年初出)で、主人公の若い女性が、一九五五年の六全協(日本共産党第六回全国協議会)――左翼冒険主義の批判と軍事方針の放棄――が学生党員やその周辺の学生に与えた衝撃について語っている。――「問題は、人間の集団である以上、当然そうした誤りや憎悪や権力欲や、その他人間に附随するあらゆるものが入り込む可能性がある党を、私たちが人民の党に誤りがない、人民の知恵の集まった党の判断は個個人の判断を越えて常に正しいと定言命題化して、信じた、あるいは信じようとした、その私たちの態度にあったのです」(柴田 一八一頁)。「党の無謬性」が崩れたのである。「党の無謬性が私たちの前で崩れて行った時、私たちの中で同時に崩れて行ったものは、党への信頼であるよりも先に、理性をあえて抑えても党の無謬性を信じようとした私たちの自我だったのです」(一八二頁)。あるいは、「歴史の法則性とか、思考の階級性とかいう一見真実らしい粗雑な理論、というよりは、そうした理論の名を借りた大仰な理屈に脅かされて、眼の前に存在する事実を健全な悟性で判断することをやめてしまった私たちには、自我と呼ばれていいものがあったと言えるでしょうか。その時、私たちにつきつけられたのは、私たちに自我が不在であること、私たちは空虚さそのものであるいうことでした」（一八二頁）。

党の無謬性を信じたが故の自我の不在ということが語られている。清水が問題にしていることも、結局はこのことにほかならない。

2　ちなみに、柳田國男は、アラーミストを「早鐘突きの論客」としている（柳田一九一〇：二九頁）。古めかしくはあるが、じつにうまい訳語ではないだろうか。

3　この論点はバウマンの「廃棄された生」の議論（バウマン二〇〇四）を想起させるし、また藤田省三の議論との類似も興味深い。藤田との異同については、終章で簡単に触れる。

4　『方丈記』には、この後のほうで、その理由にあたる部分が、「四大種のなかに水火風は常に害をなせど、大地にいたりてはことなる変をなさず」と述べられている。

5　一九七一年二月にロサンゼルス市北部のサンフェルナンド地区に大きな被害をもたらした地震（サンフェルナンド地震）は、大都市の地震ということで、日本でも注目されたようである。清水が、政治家のロサンゼルス地震視察に言及しているのは（一九七三「明日に迫ったこの国難」『無思想時代の思想』二七六―七七頁）、このサンフェルナンド地震についてのものだろう。

とはいえ、清水のこの言及は、「大地震を持ち出すと票が減る」（二七七頁）とする政治家たちの関心の薄さ、あるいは、「日本の真面目なジャーナリズム」において地震は「何か卑小低級なテーマ」（二七五頁）だとみなされている状況についての概嘆という文脈でのものであり、彼は、これに対して、来るべき大地震への警戒・対策の必要性を力説しているのである。

6　倫理学からも経済学からも捨てられたものは、「人間の野生的なエネルギー」とどこかで結びついており、清水はそれを「生命」と呼んだことがある（一九七二『倫理学ノート』八二頁）。

7 ちなみに、「生命主義」という言葉を最初に用いたのは、田辺元とのことである（一九二二年）。そこでも、「自然の一成員としての人間」が強調されている（鈴木貞美二〇〇八：一七一―七二頁）。

8 後の『戦後を疑う』でなされることになる――教育勅語の復権の主張。著書『戦後を疑う』の公刊は一九八〇年である。とはいえ、教育勅語に言及した第一章「戦後の教育について」論文の初出は一九七四年であり、『倫理学ノート』公刊（一九七二年）の直後である。

9 デュルケムのアノミー概念については、中島 一九九七：一九五―二一〇頁、中島 二〇〇一：六五―六九頁、中島 二〇〇八：二六―二七頁、などを参照のこと。

10 ある意味、当たっている側面はある。本書第4章の議論を参照のこと。

11 上田閑照は、『西田幾多郎　人間の生涯ということ』において、西田の生涯を、「人生」「歴史的社会的生」「境涯」という三つの事態からとらえている。上田は、西田の生涯をみることによって「私たち自身の『生きる』ことを省察」しようとしたのであり、西田の評伝あるいは伝記を書こうとしたのではない。上田によれば、「人間として生きる」ことには、「人生という面」と「生活という面」とがある。「生活という面」からは、豊かであるほうがよいかもしれない。しかし、「人生という面」は生活の豊かさとは別の、人間としての生き方にかかわるものである。――「人生というときは、貧しくてもかまいません」（上田 二三九頁）。とはいえ、「社会的に強制された意味の貧しさではなくて、人間が人間の在り方として自発的に負う貧しさ」（二三九頁）である。ちなみに、これが「境涯」に通じるのである。

こうした観点から現在をみると、「生活の面の無制限な膨張」であり、「科学技術と産業社会によって強いられている生活」になっている。そこで、対応策として示されるのは、漱石のいう「内発的な変化」ということである。たしかに「名案ではない」が、「体制のなかに生きている一人ひとりの人間ということに着目すれば、一人ひとりが自分の内から変わっていくということは、まだできる」のではないか（二四四頁）。そして、この一人ひとりの個人と個人が結びついていくのだと言う。

私が試みたのは、上田のこの考えを清水理解に援用することであった。

12　ちなみに、①のなかにも違いがあることを指摘するのが、精神医学の中井久夫である。中井は、「執着気質的職業倫理」と「職人根性」とを区別し、後者は「或るほんとうの父なる神といってもよい、かたくなに沈黙する絶対的なものの下における努力」であり、前者は「そのような神が次第に見失われてゆく過程における倫理、世俗化された良心の倫理」であるとしている（中井 五三頁）。二宮尊徳のケースは、とうぜん前者に相当し、ヨーロッパにおける勤勉の倫理は後者に相当するのである（六五―六六頁）。前者の特徴は、「家」や「村」の復興、つまり『ウチ』的な共同体の再建をめざす」が、後者は「より個人的であり、より端的に業績主義的であり、要するに再建の倫理としての刻印が希薄である」としている（六六頁）。

13　コントについては、当初、「大デカルトの後継者」を自認しながら（一九七二『倫理学ノート』三六三頁）、「ヴィーコの知らなかったフランス革命を知り、そのテストに理性が敗れたことを知り、そこから、理性の光の及び得ない暗く重い歴史というものを知った」ことによって、「透明な理性から不透明な歴史へ移って行った」当時の多くの人々の一人、としてとらえられている（三七四頁）。この文脈で、数学ではなく、人間およびその集合である社会を取り扱う社会学が諸科学を統一するとする、コントの「諸科学のイエラルシー」について、清水は次のように述べている。――「コントの考える統一は、人間という弱く曖昧なものが一切を包み込むことを要求するものであり、それを要求することによって、彼は『大デカルト』から遠く離れた地点へ来てしまった」（三七八頁）。

14　フェイクニュースが飛び交っている現代社会において、この論点の重要性はますます高まっているように思われる。フェイクニュースを信じている人々に、フェイクでしかないことをいかに説得していくのか――。以下の議論は、こうした文脈においても読むことができよう。

15 文献としては、『共通感覚論――知の組みかえのために』（一九七八年）、『西田幾多郎』（一九八三年）、『問題群――哲学の贈りもの』（一九八八年）、『場所――トポス』（一九八九年）、など。

第4章　国家の前景化

1. 問題の設定――「右傾化」をめぐって

第3章でみてきたように、清水は、高度大衆消費社会を精神主義的に批判し、貴族／大衆図式を提示した。この貴族／大衆図式による社会批判、そして道徳の創造という主張も、一定の人間観にもとづく、ありうる一つの社会批判のかたちである。それ自体がすぐさま批判されるものではけっしてない。

清水は、『現代思想』の立場を自己批判するようになったが、それは、六〇年安保闘争後、政治を経済に解消していたことへの自己批判でもある。池田勇人の所得倍増計画による経済成長に触れて、清水は、「私も、政治を忘れさせるような経済の発展の波に呑み込まれていた」と書いていたのである（一九八四『ジョージ・オーウェル「一九八四年」への旅』二三四頁）。

この自己批判は、結局、どこに行き着いたのだろうか？　――国家へ、である。これは、第3章でも予告的に触れてきた論点である。第4章では、この点について詳しくみていくとともに、清水の晩年のこの主張がはたして現代社会の位相を十分に踏まえた社会批判になりえているかということを検討することにしたい。

国家へという方向は、貴族／大衆図式から必然的に出てくるものではない。貴族／大衆図式が提示された『倫理学ノート』(一九七二年）と、教育勅語の復権が主張された「戦後の教育について」論文（一九七四年）とは、時期的にはたしかにほとんど同じである。とはいえ、論理のうえでは、貴族／大衆図式から国家へという方向は、出てこない。必ずしも国家に依拠する必要はないからである。であるならば、清水のなかで、国家へと向う回路がいかなるものであったかを探る必要があろう。転向だ、無節操だ、と批判だけをしていればよいのではなく、清水のなかで国家へという方向がなぜでてきたのかが、問われるべき重要な問題なのである。

清水は「右傾化」した、それゆえ議論に値しない、というような受けとめ方をしてはならない。それでは、清水を十分に理解することにならない。この点で、内村剛介の清水評は注目に値する。内村はこう述べている。――「清水の人柄は決して私の趣味に合わない。正直なところ清水みたいなタイプは私にとってむしろいやなタイプに属する。とはいえわがくにで論争が論として実を結ばないのはこのいやなタイプをいやな人と措き、それを論にからめてしまうからであるから、論にかかわるときはいやなヒトは外へ置くのがいい。さらに言えば私は、いやなタイプ清水に自分のあれこれの思いをかまけさせる権利を私自身に対して持たないと考える」(内村　一九七五：二八九頁)。そのとおりである。清水が国家へと向っていった回路を探らなければならないのである。政治的立場で判断するのではなく、清水の思惟構造をとらえることが大事なのである。

清水の「右傾化」が誰の眼にも明確になったのは、『戦後を疑う』(一九八〇年)、『日本よ国家たれ――核の選択』(一九八〇年)においてである[1]。これらは、清水の晩年の著作といえるだろう。この時期の清水は、多くの批判を招いた。そもそも、立場によっては、題名そのものが反発を招きかねないものになっている。刺戟的なタイトルのもと、清水は、経済大国となりレジャー施設と化した日本の現状を批判しつつ、天皇制や教育勅語、そして核の選択などについてポジティブに論じたのである。こうしたことも踏まえて、ここでは、「右傾化」でなく「国家の前景化」と呼ぶことにしたい。「右傾化」であると指摘すればもう批判もできた、という安直な見方に陥らないためにも、「国家の前景化」の方がより適切だと考えられるからである。晩年の清水においては、国家が前景化しているのだ。

2.『戦後を疑う』『日本よ 国家たれ』への転回

この時期の清水の主張には、「右傾化」と言われるほどの大きな変化があるのはたしかである。そのことを確認するためにも、まずは、これに先立つ時期の主張をおさえておこう。

「国家の前景化」以前

たとえば、憲法について。

清水は、以前には、日本国憲法について、次のように述べていた――。二十世紀の最も根本的・基礎的な問題は、何としてでも新しい戦争を避けることである（一九五〇「二十世紀の精神」『私の社会観』一四〇―四一頁）。二十世紀の方法は平和であり、方法としての平和の確立が要請される（一四一頁）。戦争権の放棄の意義は、日本はネーションではなくサブ・ネーションであり、人類こそが一つのネーションであることを示したことにある（一四八頁）。日本は、「敗戦の結果として最も進歩した国家形式を採用」したのである、と（一四九頁）。

また清水は、憲法による民主主義革命を主張している。

「広い且つ豊かな意味における民衆の成長としての革命」は、日本においてすでに始まっている。この革命は「敗戦の日」に始まっている。清水のこうした考えの背後には、「敗戦及び憲法という二つの事柄に対して誠実な態度を執りたい」という思いがある（一九五七「日本の革命」『現代思想入門』二八九頁）。「戦争の過程で死んだ日本人」は「日本の勝利のために生命を捨てた」。しかし、日本は敗北した。敗北によって、「あの夥しい生命は一切の意味を失った。無意味なものになった」。「捨てられた日本人の生命に新しく意味を与えねばならない」のではないか。それは「生き残った日本人の義務」ではないか。そこで清水は次のように述べる。――「海に山に捨てられた日本人の生命は、民主主義革命の達成〔中略〕を通じて新しい意味を回復することが出来る」、と（二九一―九二頁）。このように、清水は、「戦争の過程で死んだ日本人」の死が無意味なものではなかったこと、彼ら・彼女らの死に「新しい意味を回復」するためには「革命」が必要であることを主張するのである。

敗戦による権力機構の崩壊によって、新しい憲法が生れた。「この過程を革命と呼んでよい一つの理由は、この過程の中で新しい憲法が生まれたことである」と述べられているように、新しい憲法こそ革命のメインイベントである。「民衆を仕合わせにする憲法」の実現は、革命が「その峠を越えた」ことを意味する。「敗戦の後に生れた日本国憲法は、その徹底的な平和主義において、また、基本的人権の尊重において、単に旧憲法との間に著しい相違を示すのみでなく、世界の諸国の憲法の間にあって優れた地位を有している」。この憲法は、「民衆の闘争の末に実現」されたものではなく、「敗戦によって権力機構が崩壊した廃墟の上に」成立したものではあるが、「この憲法を徹底的に守り抜くという態度を持つのでなければ、日本の革命について語るのは無責任であると思う」(二九三―九四頁)。日本の「革命」は「憲法を徹底的に守り抜く」ことにあるとされているのだ。――「日本の革命は、日本国憲法とは別の方向にあるのでもなく、それと離れてあるのでもない。革命は、憲法を通してある。それは、憲法の誠実な擁護と貫徹とのうちにのみ発展することが出来る」(二九五頁)。

さらに清水は次のようにも述べている。――「憲法そのものの精神に従って、これをギリギリの限界まで生かし抜くならば、当然、われわれは、社会主義に最も近い地点まで進み出ることが出来る」(二九五頁)、と。注目しておくべきは、「社会主義」という言葉である[2]。「社会主義」は日本国憲法の延長上にあるとされている。すでにみたように、その日本国憲法の骨は平和主義であり基本的人権の尊重であった。そうであるならば、「社会主義」はマルクス主義との密接な関連のもとで考える必要はない。オルタナティブな社会の実現、自由で平等な社会を実現に向けての変革といった意味でとらえればよいのではないか。ここにも、(本書第1章でみた)マルクス主義とプラグマティズムをめぐる清水のスタンスが現れているとみることができよう。

治安維持法については、これほど「吾々の内部に深く沈殿して、吾々の行為と意識とを強く支配して来たものがあつたであらうか」とされ、「日本人の日常の行動を決定するものが恐怖といふ原始的な感情となつてしまつた」ことに「本当の問題」があるとされていた（一九五〇「運命の岐路に立ちて」『私の社会観』一七二頁）。

天皇制についても、いろいろなところで論じられている。たとえば、『愛国心』をみてみよう。「極く最近まで日本人の愛国心は世界的に有名なものでありました。併しその有名な愛国心は、民主主義との結びつきが欠けていたところから、また個人の自覚を抜きにしたところから、恐ろしく頑固な偏狭なものでありました。民主主義の伝統に立ち且つはつきりした個人の自覚を持つ国々から見たら、日本人の愛国心は全く博物館入りのものに見えたことでせう」。この日本人の愛国心に対抗して、清水は「個人の自覚を素通りせぬ愛国心」を主張する（一九五〇『愛国心』ⅰ頁）。

清水の主張は、「民主主義による愛国心の合理化」（九六頁）が求められるということである。こうした立場から、日本の愛国心が批判的にとらえられていく。――「だが日本の場合、愛国心は専ら天皇への愛情と奉仕とであつた。〔中略〕天皇に対する絶対的な崇拝及び尊敬が吾々の愛国心の内容であつた。それは人間的なものであるよりは、神秘的なものであつた。〔中略〕吾々が祖国を愛するというのは、地に伏して天皇を仰ぎ尊ぶことに尽きた。それは、日本の国土に生を享け、共通の伝統と運命との下にある八千万の仲間に対する愛情ではなかつた。〔中略〕国王への愛情から仲間への愛情へといふ発展、それが日本には欠けていたのである」（九六―九七頁）。「自分と同列に並んでいる同胞のことは関心の外に置かれ、自分だけが天皇と間に特別の結びつきを作り、天皇に向つて接近しようといふ願望である。〔中略〕日本人の忠義は本質的に孤忠であつた。忠義の独占であつた。〔中略〕自分だけが天皇への孤忠という意味で愛国的たらうとするのである」（九七―九八頁）。

「民主主義による愛国心の合理化」が必要であるのに、日本では、天皇制ゆえに、民主主義との結びつきが欠けていたという批判である。愛国心という問題を論じながらも、清水は、天皇制を批判的にみていたのである[3]。

同様の議論は、前年の「暗殺」論文にもみられる。この論文は、シーザーや原敬などの暗殺の例を引き合いに出しながら、結局、日本の民主主義の欠如を指摘しようとしている。民主主義が発達すれば、暗殺などに頼らなくても、現存制度と調和しない利益、意見、信仰は、自由に表現の機会を与えられる（一九四九「暗殺」『私の社会観』七九頁）。民主主義が欠如しているがゆえに、「日本人は概ねポテンシャルな暗殺者」であり、その民主主義の欠如は「天皇制の所産」なのである。明治以降、日本には「民衆の欲求が自由に表現されるルート」がなく、「疑惑や抗議は言葉になる以前に口の中で凍つて」しまった。天皇制は、「経験、科学、討論、了解」といった「近代的な民主的な方法」とは相容れず、「現実の不幸や窮乏を除去する道は、天皇の真の権威が発揮されれば開かれるといふ、まことに倒錯した信仰を民衆の間に植ゑつけ」たのである。「孤忠の精神」もここから生れたのである、と（八四―八五頁）。日本の民主主義の欠如は天皇制の所産とされていたのである。

核兵器についても、たとえば『愛国心』で言及されている。――「今日の原子力も、直接に人類の福祉に奉仕する凡ての方面を無視して、専ら武器として利用せられつつある。だが周知のやうに、原子力兵器の破壊力は吾々の想像を遥かに越えるものである。これが交戦国双方によつて用いられる時、人類の破滅は殆どこれを免れることが出来ぬ。人間が或る目的のために自ら作り出した手段、それがこの目的を飛び越えて、人間自身を絶滅しようとしてゐる。〔中略〕人間は、自己を含めて一切の人間を殺戮し、一切の文化を抹殺し、地球を文字通りの荒野に化する覚悟をしなければ、この武器を使用して戦ふことは出来ない。今後の戦争は世界的規模に於ける自殺であるのほかはないのである」（一九五〇『愛国心』一四二―四三頁）。

別の論文では、「ヒロシマの経験」に触れながら、次のような主張がなされている。「私が言いたいのは、原子爆弾の最初の被害者としてのユニックな経験を日本人が飽くまでも大切にすることに尽きている」が、「諸外国はこの経験が抽象的には判っても具体的には判らないし、特に核兵器を所有している国々は、具体的に判らないだけでなく、具体的に判ることを欲しない」と主張されている（一九五八「日本人の突破口」『日本人の突破口』二六二頁）。「差当って実験を停止することによって軍備競争の悪循環を抜け出ることが、人類的規模のヒロシマを免れるための第一歩でなければならない。日本人はユニックな経験の底に深まることを通じて、この経験に固くしがみつくことを通じて、人類への積極的な寄与を果すことが出来る」（二六四頁）。

清水は、日本人のユニックな経験に徹底的に拘り、核兵器を使用した戦争は世界的な規模での自殺であると主張していたのである。

核兵器についてはこうした立場をとっていたにもかかわらず、『日本よ 国家たれ』では「核兵器の選択」が主張されるまでになったのである。清水は、この主張について、「日本は直ちに核武装すべし」という主張しているわけではないし、広島や長崎を忘れたわけでもなく、「日本が最初の被爆国であるという事実、それに由来する感情、これを夢にも軽く見るつもりはない」としている（一九八〇『日本よ 国家たれ』二五四―五五頁）。とはいえ、「核の選択」という言葉が題名（副題）にまでなるということは、（出版社編集部の思惑もあるとはいえ）大きな変化には間違いない。

変化をいかに理解するか

この変化について、松本健一が語っているところをみておこう。

松本は、『日本よ 国家たれ――核の選択』（一九八〇年）によって、清水は軍国主義者へ転向したと騒がれたが、『愛国心』（一九五〇年）と比べて、清水の「近代主義的ナショナリズムという思想の場所」はさして変わっていない、という見方をしている。松本によれば、『愛国心』から『日本よ国家たれ』への展開は、「清水の急転回ではなくて、近代主義的ナショナリストの論理的な必然だったのである」。清水のなかで大きな変化はないという理解である。

国家が近代国家（ネーション・ステイト）として自立するために軍事力は不可欠というのは、『愛国心』の主張でもあった。むしろ、戦後民主主義の平和運動がそのことに無自覚であったのではないか。松本によれば、清水には、「戦前の国体論と戦後の平和憲法への盲目的信仰とをアナロジーにみる発想」があるのである。その証拠に、清水自身、「戦前は『万邦無比の国体』を持っていましたが、これはなかなか世界に通じませんでした。戦後は、『万邦無比の平和憲法』を誇っておりますが、これも容易には通じないでしょう」（一九八〇『戦後を疑う』三二頁）と述べているではないか。松本の主張は、以上のように要約できる（松本健一 一―八頁）。

松本の主張をいかに評価するか――。

たしかに、清水は、愛国心を論ずるなかで、次のような主張をしていた。清水は、「民族といふ集団が国家の内容になつた」のは、「近代の歴史における最も重大な事件である」と位置づけ（一九五〇『愛国心』四九頁）、ヨーロッパ近代史における民族国家の成立を、「商品生産の発展、国王の権力の確立、国語の成立、カトリック教会の分裂」といった諸力の結果としてとらえる（五一―六一頁)。そして彼は、国家は「武力を独占する集団」なのであり(二〇頁)、「民族が独立の政治的統一体として成立すること」は、「戦う集団」としての民族=国家が「メンバーから生命の犠牲を要求する力と必要とを持つに至る」ことであると述べていたのである(五二頁)。清水のここでの理解は、国民国家についてごく普通のとらえ方といえよう。その意味で、松本のいうように、たしかに、清水の「近代主義的ナショナリスト」としてのスタンスに変化はない。

とはいえ、『愛国心』の「近代的ナショナリスト」の立場から、「論理的な必然」として「核の選択」の主張がでてくるだろうか。たしかに、国家は「戦う集団」として「武力を独占する集団」であるとされていたが、いくら国際政治状況が変化したからとはいえ、その国家が「核の選択」までいきつくのは「論理的な必然」ではないだろう。距離がありすぎるのである。

吉見俊哉も、清水の「右旋回」は「突然の変節」ではないという議論をしている。

吉見は、共産党を中心とする反米闘争、農民の連帯を基礎にした反基地闘争、反安保闘争などは、「反米=民族ナショナリズム」という共通の枠組みでなされた、という小熊英二(小熊 二〇〇二)の議論を踏まえ、反米闘争とナショナリズム感情の結びつきに注目している(吉見 二一四頁)。そして、こうした立場の代表として清水を位置づけるのである。反基地闘争、反安保闘争に積極的に関与していった清水には、吉見によれば、ナショナリズム感情があったという(二一六頁)。

しかし、このあたりはそう単純ではない。たとえば安保闘争についての清水自身の位置づけは、こうである。――敗戦から15年しか経っていないという単純な事実のために、「安保は複雑な事実となっていた」。第一に、「運動に参加した人間の殆ど全部が、戦前、戦中、敗戦の日々を生きて来て」おり、「その日その日の、感激、不安、恐怖、絶望、屈辱を深く味わって来て」おり、「一様に窮乏と飢餓とに苦しんで来ている」。「あの運動は、今からは容易に想像することの出来ぬ、深い、濁った、屈折したエネルギーによって支えられることになった」。第二に、共産党員や同調者を別にすれば、多くの人々は決して反米ではなかったが、日米安保条約はアメリカの国益に基づくものであり、「アメリカの必要次第で、アジアの薄汚い人間の群れ〔中略〕を見捨てて、何時茫々たる太平洋の彼方に退いてしまうか、知れたものではない」（一九七七「安保後の知識人」集⑰三二五頁）。こうした清水の立場を簡単に「反米＝民族ナショナリズム」としていいのかどうか？　少なくとも、清水自身はそうした規定を否定している。

吉本隆明も、次のように述懐している。――「共産党のスローガンは『反米愛国』でしたが、僕らはあの当時、『反米愛国』なんて一度も思ったことはありませんでした」、と。吉本の認識は、「日本国の資本主義は戦争の疲弊からやっと回復して、アメリカの資本主義に対してある程度相対的に独立して振舞えるようになり、それが六〇年の安保条約改定につながった」というものである（吉本　一九九五：八頁）。

清水にナショナリズム感情がなかったわけではけっしてないが、やはり、共産党員・共産党同伴知識人とは違うスタンスであったことは確認しておく必要があろう。

清水の立場規定の問題は措くとして、いずれにせよ吉見は、清水が「民族＝ネーション」へのこだわりをみせていることにこそ「大きな陥穽」があるという。「民族としての自立を草の根的な大衆運動によって実現していこうという彼の構想は、一九六〇年前後の国民的心情への信頼に満ちていた」が、国民が「虫のよい他力本願思想を受け容れるほど堕落」(一九六〇「今こそ国会へ——請願のすすめ」集⑩一一八頁）してしまったとき、右への旋回は「突然の変節」ではなく「構造的な必然で生じた」という。「『民族としての日本』にこだわる思想」は、期待を寄せていた国民が期待を裏切ったととらえられるならば、必然的に右へ旋回していくとされるのである（吉見 二一七—一九頁)。

しかし、もともと清水はナショナリズム感情をもっていたという見方だけでは、清水の「戦後を疑う」(一連の）主張をとらえきれない。いわゆる地金が出たという見方にととどまってしまうのである。それに、小熊や吉見も言っていたように、「民族＝ネーション」へのこだわりを持っていたのは清水だけではなかった。革新勢力に共通してみられたものだった。高橋哲哉も、一九五〇〜六〇年代まで、日本の革新勢力は「民族主義」を掲げていた、としている[4]。それは、日米安保体制を批判する反米民族主義であり、米国への従属から民族の自主独立を主張していたのだ、と（高橋哲哉 一五四頁)。であるならば、なぜ清水は右旋回なるものをしたのだろうか？ この問いに答えなくてはならないのではないか[5]。

もちろん、ここには、清水の国際政治認識が関係している。「新しい戦後」というとらえ方である。

「国家の前景化」の契機の一つとなったのは、「ソ連の軍事的優勢」によって特徴づけられる、「古い戦後」から「新しい戦後」への転換という経験であった[6]（一九八〇『日本よ 国家たれ』二五一頁）。とはいえ、これはあくまで背景であり、われわれが問わなければならないのは、この背景のうえで、いわゆる右旋回が清水のなかでいかなる回路であらわれているかである。

この問いに答えるためには、清水の戦後日本社会批判を押える必要がある。それは、日本が「国家」でなくなり「社会」になったという批判である。「軍事力を本質とする国家であることを止めて、経済活動を内容とする社会になった」という批判である（六〇頁）。第3章でみてきた、清水の高度経済成長時代への批判、高度大衆消費社会への批判は、ここにきて、日本は国家をやめて社会になってしまったという批判にまで〝成長〟しているのである。もちろん、国家は軍事力によって、社会は経済活動によって、一面的にとらえられているという問題はあろう。いずれにせよ、こうした現状批判によって、清水は、逆に、社会から国家へという方向を主張していく。国家が前面に迫り出してきているのである。国家が前景化しているのである。ちなみに、さきほどみた、戦後憲法に対する高い評価も、こうした観点から見直されることになる。「日本国憲法第九条において、日本自身、日本がもはや国家でないことを明確に中外に宣言したのである。その第九条が、やがて、戦後思想の最も重要な基本文書になった。戦後思想は、日本が国家でないという告白から始まった」と（二二頁）。

このようにみていくと、とうぜん、天皇制、治安維持法などについての見方にも、変化が生じていることが予想される。とはいえ、いずれのトピックについても、単純に逆の立場に変化したということではない。ここのところをきちんとおさえていかなければならないであろう。ここには歴史の見方が大いに関係しているであろう。このあたりを解きほぐしていくことが、清水の晩年の、「国家の前景化」の主張がでてきた回路を見ていくこと、つまり「国家の前景化」の理路の検討という課題の解明につながっていくであろう。

3. 国家の前景化の背景（I）——〈複眼的視角〉の変質

さきほどのトピックスは「戦後」ということに関係してくるものである。『戦後を疑う』所収論文を中心に、この時期の清水の主張をみたうえで、以前の主張と比べてどのような変化があったのかをみていこう。

主張の変化

まず天皇制について。

清水は、日本国憲法第一条の、「日本国の象徴」「日本国民統合の象徴」としての天皇という規定に触れて、次のように述べている。――「お気づきの通り、天皇というものを鼻の先でフンと笑うようなポーズでなかったら、高級インテリの仲間に入れて貰えないでしょうし、高級言論機関に登場することも困難でしょう」(一九七八「戦後を疑う」『戦後を疑う』一〇頁)。知識人のこうしたポーズのルーツを、清水は、「革命の当面の段階における主要任務」として「天皇制の転覆」をあげた、コミンテルンの一九三二年テーゼにみている（四一頁)。

こうした知識人を、清水は批判するのである。いかなる批判がなされるのか――。

清水によれば、近代化の過程、工業化の過程は、資本蓄積を進めるために、国民に低い消費と辛い労働とを強いねばならない。ところが、近代化のエリートは生産主義者であるのに対して、国民は消費主義者であるので、どこの国でも、国民の間に不満が生じる。それを抑えるために、イギリスでは教会、ロシアではスターリン、そして日本では天皇が必要だったという(四二―四三頁)。「改革及び近代化の強行は、今まで統一を保って来た日本社会を分解に近づける危険を多く含んでいた」ので、「高い権威と大きな権力とを新しく天皇に賦与」したのである（一九七六「天皇論」『戦後を疑う』一一二頁)。

清水のこの議論は、このかぎりでは、天皇制批判から、反対の、天皇制万歳の立場へ移行したものではないことは明白だろう。知識人の「常識」に対して、天皇制のもつもう一つの側面を提示して知識人を批判したということだ。近代化のある段階において天皇制は必要だった、一定の機能を果していた、と主張されているのである。

転向についてのとらえ方はこうだ――。

コミンテルンの三二年テーゼの翌年一九三三（昭和八）年は、「雪崩のような転向」の年であった（一九七八「戦後を疑う」『戦後を疑う』四五頁）。転向した多くの人たちに対して、「権力に屈した」「良心を捨てた」「魂を売った」「脱落した」「裏切った」などという類の、「紋切型」の「安っぽい言葉」を使うのは許されない、と清水は述べる（四八―四九頁）。清水のみるところでは、「当局者が踏み込んだのは、良心という神聖な領域ではなく、良心が身につけていた外来思想という部分ではなかったか」（五〇頁）。「百歩譲って、当局者が踏み込んだのが良心という領域であったとしても、それなら、良心を捨てた人が相当数いる反面、捨てなかった人も相当数いるというのが自然」であるが、転向は「一斉に起った大量現象」であった。であるからこそ、「雪崩」とか「大波」とか「奔流」とかと形容されたのではないか（五〇頁）。このような議論をしながら、清水は最終的に、転向は、「良心を捨てた」ということではなく、「無数の人々が一斉に常識へ戻った」ということだと主張する（五三頁）。良心と常識とは一つのものなのである。常識というのは、「広く多くの人々が共有している知識の総称」であり、この常識があるからこそ一つの社会は成り立つのである（五四―五五頁）。常識に戻ったということは、「普通の日本人になった」ということなのだ（五六頁）。

転向についてのこの議論も、天皇制についてのさきの議論と同様に、知識人の「常識」に対して、もう一つの側面を提示した、ということができよう。もちろん、清水のような主張をするということは、政治的にはある種の立場を明確に選びとるということにはなろう。この立場からは、いわゆる獄中非転向が英雄視されることはない。

こうした政治的なスタンスに関わる問題を離れてみると、清水のこの議論が、第2章および第3章で述べてきた、知識人と大衆との関係の問題であることがわかるであろう。

この「戦後を疑う」論文の段階で（一九七八年）、清水は、知識人／大衆図式を捨ててはいないことは明白である。転向は、常識に戻ることとして、モスクワからの天皇制の転覆の命令――「それは、日本の大地から生れた声ではない、日本人の自然な叫びではない」（四四頁）――に追従する知識人ではなく大衆に戻ったものとして、ポジティブに評価されるのである。貴族／大衆図式の提示（『倫理学ノート』一九七二年）のあとも、清水は、知識人／大衆図式を保持していることが、この議論によってもよく理解できるだろう。清水は、転向の議論においても、知識人に対して、大衆の経験・常識を対置しているのである。

清水は、戦後の「価値体系」「大義名分」は「治安維持法への復讐」にある、ととらえる。「是が非でも、天皇制を廃止して、共和制を実現しよう。是が非でも、資本主義を廃止して、社会主義や共産主義を実現しよう」というのが、「戦後思想の二大公理」だというのである（一〇頁）。

この治安維持法について、清水は、昭和三年の改正によって死刑及び無期懲役が加えられたが、「誰も死刑に処せられておりません」という。しかし、知識人は「不幸な獄死や野蛮な拷問の例」をもちだして、治安維持法を烈しく攻撃している（四五頁）。もちろん、清水も、「私も攻撃が不当であるなどと考えているのではありませんが」と述べ、ゲー・ペー・ウーやゲシュタポなど外国の例とは違って、「死刑にならなかったという事実」は重要だというのである（四五―四六頁）。また、「不注意に書いた一語によって、逮捕され、生命は兎に角、職業、地位、前途の一切を失い兼ねない、そういう時代を、ただ書くことによって生きて来た」（一九七五「私のヴィーコ」『私の社会学者たち』三三頁）と書いているように、清水が治安維持法を批判的にみているのは当然でもある。「兄貴のようであった」（一九七四「三木清と昭和研究会」『私の社会学者たち』一七八頁）、尊敬する先輩の一人である三木清が獄死したことも、もちろん忘れてはいまい。

清水にすれば、「啓蒙思想」に支えられて「治安維持法への復讐」一色でとらえられていることに我慢できなかったということだろう[7]。そうした知識人に対して、歴史はもう少し複雑なものではないか、と言いたいのであろう。こうした観点から、言論統制があったからこそ「文章の技術を磨く」というメリットがあった、とまで述べるのである。清水は、検閲のもつこのメリットについて、検閲の復活の主張と誤解されて懲りたことがあるので、「話そうか、話すまいか、さっきから迷っている問題がある」としつつも、結局、述べたのである（一九七七『日本語の技術』五二―五九頁）。たしかに、こうした主張をしようと思えば、誤解をされないように細心の注意を払う必要があろう。

歴史のとらえ直し

清水は、知識人の見方に対して、別の見方を対置している。それはやはり知識人批判ではあるが、ここでは、それを歴史の見方という観点からとらえておきたい。

清水の訳で知られているE・H・カー『歴史とはなにか』によれば、「歴史は、現在と過去との対話である」。この論点をめぐって、清水は以下のようにパラフレーズしている――。過去が問題になるのは、「私たちが生きる現在にとっての意味ゆえに」であり、現在の意味が明らかになるのは「過去との関係を通じて」である。したがって、「時々刻々、現在が未来に食い込むにつれて、過去はその姿を新しくし、その意味を変じて行く」。とはいえ、さまざまな用語によって現代の新しさを説く人々の「過去を見る眼が新しくなっていることは極めて稀である」。かくして、清水は、「過去を見る眼が新しくならない限り、現代の新しさは摑めないであろう」と主張するのである（一九六二「〔訳者〕はしがき」iii—iv頁）。（本書第2章でみた）「新しさの経験」は過去を見る眼の刷新、つまりは〈過去の刷新〉と同時的なのである。清水のスタンスにおいては、新たな経験のたびに過去をとらえ直すことが必須となるのである。

いまの経験によって過去を新たにとらえ返すという立場は、体系／経験の対比にもとづいている。体系に固執する立場においては、新しさの経験はない。すべては体系に取り込まれる。過去の更新もない。必然性の世界のみである。これに対して、いまの経験による過去の更新は、過去が別様にみえてくるということであり、別の選択肢もありえたということである。

もちろん、できごとの渦中にあるときは、清水もよく言うように、人にとっては「未来が闇」である。人は、未来の諸点については何も知らずに、今の時点で活動するのである。「多くの人間が未来の闇の前に立って試みる孤独な決定」をする、その集積として「事実としての歴史」はある。これについて後代に書かれる歴史、つまり「記述としての歴史」は、「死者をして語らしめる」ために、当時者の「身になる」努力を重ねなければならない（一九七八「戦後を疑う」一三—一六頁）。その意味で、清水の主張しているのは、現在の視点から過去を断罪してはならない、ということである[8]。

このことと、いまの経験による過去の更新とは、どこで区別されるのだろうか。知識人／大衆図式に依拠する清水の主張は、過去の解釈にあたっては、まずは当事者の視点が大事だということである。当事者の視点を無視して、現在の視点で過去をとらえてはならない。そのうえで、凝り固まった過去の解釈を、いまの経験によってほぐす、ということはありうる、という主張だろう。現在の経験が、過去の解釈を揺さぶり、過去の別の可能性を明らかにする、ということなのである。

過去はいまの経験によってとらえ返される。その意味で、「歴史とは現在と過去との対話」にほかならない。そのとらえ直された過去によって、清水は、現在の経験の解釈を補強していくのである。これに従えば、『戦後を疑う』や『日本よ 国家たれ』という著作は、清水が、一九六〇年代～一九七〇年代の高度経済成長時代にあって過去と対話し、そして現在へと向ったその所産ということになろう。

『戦後を疑う』につながる、過去との対話の例として、安保闘争の経験を踏まえた、一九三〇年代（人民戦線、スペイン内戦）の問い直し作業がある。安保闘争は、清水にとって新たな経験であった。この新たな経験によって、過去を見る眼が新しくなった。人民戦線やスペイン内線などの従来の見方は正しいのだろうか、と清水は改めて問い直したのである。安保闘争の経験は、スペインの過去を見る眼をいかに変えたのだろうか――。

いろいろなところで（『わが人生の断片』ほか）繰り返されているが、清水にとって、闘争や運動は「喧嘩」である。が、味方を殖やすことには「自から限度があって、限度を越えて『幅広い統一』という方針を進めて行けば、闘争も運動も成り立たなくなる」（一九七七『昨日の旅』三〇二頁）。いわゆる「幅広主義」批判である。安保改定が岸信介内閣の使命である以上、安保改定阻止と岸内閣打倒とは一体であるのが当然だけれども、共産党がこれに強く反対したことを、清水は徹底的に批判する。共産党の反対理由は、安保改定に反対でも岸内閣には賛成の人もいるだろう、そういう人たちをも取り込んで「幅広い統一」を作るべきだというものである。これに対して、清水は、これでは「幅広い統一」が目的になって、安保が手段になってしまう、と批判するのである。（安保闘争の経験については第2章でも論じたが、この第4章では、新たな経験による過去の見直しという文脈に焦点がある。）

これを踏まえて、清水は、スペインの過去について次のように述べている。メインになっているのは、共産党の人民戦線戦術への批判である。「人民戦線は、大恐慌とナチズムとで塗り潰された一九三〇年代における唯一の光明である、というのが、日本では一部の常識になっている」（一九六六『現代思想』上一三四頁）。その常識に対して、清水は、安保闘争の経験を踏まえて、別の見方を提示するのである。人民戦線戦術が生れたのは、「ソヴィエトが、ドイツへの恐怖から、イギリス、アメリカ、フランスのような民主主義国の信頼を得ようとして、革命を禁句とし、民主主義の優等生のように振舞い、それを各国の共産党に命じ」たからである。それによって、共産主義者は、「革命を唱える諸勢力」を「トロツキスト」「ファシスト」「スパイ」等々として糾弾し、民主主義擁護や私有財産擁護を叫んで、ブルジョア勢力を味方に引き入れていったのであった。これが成功するということは、「人民戦線内部の革命的諸勢力が次々に削り落されて行く過程」にほかならなかった（一九七七『昨日の旅』二八九―九〇頁）。「オーウェルは、この過程の一部を自分で経験した」（二九〇頁）とあるように、清水は、オーウェルの経験についても論じているところである[9]（一九八四『ジョージ・オーウェル「一九八四年」への旅』）。これは措くとして、スペインの過去（あるいはフランスの過去）を新しく見直していくようになったのは、清水自身の安保闘争の経験であった。清水にとっては、「安保闘争というのは、一つの小さなスペインであった」（一九七七『昨日の旅』三〇一頁）のである。清水も「トロツキスト」とされたのであった（三〇一頁）。

清水は歴史を一元的にみる知識人を批判している。――「歴史には、もう少し複雑な屈折があるように思う」。清水のこの発言は、「共産党公認の文献」の著者による、「二月六日事件の以前から、フランス共産党は反ファッシズム人民戦線という方針を実行していた」とする主張に対してなされている。――「彼がそう言いたい気持は判るけれども、歴史には、もう少し複雑な屈折があるように思う」（一九六六『現代思想』上一四一頁）。この事件は、一九三四年のこの日、右翼およびファッシストの諸団体に指導された群衆がフランス下院を襲撃した出来事であり、一般には人民戦線の出発点とされている。しかし、この事件の際に共産党が果たした役割についてはさまざまな見方・証言がある（一三四―四七頁）。清水は、この事件の別の側面を見つめているのである。清水のこの見方を〈複眼的視角〉と呼んでおこう。

一九三〇年代のスペインの問い直しの結果の一つが、この〈複眼的視角〉の重要性という論点なのである。〈複眼的視角〉で歴史をとらえることは大事なことであろう。さきにみた、治安維持法や天皇制のもう一つの側面を提示したのも、この〈複眼的視角〉によるものである。問題は、これが複眼のまま保ち続けられるかどうかであろう。複眼がいつのまにか単眼になってしまわないかどうか。

スペインの過去の見直しに伴う、スペインのフランコ将軍についての清水のスタンスについて検討しておくのは、この点できわめて有意義だと思われる。

フランコは、一般に、スペイン内乱で勝利し、独裁制をしいたファシストとしてとらえられている。――「民主主義と一番縁のなさそうな国々が競って正式の国名に民主主義という文字を加える傾向が生じ、誰が泥棒で誰が巡査か判らなくなった戦後の世界で、フランコのスペインだけは、ファッシズムとして動かぬ地位を占めている」（一九七七『昨日の旅』一六七―六八頁）。清水は、フランコを「悪玉」のファシストとしてとらえ、自分たちは「善玉」民主主義者として位置づける、一元的で単純な見方を批判するのである。

フランコが生きているうちは、絶対にスペインへは行かないという言い方をする人たちに対して、「国際義勇軍」に属したインテリの同志であること、「人民戦線」の信奉者であり、ファシストではないことを示したいという彼らの気持はわかるが、フランコを「抽象的な悪玉」とするだけでは済ませられない、と清水はいう。清水は、「勉強の手始めにスペインに行ったらよいではないか。フランコが生きているうちは、スペインへ行かない、と友人は言った。しかし、私は、フランコが生きているうちに行かなければならぬ、と思った」のである（一七〇頁）。ブラジルで、念願だった人類教の教会を訪れ、コント主義者たちを訪問した後、清水はスペインに向うことにした。このときすでに危篤状態にあったフランコが一足違いで亡くなったことを、清水は経由地のパリで知らされる。清水は、「もうフランコのいないマドリッドの空港に着いた」のである（一七八頁）。一九七五年一一月二一日のことである。

レトリックたっぷりの清水の文章からは、善悪史観のような歴史の一元的で単純な見方を批判して、歴史の複雑なヒダを示そうとしているのか、一般的な見方を批判して反対の立場に与しているのか、判然としなくなる。この、フランコへの思い入れも、そうした例であろう。

清水幾太郎の天皇制論（ふたたび）

清水の歴史感覚を評価するとき、〈複眼的視角〉が複眼のまま保持されているのかどうかが大事なポイントになる。

〈複眼的視角〉は、天皇制についてもみられる。清水自身、「長い歴史を持つ天皇制の功罪を冷静に吟味するという態度」を重視している（一九七八「戦後を疑う」『戦後を疑う』一一頁、傍点引用者）。しかし、清水には、この点で限界があるように思われるのだ。徹底していないのである。一面的・一方的になり、バランスを欠いているように思われるのである。この点を検討することにしよう。

清水が「統帥権の独立」をめぐって議論しているところをとりあげよう。

「統帥権の独立」は、敗戦後、各方面から一斉に烈しい非難を加えられた（一九七六「天皇論」『戦後を疑う』一一九頁）。「戦後の常識」となったのは、「シヴィリアン・コントロールこそ民主的で、統帥権の独立はナンセンス」ということだったからだ（一二二頁）。

この「戦後の常識」に対して、清水は、統帥権の独立は、「軍人を政治から切り離すことを目的とするもの」であり、「或る期間、それは見事に成功したと言ってよい」という見方を対置する。当初は、軍人を政治から切り離すことが目的であったのだ、と（一二四頁）。「しかし、新しい条件が現れれば、政治から切り離された軍人が、天皇との直接的結合の強烈な意識をもって、一つの巨大な政治的勢力に変化」（一二四頁）し、「軍部の要求がそのまま天皇の命令として作用する条件が社会の全体に生れ、これに反対すれば政府も個人も暴力によって亡ぼされるようになった」(一三〇頁)というふうに、事態は変化していったとみているのである。

清水のこの見方は、「統帥権の独立」をめぐる常識とは異なる側面——功罪のうちの功——を指摘したうえで、時間の経過とともにそれがまた別の側面——功罪のうち罪——に転化したというとらえ方である。複雑な歴史に対する〈複眼的視角〉である。歴史というものは、現在からみて判断することはできないし、一側面だけ見てそれを全体であるとしてもならない。清水は、そう指摘しているのである。このかぎりでは、歴史に対するまっとうな見方であるといえよう。

しかし、清水は、この〈複眼的視角〉を徹底できていないように思われるのだ。一方だけを全体と見てしまう傾向があるように思われるのだ。それが、この統帥権の独立をめぐってもあらわれてくる。

それは、ポツダム宣言をめぐってみられる——。

清水は次のように述べている。——「一九四五年八月、連合諸国の発表したポツダム宣言の諾否をめぐって政府及び陸海軍首脳の間に救い難い分裂が起った時、天皇は二・二六事件の際と同じように、断乎として宣言を受諾した。それは、天皇の統帥権の最後の発動であり、これによって、明治維新から生れた天皇も、統帥権の主体である天皇も消え、そして、日本国民の統一の象徴としての伝統的な天皇が残ることになった」(一三一頁)。

「統帥権の最後の発動」たるポツダム宣言の受諾によって残ったのが「日本国民の統一の象徴としての伝統的な天皇」であったということは、さきほどみた功罪のうちの罪は一時的な逸脱にすぎないということではないだろうか。この間の政治・軍部のあり方が一時的な逸脱にすぎないかどうかは大きな問題であるが、今は措こう[10]。いずれにせよ、一時的な逸脱を除きさえすれば、望ましい本来の天皇制のあり方がでてくるという考えである。日本国民の統一の象徴としての天皇というあり方は戦中期とは非連続であり、しかもそれは伝統的な本来の天皇のあり方だという理解である[11]。

こうした理解は、いったんは〈複眼的視角〉をとりながらも、いつのまにか対置された一側面だけを全体ととらえることではないだろうか。知識人の見方とは異なった別の側面が存在していることを指摘することは、よい。歴史の複雑性を重視する立場としてはまっとうでもある。しかし、もともとの側面に対置した別の側面が、その後は一方的に前面に押し出されていくというのが、ここにかぎられない、清水のいわば戦術となっているのではないか。

これに関連して、「占領下の天皇」論文（一九五三年）の議論がたいへん興味深い。清水は、ポツダム宣言第十項の「日本国民の間に於ける民主主義的傾向の復活」という部分をとりあげながら、これを「素直に受取れなかった」という。この部分は、清水には「大正時代の民主主義の復活」としか解釈できないが、まさにこのことが彼にとっては大きな問題なのである。――「一九二〇年代の民主主義、あれが外国人の眼にどう映っているとしても、日本人にとっては、あんなものでは、どうにもならない、と思った。あのハイカラで生温い一九二〇年代は、結局、軍国主義的な一九三〇年代の母胎であるとしか考えられぬ。日本の負う諸条件を計算に入れれば、一九二〇年代の民主主義は、鶏が卵を生むように、やがて、一九三〇年代の軍国主義を生む。何度繰返しても同じことだ。そう感じた」、と。清水は、さらに、大正文化における文化の大衆化を念頭においてであろうが、「ウィスキー・ソーダを飲み、葉巻をふかし、英語をペラペラと喋る」人々が表面に立っていた一九二〇年代が、戦後、復活しつつあるとし、エリザベス女王の戴冠式出席のための皇太子の渡英もその流れのなかに位置づけている[12]。――「嘗て、天皇は日本国内を巡幸し、今、皇太子は西洋を旅行する」。しかし、日本の皇太子の戴冠式への出席への反対が、英国では68パーセントもあるのである。この論文は次のように締めくくられる。――「日本だけがハイカラな一九二〇年代に戻ろうとしても、またアメリカが戻らせようとしても、イギリスばかりではない、ヨーロッパにも、アジアにも、それを許さない条件が成長している。言い忘れたが、この日本の内部にも成長している。それが成長してくれなければ、私たちは新しい一九三〇年代を免れることが出来ないのである」、と（一九五三「占領下の天皇」『現代文明論』一一二―一一四頁）。

この議論は、一九三〇年代が特殊なのではなく、一九三〇年代は大正デモクラシーの一九二〇年代に用意されていた、というものである。一時期の特殊な異常を除去さえすれば正常に戻るということではない。清水は、そう考えているのである。しかし、こうした考えはその後、清水のなかから消えていく。たとえば、『わが人生の断片』(一九七五年)では、一九三〇年代は「長い歴史の流れのうちで見ると、これは例外的な現象のようである」とされる。日本だけでなく、ドイツでもソ連でも、「何らかの意味で例外的な現象を生んだ」。言論弾圧が今も続いているソ連は除くとしても、「一九三〇年代という異常な時代の例外的現象を一般化して、過去の諸時代を一九三〇年代と同じように見るのは、稍々公正を欠いているように思われる」というのである(一九七五『わが人生の断片』上二四一頁)。

清水のスタンスは明らかに変化している。国家が前面に迫り出してきているのは、複眼によって歴史をみることがなくなってきているということではないか。複眼はいつのまにか単眼になっているのである。

清水の論法は、一元的なものの見方を排するものであった。戦後思想をまったき善とみるような見方は徹底的に批判された。歴史はもっと複雑なヒダをもっているという、きわめてまっとうな主張であろう。これは、体系のもつ経験免疫性への批判とも重なりあうものである。この主張が、ものごとの複雑性を指摘し、ものごとには別の側面があることを指摘しているかぎり、まったく正しい主張である。しかし、論争のためとはいえ、この、複雑性のあらわれとしてのもう一つの側面についての主張が前面に迫り出して、唯一の正しい見方として提示されているかのようにみえるとき、われわれは清水の主張には注意しなければならなくなるのである。本人にとっては、もともとはレトリックであったかもしれないが、それが過剰になれば、本人自らそれを信じ込んでしまうだろう。この危険がもっとも顕著に感じられるのは、教育勅語の復権を主張して、国家を価値供給体と位置づけるところであろう。

4．教育勅語、あるいは価値供給体としての国家――オルテガ、ニーチェを中心に

教育勅語の位置づけ

教育勅語をいかに位置づけているかについて、清水自身、じつは曖昧な言い方をしている。そこをきちんととらえておかないといけない。

もともとドイツの読者のために書かれた「天皇論」（一九七六年）においては、教育勅語は「天皇信仰のバイブルであった」（一九七六「天皇論」『戦後を疑う』一一八頁）とされていた。そして、この教育勅語は二つの部分から成っており、最初と最後の個所は「修飾的な形式的なもので、内容が万世一系の神聖な伝統に基づくことを明らかにし」たもの、真ん中の部分は「倫理的行為規則を列挙している」ものである（一一八頁）。後者は、「両親に対する孝行、兄弟姉妹の愛、夫婦の調和、忠

実な友情、倹約、博愛、学問や技術の努力、知的練磨、道徳的完成、公益や産業のための献身、憲法及び法律の遵守、勇敢」などの徳目であり、「多くの時代の多くの社会に通用する一般的なものである」とされる（一一八頁）。二つの部分は、外国のある研究者によれば、「単なる額縁」と「肝腎の絵」との違いだとされるが、清水自身は次のように述べているのである。「教育勅語の下で育った私たち自身にとっては、絵が当然なものであっただけに、額縁の印象の方が強かった」（一一八頁）、と。清水自身が、絵よりも額縁の印象の方が強いと言っているのである。額縁は万世一系の神聖な伝統にも基づくもの、絵はどの時代でもどの社会でも通用する一般的なものとみられているので、額縁の方の印象が強いのは当たり前だろう。清水にとっては、教育勅語は天皇信仰の「バイブル」であり、万世一系の天皇ということを離れては語りえないものなのである[13]。

ところが、同じ『戦後を疑う』に収められている「戦後の教育について」（一九七四年）においては、「単なる額縁」と「肝腎の絵」という位置づけについて、「私も同じように考えております」と述べているのである（一九七四「戦後の教育について」『戦後を疑う』九八頁）。印象が強かったはずの部分が「額縁」にすぎないとされているのである。位置づけがズレているのである。なぜなのか？「額縁と一緒に絵そのものまで全面的に否定してしまったら、日本では、如何なる道徳ももう成り立ちようがないでしょう。道徳を笑いものにする以外に道はないでしょう」（九八頁）とあるように、清水は、道徳の存立のためには教育勅語しかないという判断をしているのである。『倫理学ノート』

の問題意識の答がここに求められているのである。

清水の危機意識からすれば、早く道徳体系が確立されなければならない。そして、今、手元にあるように思われるのは、額縁をとった、絵としての教育勅語であった。このとき、印象が強かったはずの額縁のインパクトは無視されてしまった。こうした答の求め方から結果するのは、無視された額縁に孕まれていた「国家の前景化」にほかならない。

貴族としての新しい人間像とは

大衆は、貴族になることができないならば、貴族に従えという主張は、大衆の精神主義的批判からすれば正当なものである。貴族／大衆図式の提示それ自体に驚く必要はない。それは、ある種の人間観にもとづいた、まっとうな主張であった。とはいえ、清水の場合、その貴族＝新しい人間像はあいまいなままであった。教育勅語を持ちだすことで、この新しい人間像は明確になったであろうか。教育勅語は古い道徳である。そうした古い道徳の復権に頼るばかりでは、貴族＝新しい人間像はまったく明確になっていないのではないか。清水自身、15歳の時の平清盛論では、文脈はまったく異なるが、旧道徳はもうダメだと述べていたにもかかわらず、である[14]。

清水のこの人間像をもう少し検討してみる必要があるようだ。

社会学では、たとえばデュルケムは、近代社会をとらえるにあたって、前近代社会／近代社会の落差に着目していた[15]。バウマンなら、近代社会／現代社会の落差に注目しながら、その現代社会論を展開した[16]。清水は、現代社会の位相をとらえていたのだろうか。彼は、歴史的感覚をもち、〈複眼的視角〉を重視しているのにもかかわらず、歴史の落差・距離を考慮しつつ現代社会の位相をとらえてはいないように思われるのだ[17]。それが、教育勅語の復権という主張にみられるのである。「対象としての道徳を自ら創造」するどころか、デュルケムやバウマンなどの社会学者がおこなったような、新旧の道徳の比較さえなされていないのではないか。

そうした検討を経ることなく、拙速ともいえるやり方で持ちだした、教育勅語（「額縁」ではなく「本体」部分）に従うということが、そのまま貴族になる（である）ことであると、はたして言い得るのかどうか？

オルテガとの比較で——人間像との関連

『倫理学ノート』における高度経済成長批判のなかで、経済に満足した大衆が批判され、貴族たれと主張された。その後、『戦後を疑う』（一九八〇年）と『日本よ 国家たれ』（一九八〇年）において、国家へという方向性が示された。国家は、清水にとって、いわば解答であったのだ。

社会から国家へというのは、軍事力を有した普通の国家たれ、という主張であった。ここに、貴族／大衆図式が絡んで、教育勅語の復権という主張がなされた。これは、価値供給体としての国家の主張である。清水は、二重の意味で国家を重視しているのである。さきほどから問題にしているのは、二重の意味づけのうちの後者の側面、価値供給体としての国家についてである[18]。

このようにみてくると、清水論にとって、オルテガ『大衆の反逆』を解釈格子にすることは有効なのではないか。そうすることによって、清水の位置づけ、および清水の限界をよく見定めることができるように思われる。

貴族／大衆図式の意味合いは、西部のいう精神主義的批判、延いてはオルテガの大衆批判に通じるものであった。ここには、人間観が大きく関わっている。――努力・意志の重要性、倫理の重要性が主張されたのである。

オルテガをみるまえに、こうした人間観を有していることをいかに評価するのかという問いについて考えておこう。それは、科学にとっては夾雑物なのか。――断じて否。社会思想としてはきわめてまっとうなことである。社会学としてもそうである。たとえばデュルケム。『自殺論』のアノミーやエゴイスムという彼の重要な概念には、前提とされる人間観があった[19]。単なる科学（メインストリームであるアメリカ流実証科学）にはない立場ではあろう。むしろ、バウマンなどは、科学性をむやみに追求している、現代のアメリカ社会学を強く批判していた[20]。

清水の失敗は、このような人間観を前提としていたことにあるのではない。失敗は、ここから教育勅語の復権をはじめ、「国家の前景化」に行ってしまったことである。拙速に倫理を求めたことである。この問題は、オルテガの人間観とそこからでてくる大衆批判と比較するとよくみえてくる。

不可分のものであり明確に区別することは難しいが、オルテガの人間観は、分析的には(a)(b)からとらえることができる。

(a)より上位のものへの敬意、より上位のものに結びついていること。あるいは私を制約するものの重要性。

オルテガの、たとえば、次のような主張――

「人間の生は、その本来の性質からして、何ものかに向けられていなければならない。〔中略〕それは奇妙なものだが、私たちの存在に刻印された不可避的な条件である。一方、生きるとは各自が自分で、自分のためにする何かである。他方、私にだけ重要な生であっても、何かに捧げていなければ緊張も『形』も持たずばらばらになってしまうものでもある」(オルテガ二四八頁)。

「生きるとは、何かに向かって放たれることであり、目標に向かって歩むことである。〔中略〕それは私が私の生を賭ける何ものかだ。したがって、それは私の生の遥か向こうにあるものなのだ。もし私が、私の生の内部でだけ自己中心的に歩くつもりなら、進むこともなく、どこにも行けないだろう。同じところを堂々巡りするだけだ」(二四九頁)。

(b) 同時に、決断・選択の重要性、そしてここから努力や意志の重要性。

次のような主張が、その例となろう——

「私たちの世界は、私たちの生を構成する宿命の広がりである。しかしこの生の宿命は、機械的なそれとはおよそ似るところが無い。私たちは、その軌道が前もって絶対的に定められている弾丸のように、生の世界に撃ち出されるのではない。〔中略〕生きるとは宿命的に自由を行使しなければならない、つまりこの世界の中で自分が『かくあらん』とする姿を決断しなければならないと自覚することに他ならない。一瞬たりとて自分の決断行為を休むことはできないのだ」(一一五頁)。

「ところが、すべての生は闘いであり、自分自身になろうとする努力なのだ。自分の生を実現するためにぶつかる困難の数々は、まさに私の行動を、私の潜在能力を目覚めさせ動員する。もし私の体に重さがないとしたら、歩くことができないだろう。もし大気が私に重力をかけないなら、私は自分の体をどこか頼りないもの、ふわふわしたもの、幽霊のようなものと感じるだろう」(一八六頁)。

この人間観 (a) (b) に基づいて、オルテガの大衆批判がでてくる——

「人間はそう望むと望まないとにかかわらず本質的に、おのれを越える要請を否応なく求める存在であることに再び気づくだろう。もしも独力で見つけることができるなら、その人は優れた人間である。もしできなかったら、その人は大衆であって、優れた人間からの要請を受け入れる必要がある」(二〇九頁)。

第3章でもみたように、清水の場合も同様の人間観であるのは、明らかである。清水は、この観点から高度経済成長時代の人間を批判した。貧困がなくなったことによって、制約するものが消失した。これまで、飢餓の恐怖こそが人間を労働へと突き進め、倫理の枠組みとなっていたのに、豊かさの時代では、まさにこの飢餓の恐怖がなくなったのである。労働と結びついていた倫理が喪失してしまったのである。

清水もオルテガの系譜である。しかし、オルテガと大きく異なるところがある。オルテガは、清水とは違って、国家など押し出してこない。むしろ、オルテガは「生の国有化」を批判するのである。――「これこそ今日、文明を脅かしている最大の危険なのだ」(二一四頁)。

「生の国有化」については、次のように説明されている――。

「国家の干渉主義、国家によるすべての社会的自発性の吸収」であり、「究極的に人間の運命を支え、養い、駆り立てる歴史的自発性の抹殺」である(二一四頁)。このとき、大衆は、「努力も、闘いもせず、疑いも危険も無しに、ただボタン一つで驚異的な機械を機能させ、すべてを達成できるという恒久普遍の可能性を持つ」ということに誘惑されており、「われは国家なり」と独語している(二一四―一五頁)。オルテガは、国家/社会の自発性を対比させつつ、あくまで後者に立ち、次のように言う。――「社会の自発性は、たび重なる国家の干渉によって踏みにじられ、どのような新しい種子も実も結ぶことができないだろう」（二一五頁）。

オルテガによれば、「生の国有化」がなされることのないよう、「社会の自発性」を守られなければならないのである。

清水が国家を前面に押し出し、教育勅語の復権がなされ、国家が価値供給体として人々の生に干渉するとき、「生の国有化」がおこり、「社会の自発性」は消失してしまう。「国家の前景化」の問題点がここに端的にあらわれている。オルテガと同様な人間観に立ちつつ、オルテガとは真逆の結果に行き着いてしまうのである。

人間観だけをみて判断＝油断してはならない。同じような人間観でも、真逆の地点に連れて行くこともあるのである。

オルテガの人間観をとおしてみてきたことは、「気概」という言葉でもとらえられるだろう。ここで、ヘーゲル＝コジェーブに拠りながら「気概」に焦点をあてて、普遍的な歴史の可能性について検討したフランシス・フクヤマ（原題『歴史の終わりと最後の人間』一九九二年）によって、清水の問題意識をさらに位置づけておこう。

フクヤマの次のような記述をみてみよう。――「欲望の人、経済的人間、つまり根っからのブルジョアは、心のなかで『損得勘定』に走り、いつもそれを体制内で働く根拠にしつづけるはずだ。『気概』に満ちた人間、怒れる人間だけが、みずからの尊厳や同胞の尊厳を失うまいと気を配る。そして自分の価値は、肉体的存在を形作るあれこれの欲望以上の何ものかによって成り立っているのだと感じるのである」(フクヤマ 下二八―二九頁)。

清水が考えていたのも、欲望対「気概」ということだったのではないか。欲望だけの経済的人間を「気概」という点から批判していたとみることができるのではないだろうか。しかし、批判としては意義のあった「気概」への依拠も、国家が前景化してしまうならば、「生の国有化」に行き着いてしまうのである。このとき、「気概」も変質してしまい、フクヤマの言う「みずからの尊厳や同胞の尊厳」も失われてしまうだろう。

この文脈でみると、清水のオーウェル論もとても興味深い。

清水は、オーウェル論（『ジョージ・オーウェル「一九八四年」への旅』一九八四年）において、オーウェルがスペインで経験したことを論じながら、清水自身を、とりわけ六〇年安保についての清水の経験を語っている。このとき、東欧革命・ソ連邦の崩壊などはまだまだ先である。

この時期、オーウェルを語ることは何を意味していたか――。一九八四年が近づくと「オーウェル騒動」「オーウェル産業」と呼ばれる状況を呈した。『一九八四年』について多く論じられた。しかし、清水の評価によれば、「私たちは、『一九八四年』をスターリン主義の犯罪に対する痛烈な諷刺として読んではいけない。なぜなら、この小説は、実に消費者社会の恐ろしさを取り扱っているのであるから」とする、「東側の指導者を励ま」すような論調や、「『反共』と見られたくない、『進歩的』でありたいとする人々」は、「東も西も、オーウェル的世界に入っていく」という議論を展開していた[21]（一九八四『ジョージ・オーウェル「一九八四年」への旅』二三八頁）。東も西も全体主義としてくくられるという議論のことである。清水からすると、それは、「全体主義」の観念を抽象化してしまっている。

清水によれば、全体主義と管理社会とは違う。私有財産があるかないかがメルクマールであり、「一切の物を国家が独占的に所有しているケースが真実の全体主義であって、私有財産が存在している限り、その全体主義は、不徹底なもの、水を割ったものに終らざるを得ない」（二六七頁）。清水は、「人間は、何物かを所有していて初めて人間なのであって、それを国家に奪われた瞬間、彼は、もう人間というものではない」（二六六頁）と主張するのである。これは、オーウェルがスペイン内戦での経験を経てもまだ「社会主義」に期待していることを批判するという文脈で[22]、私有財産の廃止に関連して述べているところである。これはとても大事な論点である。いわば〈私〉の重要性が主張されているのである。しかし、ここで疑問に思われるのは、この主張と、オーウェル論と同時期になされた、教育勅語の復権の主張とは矛盾しはしないか、という点である。

天皇によって公布された教育勅語を復権させることは、国家が人間のより深いところに入り込んでしまうことにほかならない。人間が国家に奪われてはならない「何物か」とは、清水の場合、私有財産であって、「生」そのものではなかった。清水は、オルテガの「生の国有化」批判と同じ議論を展開しているようにもみえながら、まさにオルテガが批判している「生の国有化」に陥ってしまっているのである。

ニーチェとの関連で

清水の人間観について、さらに、ニーチェとの関連でもみておこう。

清水とオルテガとの比較は有意義であった。この文脈で、清水においてニーチェはいかなる位置を占めているのか、という疑問が生じてくる。というのも、ニーチェも同様に大衆批判をおこなっているからである。ニーチェがおこなったのはトータルな近代批判であった——神は死んだ。近代の知識人や聖職者、もちろん大衆も、近代の価値を妄信しているすべての近代人が批判される。ニーチェとの関連で清水をみると、どういうことがみえてくるのか——。清水は、ニーチェのように、近代の相対化をしたのだろうか？　この問いが焦点となろう。

ニーチェに注目するのは、的を射たものである。なぜならば、清水自身、『現代思想』(上）で、ニーチェのニヒリズムを集中的に論じてもいるからである。清水は、ニーチェのニヒリズムをどのように位置づけているのか――。

清水がとりあげるのは、ニーチェ『(権) 力への意志』である。二十世紀を、「十九世紀風の大思想体系の崩壊過程」(一九六六『現代思想』上iii頁) としてとらえる清水は、「芸術家たち」について、まずは、キュービズムの嚆矢となったピカソの「アヴィニヨンの娘たち」をとりあげ、そこに「リアリズムの批判」(三頁) をみた。このリアリズム批判が、第1節「芸術家たち」につづく第2節「哲学者たち」において、ニーチェのニヒリズムに関連させられている。

清水によるニーチェのニヒリズム理解はこうである――。

「神は死んだ」というのは、「神」だけでなく「神々」も死んだということである (三一頁)。そして、「意味と連関とを失った諸事物が自由に浮動し始めた」(三一頁)。その結果、「人間自身が新しく神になって、この混沌を構成せねばならぬという運命」になった (三一―三二頁)。「神や神々によって意味を吹き込まれていた世界」が崩れて、「人間が無意味の混沌に投げ出され」たのである (三二頁)。

とはいえ、ニーチェも述べているように、ニヒリズムには二種類あることに注意しなければならない。「受動的ニヒリズム」と「能動的ニヒリズム」とである (三三頁)。前者が「疲れたニヒリズム」であるのに対して、後者は「強い精神および意志の状態」であり、「強い人間と稀なる人間とを偉大へと駆り立てる」ものである（三四頁）。ニーチェにおいては、「能動的ニヒリズム」こそ、むしろ求められている。

「能動的ニヒリズム」の立場からでてくるのは、「世界の構造と見え意味と見えるものが、人間自身の作ったもの、支えているものと知られるのは、一切が人間自身の責任になるということである。しかし、本当に強い人間でない限り、〔中略〕この責任に堪えることは出来ない」（三七頁）という論点である。強い人間にしか担うことができない、人間の責任が主張されるのである。逆にネガティブな言い方をすれば、「ニーチェの要求する強さが人間の側に十分な発達を遂げるまで人間は、幾度そこから逐われても、彼岸へ逃避するであろう。〔中略〕体系的思想を求め続けるであろう。それによって重く圧迫されながら、そこに眠り込むことを願うであろう」（三八頁）ということになる。

本当に強い人間にならないかぎり、清水が体系／経験の対比によって批判したところの体系にすがりついてしまう、というのである。

ここで清水は、〈生命〉というタームを使いながら、次のような主張をする。「世界は意味のない混沌、無数の意味を持つ混沌、無」（三五—三六頁）であり、「人間は、混沌としての無のうちに投げ出された生命」である、と。人間は〈生命〉とされるのである。そして、「主体や人間は生命という野生的エネルギーに追いつめられてでなければ、大いなる混沌と向き合うことは出来ない。生命は、生命自身を絶対的中心とするところの、一切のものが生命への相対値において現われるところの遠近法をもって混沌に対する。いかなる客体も、〔中略〕生命の遠近法によって一定の意味を与えられて初めて、あの混沌の大海から浮び上がることが出来る。それらを混沌の中から浮び上らせて、生命の存立と発展とに役立つ世界に組み立てて行くのが生命のオリジナルな機能である」（三六頁）と主張する。

清水によれば、〈生命〉となってはじめて、混沌の大海に世界を組み立てていくというのである。〈生命〉は清水のプラグマティズムに由来する。ダーウィン、デューイの系譜に由来する、人間を生物ととらえる立場に由来するものである。清水は、ニーチェを、自らの拠って立つプラグマティズムの立場からとらえ返しているのである。プラグマティズムとニーチェとは何ら矛盾しない、ニーチェをプラグマティズムの立場に取り込むことができる、というスタンスに立っていると言うこともできよう。本当に強い人間は、プラグマティズムの想定する人間と異なるものではないということであろう。そのとき人間は、いわゆる主体や人間ではなく、〈生命〉、〈生命〉という野生的エネルギー、なのである。

こうしたニーチェ理解は、その後の清水の議論とはどのような関連にあるのか。プラグマティズムにニーチェを追加したようなここでの立場は、『現代思想』以降も継続されているのだろうか

――。

清水のその後の対応、とりわけ教育勅語の復権の主張は、すでにみたように、旧道徳の「妄信」のすすめでしかない。ニーチェを経たあとの主張とは思われないのである。

清水は、そのニーチェ理解にもとづき、能動的ニヒリズムに耐えうる超人（清水のいう貴族）を造型すべきではなかったろうか。それをせずに、大衆は貴族に従えと言っただけでなく、「国家の前景化」期において、教育勅語の復権を主張したのでは、そのニーチェ理解を自ら裏切ったことになりはしないか。

清水の難点は、大衆は貴族に従えという論点そのものではまったくなく（一定の人間観をとればできて然るべき論点である）、いうところの貴族について明確にできなかったこと、そして教育勅語を道徳として復権させようとしたこと、つまりまったくニーチェに反してしまったことなのである。それは、ニーチェのニヒリズムの洗礼を経ることによって、妄信から解放され、とはいえ懐疑に行き着くのではなく、妄信と懐疑との平衡をとる、そうしたスタンスとはまったく異なっていると言わざるをえない。

ここまで、貴族／大衆図式の背後にある、人間には自己限定が必要であるとし、人間の意志の重要性、努力や責任が強調される清水の人間観を、倫理・道徳の可能性を開くという点で肯定的にとらえたうえで（第3章）、しかし、清水においては、結局、現代の倫理は国家によって担保されることに行き着いてしまっていることを批判的にみてきた（第4章）。

もう一点、清水の人間観が孕むもう一つの問題性について、簡単に触れておきたい。努力や責任を強調する人間観は、端的に言えば、他に頼らない人間をよしとすることになる。これは、さまざまな問題に拡がっていくことになるだろう。

清水は、「福祉」の意味変化について述べている（一九八〇『日本よ 国家たれ』一〇〇―〇二頁）。古来、福祉＝幸福は、「人間の努力、能力、運命などによって獲得されるもの」と考えられていたが、近年では、「人間の能力や努力によって獲得される『幸福』という原義を離れて、政府から無料で（他の人々の税金で）供与されるサービスという意味に転じて来た」という。もちろん、清水も、福祉制度は「今後、益々充実せねばならない」とは言う。しかし、この意味変化は、「自己の能力と努力というものの重量を減らせる傾向」、「自らの能力や努力の限りを尽くす前に、他に頼るという傾向」をもたらしたとされるのである。このようにみてくると、清水の人間観は諸刃の剣である。倫理・道徳の可能性を開くどころか、（どこかの首相を彷彿とさせる）自助の強調になってしまうのである。

5. 国家の前景化の背景（Ⅱ）――社会概念の貧困

社会（経済社会）を重視していたことへの自己批判から、清水は国家へ一挙に飛躍した。このことはさまざまな問題点をかかえていることをみてきた。

なぜこうしたスタンスが出てきたのか、どこから出てきたのかについて、改めておさえておこう。

①一つには、すでにみてきたように、歴史の複雑性に目配りした〈複眼的視角〉がいつのまにか単眼化したことである（第4章―3）。

②うえの①と連動しているが、清水が歴史（分析）に依拠していること、歴史の中に答を求めていることを見ておく必要がある（第4章―5）。

清水は、ナチズムを論じた『現代思想』のセクションで、次のような議論を展開している。十九世紀以来、先進諸国では、「人為的桎梏としての絶対主義的国家から解放された社会」が「人間の共同生活の自然的形式」とみられるようになり、「社会は、大地に立つ人間と人間との自由な関係であり、自然的なもの、善いもの」とされるようになった。この点に関しては、自由主義、マルクス主義、アナーキズムとも共通であり、「自然的な流れとしての社会を信ずるところに成り立っていた」。これに対して、国家にはマイナスの評価が与えられていた（一九六六『現代思想』上一二七頁）。

後進国ドイツの伝統は、先進国とは異なっている。ドイツでは、社会にはたえず不信の眼が向けられたのである。「社会」とは、「西ヨーロッパからの輸入概念」であり、「利己的な諸個人の競争の是認であり、破壊的な社会主義運動の肯定」とされたのである。「ドイツ人にとっては、国家が自然的であり、社会が人為的である」（一二八頁）。

これを踏まえて、清水は、「社会への信頼は、個人が自由で独立な決定メーカーたり得るという信仰であり、更に、この信仰は、自然の配慮にしろ、歴史法則にしろ、或る客観的秩序が社会の内部に刻み込まれているという予想と不可分のものである」とみている（一二八―二九頁）。しかし、恐慌は、そうした客観的秩序がないこと、個人が決定メーカーたりえないこと、社会への信頼が空しいことを示したのではないか、というのである。眼の前にあるのは、「何一つ客観的秩序が刻み込まれていない混沌」であり、「もし混沌に溺れることを欲しないならば、決定されていない混沌を何者かが決定しなければならないであろう」。そこで、持ちだされるのが国家である。――「法則を信ぜず、混沌としての社会に向って決定を下すのは、強力な国家である」。一九三〇年代というのは、「社会から国家への、社会思想から国家思想への転換」がなされたのである。この転換は、他の国々からすれば、自然から人為への転換であるが、ドイツにとっては、人為から自然への転換であった（一二九―三〇頁）。

こうした文脈で、ナチズムは、「二十世紀のニヒリズムの底における一九三〇年代の問題のドイツ的解決」と位置づけられるのである（一六一頁）。ニヒリズムが、「画家の美しい作品や、哲学者の鋭利なアフォリズムでなく、大衆的規模における失業、貧困、飢餓、闘争、殺戮」のうちに実現されている「この一九三〇年代の中心には、ナチズムが立っている」と清水は述べている[23]（一〇二頁）。

『現代思想』の「あとがき」末尾で述べられている、構想中の『倫理学』が触れるはずの〈巨大な闇としての未来〉（一九六六『現代思想』下四二〇頁）から高度大衆消費社会が脱出しうる方策を、清水は、今みてきたように、歴史に学んで、社会から国家へという方向に求めたといえよう[24]。

清水の歴史感覚を〈複眼的視角〉と位置づけえたように、彼は、善玉と悪玉との戦いとして一色に歴史を描くことは否定しているので、ある歴史的事象を肯定的／否定的に描いているからといって、全面的な肯定／否定と受け取ってはならないだろう。そもそも、われわれが歴史に学ばなければならないのは、われわれ自身が善と悪とが入り混じった存在だからではないのか（高橋源一郎一四六頁）。とはいえ、清水が歴史のなかに答をみつけようとするとき、〈複眼的視角〉は複眼のまま維持されているのだろうか――。

ヒトラーは、一九三九年四月の国会での演説で、「秩序の回復、経済再建・失業の撲滅・憎悪対象たるヴェルサイユのくびきからの最終的解放、国民的一体性の確立など」を自賛したが、当時、

「この演説を聴いた人びとは、かつての反ナチの者さえも、ヒトラーが尋常でない業績を達成したと認めざるを得なかった」と、ヒトラーの評伝の著者である芝健介も述べている。なぜそうであったかを、芝は、つづけて次のように指摘している。――「ナチ体制がまさに戦争に向かおうとする中で、どれほど大きな危険と結びついた方策を選択しつつあるかを理解できた人間も、ヒトラーがこの間ずっと国民のために戦争・流血事態を回避するよう努力してきたという主張が嘘だと暴露しうるだけの情報・証拠をもっている人間も、当時はほとんどいなかった」(芝 三二二頁)。

「情報・証拠」が確実に蓄積されている現在の地点においては、ヒトラーの演説にみられるような観点からヒトラーおよびナチ体制を評価してはならないのは当然である。とはいえ、現代の評価でもって過去を断罪し、当時の人々の受けとめ方を無視してもならないだろう。すでにみたような、清水が歴史理解について強調しているのも、こうしたことであるはずだ。したがって、清水は、ヒトラーについてもフランコについても、ある種ポジティブな側面を提示するのである。歴史は複雑であるのだ、ネガティブ一色では語りえない、と。そのかぎりで清水は正しい。清水のとらえ方が危険になるのは、清水がフォーカスをあてる、現代からの評価で切り落とされがちな過去のある側面が、独り歩きして、それのみで歴史が語られ、そこに答が求められるときである。こうした傾向が清水にはあるように思われるのも、たしかである。

③清水社会学における社会概念の貧困

清水においては、社会＝経済社会への批判から、すぐさま国家がでてきてしまう。それは、一九三〇年代の歴史に学んだことではあろう。

しかし、（狭義の）清水社会学そのもののなかに問題の根っこがあるように思われる。

清水社会学では、個人の成長の順序に従ってたどられる、家族集団―遊戯集団―隣人集団―学校集団―職業集団―基礎的社会という集団の系列が想定されている。〈個人が社会をつくっていく〉という側面が強調されるにもかかわらず、清水社会学でいちばん重要な位置づけをされているのは、最後の基礎的社会である。清水社会学においては、この基礎的社会へのコミットメントが強調されているのである。このことは、政治概念とも関わってくる。――「最も遠いものを最も近いものとして意識し行動するところに成立するのが政治である。人間は政治においてただ個人としての自己、基礎的集団としてのわれわれのみを問題としていることはできず、最も外なるもののごとく見える問題を最も内なる問題として取り上げねばならぬ。社会的全体を単に全体として仰ぐのでなく、進んでその存立と発展とのために自己のいっさいをささげるのでなければならぬ」（一九四〇『社会的人間論』八四―八五頁）。政治を規定するにあたって、外の問題を内の問題としてとらえることに力点がおかれている。そして、「基礎的社会にして健全なる発達を欲するならば、内的なものと外的のもの、私的なものと公的なものとが分裂のまま放置されることなく、いっさいの内的なものが外的なものに転ぜられ、私的生活のすみずみに潜むすべての問題も公的なる秩序において検討され解決されなければならぬ」（八六頁）とされている。これら個々の論点は、第1章で述べた日中戦争期日本社会の分析――そこには一定の現状批判の契機があった――においてもみられたものであるが、いま検討している清水社会学においては、基礎的社会に「自己のいっさいをささげる」ことが原理的に主張されているのである。

公＝基礎的社会＝お上とされており、国家への貢献ということ以外に公共性が考慮される余地はない。他者とともにつくる公共的なるものに結びつきつつ、自己を抑制するという方向性はみられない。清水においては、「最後の基礎的社会は一面において最も外部にあるものであるにもかかわらず、他面においてはまた内部にあるものとしての性質をそなえねばならぬ。〔中略〕最も外部に立つはずの基礎的社会は冷たいものの極限であるとのみ考うべきものでなく、逆に再びあたたかいものとしての意義を含んで来るのでなければならぬ」（八九頁）とされるだけである。清水社会学においては、基礎的社会は「あたたかいもの」であるはずという主張さえなされているのである[25]。

清水は、経済＝社会ととらえ、経済一辺倒という現状を批判するなかで国家へと転回していった。社会概念が狭すぎるのである。経済を抑制する社会的なものはありうるのではないか。たとえばデュルケムなどは、そう考えた。近代化による個人化が枠づけを失ってしまう過度の個人化を掣肘するものとして、社会理想としての「道徳的個人主義」に期待していたのである[26]。公共的なものとしての社会的なものということである。清水も、少なくとも、そういう意味での公共的なものを模索すべきだったのではないだろうか。

おわりに

本章では、晩年の清水にみられる、一般に「右傾化」「右旋回」などと呼ばれる傾向を、「国家の前景化」と呼んできた。「右」であることがそのまま非難されることではなく、「左」であることがそのまま賞賛されることではない（もちろん、逆もまた同じである）。「右」は、もうそれだけで非難され、深く検討するには値しないといった姿勢にならないように、まだ手垢のつきは少ないであろう「国家の前景化」という言葉を採用し、なぜ国家が前景化してきたか、前景化はどのような問題を孕んでいるかを、その議論をなるべく丁寧に掘り下げながら検討してきたのである。

国家が前景化してきた背景についてまとめておこう。

国家の前景化の背景(1)

・国際政治状況が変化し、「新しい戦後」が出現したことが背景となり（第4章―2）、

・経済重視の現状が国家を社会にしてしまっているという批判によって、軍事力としての国家が主張された（第４章―２）。

国家の前景化の背景(2)

高度経済成長による飢餓の消失によって、労働が変質し、倫理の消失をもたらされたことに対して、倫理の回復ということを主張し（第３章）、その答を求めて、

・本来はまっとうな見方であるはずの〈複眼的視角〉が、いつのまにか変質して一元的になってしまった（第４章―３）。

・現代社会の位相を考慮することなく、拙速に旧道徳である教育勅語の復権が主張された（第４章―４）。

・歴史のなかに答を求めることが、〈複眼的視角〉の変質と相俟って、「社会から国家へ」という主張となった（第４章―５）。

国家の前景化の背景(3)

・清水社会学における社会概念が貧困であり、社会と国家の区別があいまいになっていること（第４章―５）。

背景として、大きく、以上の三つを考えてきた。

倫理・道徳の回復などと主張すること自体がそもそも「右」で云々というような議論は浅薄である。そもそも、倫理や道徳というと、すぐさま保守的である、右派である、などという受けとめ方があるうえに、「国家の前景化」のインパクトによって、倫理の回復という清水の問題関心そのものが、ますます「右」の、検討にも値しない主張だと受けとめられたのであろう。しかし、そんなことはない。

この点は、内村剛介の清水評とも関わってくる。内村は、清水について幾度か（少なくとも三度）書いている。清水の生前（一九七五年）と没後（一九八八年、一九八八年）と。前者と後二者とはだいぶトーンが違う。肯定的・好意的か、否定的か、という逆の評価なのである。いま取りあげようとするのは前者である。

内村は、清水について、人間的自然（ヒューマン・ネイチャー）をコントに即して見直している、という。「人間の品位を『信』を介して学問の中へ持ち込むコントにいまあらためて即するということ、これは、清水にとって初心への回帰であるが、デカルト以後の知識人、とりわけ日本の知識人にとっては蛮勇を要する回帰である」という（内村 一九七五：二九〇頁）。「人間の破滅が日程に上ったところにおいていま人間を根源的に見直すという課題をみずからに課すには年齢をとりすぎたろうと思われるときに、清水はなおあえて身をひるがえしたのである」（二九〇頁）。「ここでまた目先のきく変り身の早い清水などときいた風のことを怠け者は言うであろうが、清水はそれを気にして〝不幸〟になるには晩すぎる」(二九〇頁)。いずれにしても、知識人として蛮勇を要するような回帰をなし遂げた。――内村は、このように清水をとらえているのである。

内村のこの議論は、清水の「最終講義　オーギュスト・コント」論文(一九六九年)に依拠している。清水は、このなかで、「コントは、人間にとって根源的なものは、疑うことではなく信ずること、douter ではなく croire である、と言っています。人間は、疑うように作られているのではなく、信ずるように作られている」と述べていた。これは、反デカルト的な人間観であり、「人間的自然の理論の説くところ」である、とされている[27](一九六九「最終講義　オーギュスト・コント」『無思想時代の思想』二〇二―〇三頁)。清水が言おうとしたのは、知識人は、否定はするが信ずべき信を提示はしない、ということであろう。そうした知識人を批判して、清水は、その後、蛮勇を奮って信を提示しようとした。アンチだけが投げかけられる時代にあって、清水はポジティブに信を提示したのである。

清水が信を提示したのはよい。ただし、何を信とするかについては、もっと綿密な検討が必要ではなかったかというのが、私の主張しているところなのである。信の提示という営みまでも否定するのは軽率というものである。内村が指摘しているように、清水が信を提示すべきと考えたことは注目すべきことである。しかし、結局は、教育勅語の復権に行き着いた。ここは、たしかに問題である。清水は、歴史的落差を考慮に入れて、時代にふさわしい道徳を模索すべきであったのに、旧時代の道徳に飛びついてしまった。天皇と国民が一体化することを求めているこの勅語においては、清水自身も共産党批判の文脈等で力説したはずの〈私〉は存在しなくなるのである。現在の〈私〉に魅力的でありながら、同時に〈私〉を拘束する、そういう信――公共的なもの、といってよいだろう――をなんとか模索すべきであったのではないか。

清水がなぜその方向に進むことができなかったかをみるためにも、自己の経験の継承をめざして、戦後日本社会の歴史を、個人と国家の対立を軸にして描いている、劇作家で評論家の菅孝行の議論を参照することにしよう。菅は、八〇年代初頭に、「国法や国家の倫理規範とは別な、戦後の庶民の倫理」ということを軸にして、戦後すぐの社会と安保闘争とを連続的にとらえているのである。

菅は、戦後すぐの日本社会を、「広範囲の大衆が、はじめて国家の価値基準とは別個の生活倫理を持つようになった」としている。念頭に置かれているのは、「つかまれば没収だが、つかまらなければ誰もそれをとがめはしなかった」闇市や、「不法占拠であることは百も承知で」他人の土地にすみついた人々のことである。その、「国法や国家の倫理規範とは別な、戦後の庶民の倫理」は、「徹底したエゴイズムの解放」と「個人のエゴイズムをつらぬくための、横の協同関係をつくること」からなる。前者は「おもに生活倫理として実践」され、後者は「運動の倫理として実現」された（菅 一三四頁）。

菅は、「日本のような、国家の統合力の強い国家に、国家統合に拘束されない行動原理、関係の倫理がつくられたことの意義は非常に大きい」と述べている。「大衆の、国家からの自立、主権の確立のはじまりであった」からである（一三四頁）。もちろん、こうしたことは、アメリカ占領下のできごとであって、ＧＨＱの初期占領政策の力が大きかったことは否定できない（一三五頁）。いわゆる逆コースに象徴されるように、その後、アメリカは、日本を、「反共のパートナーとして可能なかぎり早く復興させる方向へ占領政策を大きく旋回させてゆく」（一三六―三七頁）。

こうした議論をしつつ、安保闘争について、菅は、次のように位置づけている。――「大衆は、一九六〇年の動乱の季節のなかで、かつて闇市と焼跡のなかで幻視した自身の主権の奪回を、再び現実の可能性として想い描いたのである。その経験の意味は大きい」（一五三頁）、と。もちろん、日米新安保の批准は阻止できなかった。――「アメリカ大統領の来日は阻止したが、それとひきかえに日本の資本主義と、それを代表する政府は、安保改定によって帝国主義の復活へのレールを着実に敷設したのであった」（一五三頁）。

菅の議論の紹介が目的なのではない。国家の倫理規範とは別な、庶民・大衆の生活倫理であるエゴイズムの重要性を、菅が重視していることに注目したいのである。エゴイズムに徹しないと――もちろん、そのために必要な、横の協同関係ということも強調されていた――、国家にからめとられてしまうという論点を、清水論をめざしているわれわれは汲みとっておきたいのである。一方、清水にとっては、民主主義の勝利としてとらえる知識人への対抗ということもあって、安保闘争は敗北であった。敗北ではあっても、菅のように、汲み取るべきものもあったはずだが、清水の場合、そうではなかった。

大衆よ貴族たれ、という主張を始めた時期に、清水は、日本よ国家たれ、ということも主張した。貴族たれ、という主張そのものは、ある種の大衆批判の立場からは、当然の主張である。知識人／大衆図式と貴族／大衆図式とはまったく別のものであるということを論じてきたように、大衆よ貴族たれ、という主張それ自身は、大衆を切り捨てるということではなかった。貴族たれという主張は、もうそれ自体でけしからん、というようなものではない。しかし、教育勅語の復権という主張にみられるように、清水のなかで国家が前景化するようになると、個人は価値供給体の国家に献身するものという位置づけになってしまう。清水は、菅の議論とはまったく逆の議論をおこなうようになったのである。菅の議論と清水が異なるのは、大衆のエゴイズムをいかに評価するかをめぐってである。大衆のエゴイズム評価が思想の重要な分岐点なのである[28]。清水においては、このエゴイズムは経済活動の領域に位置づけられることによって、社会から国家へという方向が打ち出され、自身も庶民であったはずなのに、「戦後の庶民の論理」のもつ可能性が探られる余地すら残されていなかったのである。社会から国家へという方向に支配されていたのである。少なくとも、国家とは異なった共同善を強調するコミュニタリアンの立場をとる方向があったのではないか[29]。

清水が生涯にわたって敬意を払っていた社会学者コントの最後の構想も、倫理学の構想であった[30]。コントは、『実証政治学体系』の第２巻（一八五二年）で、数学から社会学へと向う六つの科学の先に、「偉大な抽象的なイエラルシーの第七の最後の段階」としての「倫理学」(la morale）を構想し、「真の人間学」ととらえていた（一九七八『オーギュスト・コント』一九〇―九一頁）。清水の（『倫理学ノート』公刊以降）七〇年代の構想・企画も、コントのこの「真の人間学」としての「倫理学」の確立にあったということができよう。であるならばなおさら、教育勅語の復権ではない方向性が検討されてもよかったのではないか。残念ながら、清水の試みは、結局、清水が対抗しようとする知識人の当たり前であった戦後思想を批判する――価値転倒する――ことを目指してしまった。単なる価値転倒で終わってしまった。

註

1　『朝日ジャーナル』の特集「検証・『戦後を疑う』論理」（一九八一年一月二・九日号）は、清水の本にあわせた企画だろう。

2 「社会主義」という言葉の用法については本書第1章も参照のこと。

3 『愛国心』自体は、たいへん抑制のきいた本である。国家が前景化した時代の清水のイメージを重ねてはならない。清水が立っているのは、経験を契機にして愛国心はとらえ直されなければならない、という立場である。――「経験を素通りした、或は経験を軽視したドグマへの信仰から、飽くまでも各人の経験を本位とする態度への変化である。国王への愛情及び奉仕から、民衆への愛情及び奉仕への転化は、同時にドグマから経験への変化を伴ふものである。〔中略〕近代の愛国者は、愛国心を独占せぬことを以て重要な資格とする。自分だけを愛国心の持主と考へ、意見を異にするものを国賊或は非国民と考へ始めるや否や、彼は忽ち未開社会のメンバーとなる」（一九五〇『愛国心』八三―八四頁）。

4 坂本義和も、安保反対と「中立」の主張には、「平和」という言葉に託されたナショナリズムがある、と述べている。ナショナリズムのない「中立主義」はありえないが、このときは、「平和」という普遍的観念に内包されていた、と（坂本 一七三頁）。

5 この時期の清水を、その政治的活動に注目して評価するとすれば、とうぜん「右派」知識人ということになる。清水は、たとえば、「日本会議」系列とも関連があったようである。

安倍政権と近しい関係にあったことで知られている「日本会議」は、一九九七年に、「日本を守る国民会議」と「日本を守る会」が合流することで設立された。後者は、生長の家と明治神宮をはじめとする右派系の宗教団体が中心となってつくられた（一九七四年）。前者は、天皇在位五〇年（一九七五年）の奉祝行事、元号法制化運動（元号制定は一九七九年）を引き継ぐ形でつくられた国民会議で（一九八一年）、財界・政界、学界、宗教界など八百人ほどが集まったという。青木理は、この「日本を守る国民会議」に「役員などとしてかかわった面々」として、清水幾太郎の名を、宇野精一、小堀桂一郎、江藤淳、香山健一などとともにあげている（青木 一八―二三頁）。清水は「憲法改正草案作成に向けた政策委員会」の委員長にもなっている（一九八二年）（二六〇頁）。

ちなみに、上山春平は、この時期の清水の「方向転換」について、次のような感想を述べている。——全面講和や軍事基地反対運動をやっていた清水が、それから三〇年ばかりたって、元号法制化の運動を強力に推進するグループのなかにいるのをみて「少なからぬ当惑をおぼえた」、と（上山　一九八一：四四—四六頁）。これは、清水が実質的にこの「国民会議」につらなる活動をしていた、という証言にほかならない。

とはいえ、本書は、清水をこうした政治運動や政治的スタンスの面で評価するのではなく、あくまでその背後にある思惟構造をとらえたいのである。

6　著書『日本よ 国家たれ』の第1部「日本よ 国家たれ」が、自費出版の小冊子で誕生したときのオリジナルタイトルは「新しい戦後」であった（清水禮子、集⑰「解題」三七七頁）。

7　ここでいわれている「啓蒙思想」とは、「理性乃至(ないし)科学の崇拝と、歴史の蔑視との結合」および「人間性善説と制度批判との結合」という考え方であり、清水は、これと「日本の戦後思想の二大公理」が関連するものととらえている（一九七八「戦後を疑う」五七—五八頁）。

8　二・二六事件の渦中の昭和一一年二月への時間旅行をあつかった、宮部みゆきの小説『蒲生邸事件』で、主人公は次のように語っている。

「たとえば、現代史家がここへタイムトリップしてきて、文献を抱えて、今この時点で包囲されている警視庁や首相官邸とかに乗り込んでいって、青年将校たちに、君たちの決起は失敗する、君たちの大半は死刑になり、しかもこの事件を契機に軍部独走態勢がつくりあげられ、日本は泥沼の太平洋戦争へ突入して行くんだと、どれだけ真心をこめて真摯に訴えかけたとしても、彼らは聞く耳を持つまい。狂人扱いされるか、下手をすると殺されてしまうかもしれない」（宮部　二〇〇八頁）。

また、未来についての情報を時間旅行者から知らされていた退役陸軍大将の父（蒲生氏）について、おなじくその情報を父から知らされていた息子は、父が残していた遺書をめぐって次のように（小説のなかでは前後関係は逆だが）語っている。

「父は未来を見たんだ。結果を知っていたんだ。知った上で、何も知らずに生きた人たちが、これから成すことを批判したんだ。父ひとりだけが、言い訳を用意したんだ。抜け駆け以外の何物でもないじゃないか」（六〇九頁）。

「だが僕はこの時代の人間だ。この時代をつくっている臆病者のひとりだ。そして、臆病者としてこの時代を生き抜く義務がある。これから先何が起ころうと、僕は必ず生き抜いてみせる」（六〇九頁）。

これは、歴史の評価について大事なことを語っている。後の時代の人がどんなに批判しようと、当時を生きている人はまさにぎりぎりの決断をしながら生きているのである。清水が論じているのも、このことにほかならない。

9

オーウェル自身は、『動物農場』の「ウクライナ語版のための序文」（一九四七年）において、次のように述べている。

オーウェルは、いろいろと偶然が重なって、ほかの殆どの外国人と違って、国際旅団ではなく、トロツキスト集団とみなされていたＰＯＵＭ義勇軍に加わった。一九三七年の中ごろ、共産党がスペイン政府の部分的な支配権を握って、トロツキストの弾圧を始めたとき、オーウェルと妻は追われる身となる。生きてスペインから脱出できて、一度も逮捕されずにすんだのは、彼自身によれば「ただただ運がよかったのである」。スペインのこうした動きは、「ソ連の大粛清と同時期に進行していて、大粛清の補遺のようなものだった」。しかし、英国では新聞雑誌のモスクワ裁判の報道が真に受けられている。オーウェルは、自身のこの経験によって、「わたしは、ソヴィエト神話が西欧の社会主義運動に与える悪影響をこれまでになくはっきりと理解したのだった」と述べているのである（オーウェル 二二二―二三頁）。

10　たとえば丸山眞男は、一時的な逸脱とみる津田左右吉を批判して、ウルトラ・ナショナリズムが明治以後の国家ないし社会体制の必然的発展だとみている（中島 二〇一八：一四四―四八頁参照）。

11　清水のこの考えは、和辻哲郎の天皇制論にきわめて近いといえよう。「天皇の本質的意義」を「日本国民統合の象徴」とする和辻は、天皇は「日本のピープルの統一の象徴」であって、「必ずしも国家とはかかわらない」としている。そして、次のように述べている。――「それは日本の国家が分裂解体していたときにも厳然として存したのであるから、国家とは次序の異なるものと見られなくてはならない。従ってその統一は政治的な統一ではなくして文化的な統一なのである。日本のピープルは言語や歴史や風習やその他一切の文化活動において一つの文化共同体を形成して来た。このような文化共同体としての国民あるいは民衆の統一、それを天皇が象徴するのである。日本歴史を貫ぬいて存する尊皇の伝統は、このような統一の自覚にほかならない」（和辻 一九四八：三六七頁）。ちなみに、「日本の国家が分裂解体していたとき」というのは、戦国時代が念頭に置かれている。「戦国時代に国家的統一が全然破られていたとき」でも「日本国民」は「一つのまとまった全体」であったのであり、「政治的にバラバラであるということは国民的にバラバラであるということを意味しはしない」とされている（和辻 一九三二：一〇〇―〇一頁）。
　なお、湯浅泰雄は、天皇制についての和辻のこの考えを、和辻の文化的ナショナリズムに結びつけている（湯浅 二六九頁）。そして、湯浅は、文化的ナショナリズムが果した歴史的役割は一定程度認めつつも（三二七頁）、「文化的ナショナリズムというものに潜在するある種の危険性」（三七七頁）について幾度となく指摘している。「文化的ナショナリズムは、民族の文化的伝統と国家の政治体制の微妙なバランスの上に成り立つものであるが、両者の不可分な一体性を絶対化するとき、それは政治的ナショナリズムと国家権力の下僕に化してしまう」（三七七頁）。湯浅が和辻のなかに認めている、文化的ナショナリズムが政治的ナショナリズムに取り込まれてしまうという傾向は、清水のなかにもみられるのではないか、というのが私の見立てである。

12　一九五三年、エリザベス二世の戴冠式出席にあわせて、半年余り外国訪問をした皇太子をめぐっては、七月の学習院大学政経学部教授会で、清水が単位不足を理由に進級を認めなかった、というエピソードがある（一九七五『わが人生の断片』下一二四—一二八頁）。

13　「軍人勅諭」（一八八二年）では「朕は汝等軍人の大元帥なるぞ」とされ、帝国憲法（一八八九年）では「天皇ハ神聖ニシテ侵スベカラズ」されている。これらを継けて、教育勅語（一八九〇年）がある。その教育勅語の「絵」の部分で、臣民の体得すべき徳目の一つとして、「国憲を重んじ、国法に遵い、一旦緩急あらば、義勇公に奉じ、以て天壌無窮の皇運を扶翼すべし」とされているのである（鈴木二〇〇五：六九—七〇頁）。教育勅語は「一旦緩急あれば義勇公に奉じ以て天壌無窮の皇運を扶翼すべし」に端的にみられるように、「忠」を強調する日本的儒教にもとづくものである（森嶋一五四頁）。森嶋通夫によれば、「日本の儒教と中国の儒教は、若干の重要な側面で非常に異なって」おり（一三頁）、「仁の軽視と忠の重視」が、日本の儒教の特徴である（一七頁）。

14　「今や世界の時代は刻々として推移し生存競争は日に、日に激甚を加へんとす。その時に当りて吾人徒らに旧道徳に箇守するは唯時勢に遅るゝことを招くのみ」として、「大悪人」とみなされがちであった清盛の「強き意志」を高く評価していた（一九二二「清盛崇拝論」集⑲一三—一五頁）。

15　デュルケムは、前近代社会と近代社会との落差をとらえながら、「道徳的個人主義」を今後のフランス社会の社会理想とみていた。この点については、中島二〇〇一、中島二〇〇八などを参照のこと。

16　バウマンは、近代社会と現代社会との落差を考察しながら、デュルケムの道徳論を批判し、新たな道徳論を展開した。デュルケムとバウマンとの対比については、中島二〇〇九：第1章、中島二〇二一：

二〇七―一〇頁、などを参照のこと。

17　リオタールのポストモダン論はすでに一九七九年に公刊されている(リオタール 一九七九)。海外文献によく通じている清水ならば、現代社会の位相に気づかないはずはない、と思われるのだが。

18　清水自身、はっきりと、日本が国家たるためには「経済力に相応しい軍事力(物理的暴力)」と「精神的権威」としての天皇が必要である、と述べている(一九八三『現代史の旅』五二頁)。そして、天皇については、次のようにとらえられている。――「ながい歴史を通じて、終始、神道の最高の司祭であられた天皇、敗戦後は、政治的権能を失って、殆ど神道の最高の司祭に徹しておられる天皇の地位を、『象徴』という曖昧なものでなく、『元首』として確定すべきではないか。問題は、憲法第九条だけではないように思われる」(五二頁)。本章での関心は『倫理学ノート』「余白」における清水の問題意識のゆくえを直接的に跡づけることにあるので、教育勅語に焦点をあてながら議論したのである。

19　デュルケムにおいては、エゴイスムは、人間は個人を超えた対象に結びついていないことには生きられないという人間観、アノミーは、どんな生物もその欲求が十分に手段と適合していないかぎり幸福ではないという人間観と、一体となっている(デュルケム 一八九七)。この点については、中島 二〇〇一：三〇―三三頁、中島二〇〇八などを参照のこと。

20　この点については、中島 二〇〇九：終章、を参照のこと。

21　『一九八四年』の読まれ方の変遷については、川端康雄『ジョージ・オーウェル――「人間らしさ」への讃歌』二〇二〇年を参照のこと。
川端は、「いまでは不思議なことに思えるのだが」として、昭和時代中期の日本の論壇でのオーウェル評価について、「政治的左派や進歩的知識人の多くから忌み嫌われていた」としている。とりわけ『一九八四年』のオーウェルは、「『反ソ・反共のイデオローグ』という色眼鏡で見られるようになった」

のである。東西冷戦が始まった時期に、とりわけ米国によって「冷戦プロパガンダ」の材料として用いられたことが影響しているという。「オーウェル年」と呼ばれた一九八四年に目立ったのは、川端によれば、右派陣営の発言であり、それらは『反ソ・反共作家』としてオーウェルを持ち上げ、返す刀でリベラル・左翼を攻撃する」ものであった。これらの多くは、バーナード・クリックの伝記もろくに参照していない、狭隘なオーウェル理解であるとされている。川端は、清水には言及していないので、清水に対していかなる評価をしているのかはわからない。おそらく、当時の清水に対する大方の見方に倣って、右派陣営の発言とみられて無視されたのだろう。その後のオーウェル読解の傾向については、二〇一〇年代には、「反ソ・反共作家」というレッテルはほぼ剥がされ、「言論・表現の自由の擁護者、真実を伝えるジャーナリズム精神の鏡」としての側面が強調されたという（川端 i—iv頁）。ちなみに、清水はクリックによる伝記はもちろん読んでいる。しかも原書で（一九八四『ジョージ・オーウェル「一九八四年」への旅』二四〇頁）。

22　前にも引用した「ウクライナ語版のための序文」で、スペイン内戦での自分の経験を語るのは、「西欧の人びとがソヴィエト体制の実情をちゃんと見るというのが、わたしにはいちばん大事なことなのだった」とするオーウェルは、「社会主義運動の再生をわたしたちが望むのであれば、ソヴィエト神話を破壊するのが肝心であるという確信を、この十年のあいだにわたしは強めてきたのである」としていた（オーウェル　二一三—一六頁）。

23　ナチズムに対するこうした見方は、もちろん、清水だけに見られるものではない。たとえば小室直樹も、一九三〇年代にあってひとり経済法則を理解し、失業を減らし完全雇用を実現させた点で、ヒトラーを評価している（小室　一〇—一一頁）。

24　（第1章で）河村望の日本社会学史研究に触れた際、河村が、「市民社会」論文（一九四〇年）の清水は、国家と市民社会とを区別し、人為的である国家の基礎に市民社会をみようとしている、ととらえている点について、いささか疑問を提示しておいた。ここで、この点についてもう少し詳しく検討しておきたい。

たしかに、清水は、(河村も引用しているように) 論文末尾で次のように述べている。――「現実としての市民社会が最もよく発達したイギリスにあっては嘗て市民社会と政府とを対立せしめた十八世紀の精神が最近に至るまでなほ鞏固な伝統として生きてゐる。国家を飽くまでも人為的なものと見て、その底には或はこれを包み或はこれを支へるものとして巨大な社会を考へて行かうとする方針は、イギリス社会学における国家の問題の中に深く貫徹してゐると見ることが出来よう」(一九四〇「市民社会」集③三八八頁)。しかし、「市民社会」論文は思想史の論文であり、論文末尾のこの主張が清水自身の立脚する立場であったとは見ないほうがよいのではないだろうか。

そもそも、「市民社会」論文では、市民社会の発展の様式はヨーロッパ諸国において異なっているので、社会と国家とに対するドイツとフランスの用語法は異なることが強調されている。フランスでは、社会が国家よりも広い概念であるのに対して、ドイツでは、たいていは国家が社会の上位にたっている。しかも、ドイツ人にとっては、社会は、「常に若干の警戒と疑惑とを以て臨まねばならぬ如きもの」であるのに対して、国家はこれと反対の態度を要求する (三四九―五〇頁)。

イギリス、フランスでは、人間生活の最も根本的な形式として考えられるのは社会であるが、ドイツでは違うのである。清水は、G・ザロモン (Salomon) の言葉を借りて、社会は、「諸個人の浮動的な恣意的な集団生活、彼等の単に経済的な一時的な結合」であるのに対し、国家は「持続的な文化的に規定され拘束され且つ道徳上必然的なゲマインシャフト」であるとしている。市民社会の内部に矛盾が起った場合、イギリスやフランスでは、社会のうちにおいて解決しようと試みる。一方、ドイツでは、「人間を自己に奉仕せしめ得るものは社会ではなくして国家」であり、社会は「単に市民社会であるに過ぎず、それは個人を原理として存すべきものであって、よく個人の上に超出し得べきものではない。〔中略〕市民社会のうちに重大な問題が生ずると信ぜられる時、人々はその解決を社会の外に例えば国家の中に求めねばならぬ」(三六二―六三頁)。清水は、このように、イギリス、フランスとドイツとの違いについて指摘している。

さきほど、本文においてみた、『現代思想』における清水の一九三〇年代のとらえ方、このあとすぐ本文で述べる、「市民社会」論文と同じ年に発表された『社会的人間論』(一九四〇年）における「基礎的社会」の位置づけをみれば、少なくとも高度大衆消費社会を批判するにあたって、清水は、フランスやイギリスではなく、ドイツの考え方に立脚しているといえよう。

25

清水の基礎的社会のとらえ方には、昭和研究会と三木清の影響がみられるかもしれない。

清水も参加した昭和研究会（一九三六年設立）について、石田雄は、多様な思想傾向の人々から成っていたが、「端的にそのイデオロギー的機能を要約すれば、『協同主義』は国内において有機的調和秩序を強調し、東亜協同体論という対外面においては対立ではなく協力をという名の下に日本のアジアにおける主導権を正当化する役割を果したといえる」と述べている（石田 一三三―三四頁)。石田は、こうした考えの基礎に、日本においては、「民族」あるいは「国民協同体」と「国家」とが峻別されず、一九三〇年代初めに「階級」が「民族」によってとってかわられる過程――佐野・鍋山の獄中転向文書の題にある「日本民族及び其労働者階級」が、天皇制を支持し、日本民族の膨張を期待する特殊な労働者階級を意味していたことに象徴されている――で「国家」と「社会」との区別もあいまいになり、「民族」と重なりあることとなったことを指摘している（一二九―三一頁)。

清水の場合も、基礎的社会の考え方にみられるように、国家と社会との区別はあいまいであり、しかもこの基礎的社会は、最も外部にあるが同時に内部にあるという位置づけがなされ、まさに（三木のいう）

「協同の思想」に呼応しているといえるのではないか。三木は、『新日本の思想原理　続編』（一九三九年）において、次のように述べていた。――「今日の如き重大なる時期に於ては、抽象的に日本精神の昂揚を求めるのみでなく、これに今日の生命を与へるべき新しい内容を創造することが必要なのである。……帰一と云ひ、王道と云ひ、その根柢には極めて実践的なる協同の思想が働いてゐるのである」（一九七四「三木清と昭和研究会」『私の社会学者たち』一八七頁より）。

26　註15参照。

27　とはいえ、清水においては、人間的自然は、ミルからコントへと位置づけが変化している点が重視されていることを忘れてはならない（一九六九「最終講義　オーギュスト・コント」『無思想時代の思想』二〇三―〇五頁）。コントにおいては、人間的自然は脇役である。フランス革命の経験によって、重点は人間的自然から歴史へと移されているのである。人間的自然は、歴史的予測をチェックするという機能を与えられているにすぎない。その意味で、内村は、コントにおける人間的自然にウェイトを置きすぎている憾みなしとしない。

28　この系譜は、菅だけにみられるものではない。のちの加藤典洋の「私利私欲」をめぐる議論もこの文脈でとらえることができるだろう。たとえば、加藤典洋『戦後的思考』一九九九年など。

29　コミュニタリアニズムは個人の価値を重視しないとするのは、あまりに狭い見方である。たとえば、フランス社会をまとめるべき信条として、デュルケムが「道徳的個人主義」を押し出したのは、コミュニタリアンの立場からリベラルな価値を擁護したものとして位置づけることができる。この論点については、中島［二〇〇一：六一―六四頁を参照のこと。

なお、コミュニタリアニズムに対してさまざまな誤解があることについては、菊池理夫『日本を甦らせる政治思想』二〇〇七年も参照のこと。

30 清水は、一九七五年にブラジルを旅行している。それは、ブラジルのコント主義者、人類教信者を訪ねる旅であった。訪問を果したあと、清水は、こう述べている。――「身体中の力が抜けてしまった。四十日を越える旅行で疲れ切った私を、何とか内部で支えていたものが、一度にフッと消えてしまった。時計を見ると、教会にいたのは一時間半である。この一時間半が、〔中略〕私を支え、私を引っぱって来たのである。その一時間半が終ってみると、もう何もない」(一九七七『昨日の旅』一五七頁)。清水のコントへの思い入れのほどが知られよう。

終章　結びにかえて――思想の一貫性との関連で

清水の思想を、ベースとなるプラグマティズムによる思想と行動との連結、知識人と大衆との関係をめぐる知識人論（知識人／大衆図式）、貴族たれという大衆批判（貴族／大衆図式）を中心にみてきた。

従来、知識人／大衆図式と貴族／大衆図式とは混同されがちであり、清水が晩年にはついに、知識人は貴族であって大衆を批判する位置にあるかのような主張をしている、というとらえ方がなされてきた。二つの図式は、焦点をあてている局面がまったく異なる。前者は、知識人と大衆の関係のありようについて、後者は、求められる人間のありかたについて、である。もちろん、後者についても知識人は無関係ではない。人間のあり方として貴族と大衆を区別すべきだと主張するのは、知識人たる清水自身であるからだ。とはいえ、（オルテガも述べているように）いわゆる知識人であっても大衆であることは、当然ありうる。知識人＝貴族と即断してはならない。二つの図式を区別することが重要なのである。前者は知識人論、後者は（高度大衆消費社会における）大衆論だともいえる。清水の立場が前者から後者へと変化していったのではなく、後者が登場しても前者は清水のなかで残っていた。異なった側面をとらえた別の図式として、並存していた。

知識人の社会批判——知識人による説得ということ

ここでは、まず、貴族／大衆図式が登場しても同時並行的に存在していた知識人／大衆図式をめぐる清水の考えの意義についてまとめておこう。

知識人／大衆図式にかかわる、知識人と大衆との関係、すなわち知識人の社会批判のありようについて、考えられるパターンは以下の三つであろう。

①大衆に迎合した、大衆の単なる代弁者としての知識人

②大衆を切り捨てて（見ないで）、上から啓蒙する知識人

③大衆を理解したうえで（繰り込んで）、大衆を一歩前へ進める知識人

①は代弁であって批判ではない。大衆＝知識人となってしまう（もちろん、大衆の代弁者であることによって、大衆を繰り込んでいない考えに対する批判とはなるが、ここには、知識人固有の意義はない）。②は外在的な批判であって、魅力的な社会批判ではない。③をより正確にとらえることが大事だろう。

③の知識人は、まさにエピグラフに掲げた西部のいう知識人像ではないだろうか。これは、私の清水像でもある。――「伝統の精髄が庶民の常識および良識によって支えられていることを期待して、知識そのものを懐疑しつづけるのが知識人である。しかし同時に、彼らは庶民のコモンセンスおよびボンサンスに的確な表現を与える仕事をすすんで引き受けたために、知識を信頼せずにはおれないのである」（西部邁『大衆社会のゆくえ』一九八六年）。

（第2章でもみたように）清水は、内と外の境界に立っているものとして知識人を位置づけているのである[1]。大衆を説得すること、そのためにレトリックが重要であるということも、こうした文脈で容易く理解されるであろう。説得は、外部からのイデオロギー注入とはまったく異なるのである。

清水がこうした知識人観に立っているのは、彼の出身階層も関係しているだろう。清水は下町の生れである。山の手を意識せざるをえない。それでも、というべきか、それゆえ、というべきか、知識人になることには、〝うしろめたさ〟が伴う。――「私のように、下町の貧しい生活の中で学問に志すということになると、そこで事柄は非常に面倒になる。学問は、所詮、下町とは関係のないもの、山の手のもの――いや、山の手を越えて遠い西洋のもの――なのであるから。私は一方で軽蔑しながら、他方で頭を下げねばならない」（一九七六『この歳月』一三七頁）。「一族で初めての大学生[2]」でもある。府立一中4年で一高の受験に失敗したとき、伯父の井上亀六（当時、政教社『日本及び日本人』の社主）に、「眞男、落ちてよかった。秀才じゃないほうがいいんだ。秀才が日本を毒した」、と言われた丸山眞男などとは、出自が異なる[3]。

吉本隆明の言い方を借りれば、大衆の存在様式から知識人の存在様式への上昇は自然過程であって倫理的なものなどではない[4]。清水は、自分もまた庶民であると述べていた。その出自を忘れられない、忘れないということである。

知識人による大衆の説得の重要性は、こうした文脈でとらえられよう。知識人になったのは自然過程である。大衆から脱出してしまった。でも、知識人でありつづけるためには、大衆を繰り込む。そのための説得ということなのである。

ちなみに、清水は内灘の基地問題に関わった。しかし内灘村長から痛い批判を浴びせられた。当事者から批判されると動揺するのも、説得を大事だと考えていたからにほかならない。

知識人／大衆図式においても、清水は、出自を忘れることなく、しかし知識人であろうとした。しかも、（序章の註でもみたように）清水の営為は、「透明な真空の中のことではなく、混沌たる状況の中のこと」（一九八八「若き読書子に告ぐ」集⑲二四三頁）であった。その主張への賛成・反対にかかわらず、その知識人としての営為は評価しなくてはならないのではないか。

思想の（非）一貫性をめぐって

清水は、思想の一貫性に拘ることはなかった。このことは、知識人／大衆図式による知識人批判に関係している。

主張の一貫性を清水が求めるのではないのは、確かである。とはいえ、「自己の過去の思想と対決するといった思想的誠実さが微塵もなかった」とする天野の指摘も、ある意味あたっている。体系／経験の対比にもとづき、経験を重視し、経験と思想（論理）との関連を重視する清水は、経験Ⅰ＝思想Ⅰから経験Ⅱ＝思想Ⅱへの移行の〈あいだ〉を問い詰めることがなかったのではないか——。

清水自身、プラグマティズムを信条としていると、「思想的な行き詰りというほどのもの」は起らないとしている。一元的説明とか、システムとしての整合性には拘らないからだ、と（一九七五『わが人生の断片』下二二四頁）。一元的説明とか、システムとしての整合性に拘らないからこそ、思想Ⅰから思想Ⅱへの移行はスムースである。

この立場は、（丸山眞男がかつてそのタイトルの論文を書いたことがある）「『現実』主義の陥穽」の危険と隣り合わせであろう[5]。自分と無関係に流れていく潮流にその都度合わせるという立場である。

もちろん、どの潮流を〝新しいものの経験〟としてとらえるかという点には、主体の選択が関係していることであろう。しかし、清水流プラグマティズムの立場は、その選択を突き詰める作業を必要としないのである。現実はもはやそうなっている、ということで済まされるのである。

上述したことは、以下のように図式化できよう――

思想ⅠあるいはプロブレマティークⅠ
←　↑新たな経験
思想ⅡあるいはプロブレマティークⅡ

新たな経験によって思想あるいはそれを支えているプロブレマティーク（問いの立て方）が変更される。清水は、その際、プロブレマティークⅠからプロブレマティークⅡへすぐさま移行して、Ⅰをひきずることがない。

清水は、（第2章でみたように）戦争・敗戦が国民にとって完全なクライシスとならなかったことを批判的に述べていたが（一九四八「匿名の思想」『日本的なるもの』一七一頁）、清水本人にとっても、完全なクライシスとはならなかったということではないのか。

さらにこの点を詳しくみれば――

(a) ⅠからⅡへいかに変わったかについて、他者を説得できる必要がある。清水自身も、ヴィーコに拠りつつ他者の説得を重視している。

(b) このとき、説得すべき他者はとりわけ〈生活によって大衆であったもの〉――これは、〈思想によって知識人であったもの〉に対比される[6]――であり、思想レヴェルで説得することはできないはずである。

(c) 清水が眼を向けているのは、思想レヴェル（理論レヴェル・理念レヴェル）である。

(d) 思想Ⅰを信じていた大衆は、すぐさま思想Ⅱ（とりわけ、そこでの新しい価値＝価値Ⅱ）に乗り移ることができるのだろうか？

(e) 価値Ⅱに対して、知識人でも不信の眼をもつこともある。大衆ならなおさらである。価値Ⅰ（旧価値）を信じていた自分はどうすればいいのか！

(f) 清水の図式は、価値Ⅰを信じた者たちを繰り込んでいかない。価値Ⅰを信じた者たちというのは、かつて信じていた自分でもあるはずだ。しかし、清水は価値Ⅱにすぐさま移行する。価値Ⅰをひきずり価値Ⅱへ移行できない者たちがいることを無視する。つまり、価値の担い手が価値Ⅰと価値Ⅱに分裂してしまう事態について、まったく考慮していないのである。

この点についての理解の手がかりは、〈経験、この人間的なもの〉という墓碑銘にもみられるように、清水が経験を重視していることにあるのではないか。清水のいう経験が何を意味しているかという点に、手がかりがあるのではないか。

新しさの経験に対比されるのは体系であり、体系とは「経験への免疫」であった。新しさの経験が何を意味するかを探るのが大事である。その意味とは、新たな環境、新たな適応条件を見出すことである。このことは、経験が第二次社会化としてあることを意味する。経験とは、新たな環境にそのつど適応していくことなのである。

このとき、鶴見俊輔や加藤典洋（『敗者の想像力』二〇一七年）が強調するような「敗者の想像力[7]」は働きにくいのではないか。鶴見は、関川夏央との対談で次のように語っている。――「こういう間違いを自分がした。その記憶が自分の中にはっきりある。こういう間違いがあって、こういう間違いがある。いまも間違いがあるだろう。その間違いは、いままでの間違い方からいってどういうものだろうかと推し量る。ゆっくり考えていけば、それがある方向を指している。それが真理の方向になる。／これは、わたしの考えです。だから真理を方向感覚と考える。その場合、間違いの記憶を保っていることが必要なんだ。これは消極的能力でしょう。〔中略〕負けたことは忘れない、失敗したことは忘れない。これが消極的能力だ」（鶴見・関川　八二―八三頁）。

清水の場合、「間違いの記憶を保っていること」よりも、間違いに気づいたらすぐ改める、新しい考えに飛びつく、引きずらない、というところに力点がおかれるのである。

この文脈でみるとき、清水の自己分析はとても興味深い。

清水は、自分の「行動のパターン」を、「何か小さな刺戟が与えられると、咄嗟に大きく反応し、その場で決心して、或る方向へ無我夢中で駆け出して行く。自慢にもならないが、駆け出して行くスピードは相当に速い」ととらえている。壁にぶつかると、「今度こそは、と新しい方向へ駆け出して行」き、また壁にぶつかり……ということの繰り返しであり、「そのたびに新しい友人を得る代りに古い友人を失っている」という（一九七五『わが人生の断片』下二九七―九八頁）。これまで論じてきたことからみても、よくできた自己分析ではないだろうか。清水は、「空想的な猪突盲信主義者」という意味で、自分はドン・キホーテではないか、と反省したことが何度もある、と述べてもいた（一九七七『昨日の旅』二六九頁）。（猪突「猛進」ではないので、念のために。）

経験をめぐって――藤田省三との比較で

清水の強調する経験に、もう少し、拘っておきたい。

経験という言葉はありふれた日常語であり、誰でも使っている言葉である。それゆえ、その言葉の意味内容を必ずしもきちんと明確に定義したうえで使っているわけではない。とはいえ、その経験という言葉が学問的な用語として用いられる場合もないわけではない。というよりも、社会科学の場合、日常語を学問語として鍛えなおすことの方が、多いかもしれない。

経験ということの重要性を指摘しているのは、清水だけではない。藤田省三もまた、経験という言葉をキータームとして使っている。しかし、その意味するところは、とうぜん予想されるように、清水のそれと同じではない。藤田の用法をごく簡単にみることによって、清水の経験概念を明確にしておこう。

藤田は、今日（論文初出の時点一九八二年）では、経験が発生する機会は大きく閉ざされているという。このとき、経験とは、「物事との自由な出遭いに始まって物や事態と相互的に交渉する」ことを意味し、「物事は、元来それが人間の側の手前勝手な目論見を超えた独立の他者であるからこそ物とか事とか呼ばれ、それとの遭遇と交渉を通して私たちは経験を生きる」とされる（藤田 一九八二：八―九頁）。しかし、今日、この「原理上の予測不可能性」が排除されている。だからこそ、経験が発生する機会が閉ざされるのである。なぜか？ それは、「すっぽりと全身的に所属する保育機関が階段状に積み上げられたような形の社会機構が出来上がっていて、成熟の母胎である自由な経験が行なわれにくくなっているからである」（七頁）。そうした状況を、藤田はR・セネットの言葉を用いて、「安楽への自発的隷属」と呼んでいる。このとき、「精神の『成年式』」はおこなわれなくなる。「自由な経験だけがもたらす『成年』への飛躍は起こらない」のである（一一頁）。「精神の『成年式』」とは、「混沌の苦痛（苦難）の最中で物事の諸特徴を見詰め、それを身に附け、手篭には出来ない独立の他者である物事から伝わって来るものを、自分の意図の世界に繰り入れ、こちら側と物事の世界との相互制約を経て、両者の統合を内部に達成すること」であり、その統合が成し遂げられたあかつきには、「根本的価値の放棄や権力への内面の屈服や表面的状況への便乗は起こらない」とされている（一一―一二頁）。いわば確固とした精神の確立ということであろう。それが、経験が訪れることのない「機構化され切った社会」では不可能になっている、というのである（一六頁）。

このようにみていくと、藤田の経験概念と清水のそれとのあいだには大きな違いがあることがわかってくる。藤田が焦点をあてているのは、確固とした精神の確立であった。そのためには、他者そのものである事物との遭遇・交渉が不可欠という主張であった。精神が確立すれば、状況に左右されることもない、という主張である。

これに対して、清水が焦点を当てるのは、状況に左右されないことよりも、むしろ新たな状況に柔軟に対応することである。状況の新しさに気づくことがむしろ経験ということなのである。原理に固執して、新しさをみることのできない、経験への免疫性こそ、清水が批判するものである。清水においては、新しい状況への適応ということが重視されているのである。どちらの経験概念が優れているかどうかは、ここでは問題ではない。違いを違いとして押えておくべきであり、違いをみることによって、それぞれの主張が明確になるということである。

このように大きな違いがあるにもかかわらず、清水と藤田とのあいだには問題関心の類似性がみられることが興味深い。

藤田によれば、今日（論文初出の時点一九八五年）の社会は、「不快の源そのものを追放しようとする結果、不快のない状態としての『安楽』すなわちどこまでも括弧つきの唯々一面的な『安楽』を優先的価値として追求」しており、「安楽への隷属状態」となっている（藤田二〇一四：三二一―三二二頁）。「心の自足的安らぎは消滅して『安楽』への狂おしい追求と『安楽』喪失への焦立った不安が却て心中を満た」す、「『安らぎを失った安楽』という前古未曾有の逆説」が出現しているのである（三二一―三二三頁）。こうした診断は、さきにみた、経験の不可能な現代社会に住む人々を、その精神状態においてとらえたものであるといえよう。

こうした「分断された利那的享受の無限連鎖」の社会においては、「物事成就に至る紆余曲折の克服から生まれる感情」である「喜び」が消滅するだけでないとして、藤田は次のようにいう（三六頁）。――「克服の過程が否応なく含む一定の『忍耐』、様々な『工夫』、そして曲折を越えていく

『持続』などの幾つものの徳が同時にまとめて喪われているのである」と。

「物事成就に至る紆余曲折の克服」という、前にでた用語によれば「経験」は、「幾つもの徳」をもたらしたという、藤田のこの主張は、道徳の創造の主張に至る清水の議論を思い出させるのではないだろうか。清水によれば、餓死への恐怖の消失、完全雇用の社会の出現、すなわち高度大衆消費社会が、労働ということを通して確保されていた行為規則のシステムとしての道徳を解体したのであった（一九七二『倫理学ノート』四二七頁）。藤田のいう「徳」も、清水のいう「道徳」も、さほど違いはないだろう。「徳」や「道徳」の喪失・解体という問題意識ということである。

しかし、こういう問題意識への解答をどうとらえるかという点で、両者はまったく異なった方向をとることになる。清水が向ったのは国家であった。しかし、藤田にとっては、国家は、安楽を保護してくれる「利益保護者」の系列上のものにほかならない。「安楽への隷属状態」のもとでは、「国家への依存感覚」は社会全般にわたって強まってきているのである。「国家は安楽保護者の名の下に、本当は別の理由に基づいている無益な軍備増強を正当づけようと図っている」のが現在なのである（藤田二〇一四：三九―四〇頁）。別の論文では、国家について次のような位置づけがされている。――「生き方についての精神的骨格が無くなった社会状態」は、「一定の様式を持った生活の組織体ではない」から、「十分な意味ではもはや社会とは言い難い」。藤田によれば、こういうときにこそ、「社会の外側から『生活に目標を』与えてやろうという素振りをもって『国家のため』という紛いの『価値』が横行し始める。そうなると社会の再生はひどく難しくなる。国家とは機械的な装置なのだから、『国家のために生活する』ということは即ち生活が機械的装置の末端機関と化すことを意味するだけである。生活組織と生活様式の独立性はここでは崩れ去る他ない」(藤田一九八一：一二頁)。ここに示されているのは、オルテガとの対比でもみた、清水による国家への依拠とは大きく異なる、藤田のスタンスにほかならない。

清水と藤田は、一見同じような問題意識に立ちながら、そもそもの問題の立て方が異なるがゆえに、向う方向もまったく別の、対立したものになっているのである。もちろん、ここでも、私の関心は両者の優劣にではなく、両者の違いをとおして清水のスタンスを明確にすることである。

ここで問題になっているのは、経験が累積されるものなのか、上書きされるものなのか、という点である。経験の累積／経験の上書きという対比にほかならない。藤田は前者であるのに対して、清水は後者である。上書きされれば以前のものは消えてしまう。しかし、日常生活でも、経験ということにとくに言及されるときには、前者の意味で使われることが多いのではないか。たとえば、「ある時、ある所で、君がある感動を受けたという、繰りかえすことのない、ただ一度の経験の中に、その時だけにとどまらない意味のあることがわかってくる」(吉野源三郎 五四頁) といったような使い方[8]は、日常生活でわりにみられるのではないか。清水の経験の用法は、これとは少し違うことに留意したい。

転向をめぐって

一方、（第４章で詳しく論じたように）現代社会への危機認識からなされた、貴族／大衆図式による大衆批判においては、清水は、ついには教育勅語の復権を主張するに至った。それがまた多くの人々を当惑させた。しかし、プラグマティズムの立場である清水自身には当惑はなかった。そうした、あっけらかんとした、変わり身の早さこそ、人々の当惑の根っこにあるだろう。ここでも、知識人／大衆図式に関連してみた、清水のプラグマティズムの立場が「転向」の背後にあるということができよう。

清水に対しては「転向」ということが指摘される。もちろん、批判的文脈においてである。しかし、（すでに述べたように）清水は「転向」することをまったく気にしない。ヴィーコやヴィトゲンシュタインなど、転向した学者に好意的でもあった。

清水は、『日本よ 国家たれ』の「『節操』と経験――『あとがき』に代えて」という文章において、自分にしばしば投げかけられた「無節操」という批判について言及している。清水にとっては、「節操とは、『自分の経験への忠実』」のことであり、清水の知識人としての生涯は「経験の成長の緩慢な過程」にほかならない。「節操」や「無節操」という、「人間が一生に一度か二度しか使えない重たい言葉」をもし使いたいのであれば、自分（清水）のこの「過程」を十分に吟味してから使うがよい、と清水は主張する（一九八〇『日本よ 国家たれ』二六三―六五頁）。経験は「愚者の学校」であるという言い方があるが、清水は、この言い方を聞くと「反吐が出そうになる」という。経験は「愚者の学校」ではなく、まさに「人間の学校」なのだ（一九八四『ジョージ・オーウェル「一九八四年」への旅』一四三―四四頁）。「頑に古い自分を守」ることを「節操」と称する人間もいるにはいる（一四一頁）。しかし、清水からすれば、とんでもないことである。自分に対して安易に「無節操」などという言葉を使ってもらっては困る、というのが清水の言いたいことである。

ヴィーコの転向に触れて、清水は書いている。――「いかなる観念もリアリティの抽象的な近似であり、また、観念に黙ってリアリティが歩き出すものである以上、リアリティとのタッチを確めようとする人間は、一生のうちのどこかで転向しなければならない。それも、一度で済むとは限らない。転向の能力があれば、二度でも三度でも、彼は転向するであろう」（一九七二『倫理学ノート』三〇三頁）。

清水のこうした考えの背後にはプラグマティズムがあったのである。第1章でみたように、戦争との対応さえも、こうした観点からなされたのである。プラグマティストであることのアンビヴァレンスとして清水思想はあるといえよう。

結語

本書の清水幾太郎論は、清水の、知識人に抗した、とはいえやはり（もちろん別タイプの）知識人としての闘いの軌跡、およびその限界を、伝記的にとらえていくのではなく、その思惟構造からとらえようとした。

小熊英二は、「清水には、思想家としてのオリジナリティや一貫性は、存在するとは言いがたい」と述べている（小熊 二〇〇三：七九頁）。小熊の評価の背景には、そもそも「思想」は一貫しているものであり、「戦後思想」とは「戦争体験の思想化」のことである、とする考え方がある（九五頁）。この観点から、知識人清水の「軌跡」は、「戦後日本の革新ナショナリズム論者の一人が時代の変遷のなかで自説の社会的基盤を失い、漂流と『適応』を重ねていった事例であったともいえる」と位置づけられるのである（八〇頁）。

しかし、体系／経験の対比にもみられたように、思想の「一貫性」については、清水はそもそも求めていなかった。「思想家」の標識が「一貫性」であるならば、清水はあきらかに「思想家」ではない。とはいえ、清水は、序章でみたような意味では、確実に〈思想家〉であった。清水は、生涯、「混沌としての現実を一篇のドラマに仕立て上げる活動」に従事したのである。「思想家」か〈思想家〉かについてはともかくとして、清水が、言論で生きている知識人であることは間違いないところだろう。清水の、〈知識人に抗して、とはいえ知識人として〉の〈闘い〉を評価するためには、華々しい活動とその後の沈滞という表面のあらわれによってではなく、その裏にある思惟構造を明らかにしていく必要がある。――これが、本書で目指してきたことである。

註

1 丸山眞男も、知識人を、内と外のあいだに立つものとして位置づけている。中島二〇一八：第三章を参照。

2 鹿島茂が、吉本隆明について述べた言葉である。鹿島二〇〇九：四二三頁を参照。

3 このエピソードについては、丸山自身が語っている。松沢弘陽・植手通有編 三五頁。

4 鹿島 二〇〇九：第8章を参照。

5 丸山眞男 一九五二「『現実』主義の陥穽」『丸山眞男集』第五巻、一九九五年。中島二〇一八：一〇九―一一五頁も参照のこと。

6 吉本隆明の用語である（吉本 一九六三：二四八頁）。

7 鶴見は、「敗者の想像力」という言葉を、一九九七年におこなわれた、関川夏央との対談で用いている（鶴見・関川 八四―八五頁）。

8 この部分は、『君たちはどう生きるか』において、「真実の経験」について、叔父さんがコペル君に語っているところである。

あとがき

私の清水論には新しい伝記的事実の発見はまったくない。ある人の生涯（および、それに付随してその思想）を、社会の出来事との関連で描くいわゆる評伝を読むのは好きだが、自分ではそれをやってみる気はない。関心が違うのである。私自身は、当該の思想家の思想の骨組み、思惟構造をとりだしたいのである。とはいえ、思惟構造をつかまえるためには、伝記的事実はきちんとつかんでいなくてはならないだろう。

松本清張の鷗外論（『両像・森鷗外』一九九七年）を引っ張りだしてきて読んでいたところ、私の研究にも大いに関係してくるものがあることに気がついた。

この本のなかで、清張は鷗外研究者を痛烈に批判するのである。彼の批判が正しいのかどうかを私自身は適切に判断できないが、なるほど思わせる点が多々あった。いくつか拾いだしてみよう。

近衛師団軍医部長だった鷗外が、小倉の第十二師団軍医部長に転じたことについて、多くの評伝は「左遷」ととらえる。しかし、そうだろうかと清張は疑問を投げかけるのである。そして、ある医師（浅井卓夫）の説に拠りつつ、従来の文学者による「鷗外論」の多くは、陸軍軍医界の序列を重視した人事のあり方、日露開戦との関連でみた小倉の重要性を無視したものとなっているという。鷗外自身は「左遷」の境地にあったことは事実であるけれども、とびぬけた抜擢はありえない官僚の秩序世界では当然ともいえる人事であった、と（一〇八―一一一頁）。

鷗外の作品「安部一族」についても、「安部茶事談」といういわばタネ本があり、安部一族の人物は鷗外の創作ではない。書かれているのは、江戸時代の殉死の実態であって、鷗外研究者がみようとするような、肯定とか否定とかという鷗外自身のスタンスとは関係がない（一三一―四一頁）。

もう一つだけ――。鷗外の「渋江抽斎」は、抽斎の息子（渋江保）が鷗外の要請によって書いた三篇の資料に拠っている。文学的な人物性格の描出があるとするならば、それは鷗外の力ではなく、抽斎の息子の力であると指摘する論文（著者は一戸務）の重要性を、清張は強調するのである。このことを無視した「渋江抽斎論」は意味がない（一六九―七四頁）。ちなみに、清張によれば、東京大学図書館にある鷗外文庫にある渋江保の三資料の閲覧は、過去二十年間（清張のこの本の元になっているのは、一九八五年の雑誌連載）にわずか三件しかないという。清張はこう続けている。――「アマチュアならともかく、もし鷗外研究家と目される諸家がこの根本資料をみないで『渋江抽斎』を論じてきたとすれば、ふしぎな感じがする」(一八一頁)。

思惟構造の研究などといっても、想像をたくましくして威勢よく論じていてはならない。それは、その時々の社会の動き、同時代の諸思想の動き等を十分に踏まえたうえでということが、前提となる。私自身、その点は意識してきたつもりではあるが、はたして結果はどうか。清張の鷗外論を楽しく読みながら、この点を改めて意識した次第である。

本書の関心領域は、清水の知識人論および倫理・道徳論である。この二つは、清水を理解するためにとりわけ重要な領域である。後者については、これまで十分に検討されることはなかったし、前者についても、政治運動との関連で表面的にとらえられることが多かったように思う。知識人論と倫理・道徳論をきちんとおさえれば、清水の意義——あえて現代的意義といってもいいと思う——は見出しうるのではないか。

限られた、とはいえ私個人は勘所だと考えている領域に絞って、その思惟構造を解明せんとした本書の清水論が、従来の清水論を補完する一つの読み方となっていれば幸いである。

(二〇二一年四月)

すべての原稿を仕上げてから一年余りが過ぎた。

いま、私は、本書で対象とした清水幾太郎、その前に扱った丸山眞男、この二人にさらに柳田國男を加えると、日本の「近代」について意義ある「三角測量」——川田順造のいう——ができるのではないかと考えているところである。二つの参照点によって他の一つをより相対化・対象化できる「三角測量」によって、単純化に陥ることなく「近代」を豊かにとらえることができるのではないか——。

本書は書下ろしである。出版事情がきわめて困難ななか、今回もまた、東信堂のお世話になることができたのはたいへん有難いことであった。社長の下田勝司氏には心から感謝を申しあげたい。

二〇二三年五月三〇日

中島道男

文献一覧

■清水幾太郎の著作

清水の文献リストは、本書で引用・言及したものに限定し、著書と論文等とに分けて記載した。清水の場合、同じ著作が複数の出版社から出されていることも少なくないが、あくまでも本書で参照したものを掲げた。

論文等については、著書に収録されているものについても掲げ、各論文の末尾には本書で参照した著書等の情報を括弧書きで記載した。

なお、清水の詳細な著作一覧（清水禮子・清水真木作成）は、『清水幾太郎著作集』19にある。

●著書

一九二九『心理学概論』(下地寛令との共著)

一九三三『社会学批判序説』(集①所収)

一九三五『社会と個人——社会学成立史　上巻』(集①所収)

一九三七『青年の世界』(集②所収)

一九三七『流言蜚語』(『流言蜚語』ちくま学芸文庫（オリジナル編集）二〇一一年)

一九三九『現代の精神』(集③所収)

一九四〇『社会的人間論』(引用は、一九七三『社会的人間論』角川文庫、改版6版から)

一九四〇『組織の条件』(集⑤所収)
一九四六『民主主義の哲学』中央公論社
一九四九『ジャーナリズム』(集⑨所収)
一九四九『私の読書と人生』(集⑥所収)
一九五〇『愛国心』岩波新書（改版とは頁数がズレる）
一九五〇『社会学講義』岩波書店
一九五一『私の社会観』(引用は、一九五四『私の社会観』角川文庫から)
一九五一『社会心理学』岩波書店
一九五三『現代文明論』岩波書店
一九五六『私の心の遍歴』(集⑩所収)
一九五九『現代思想入門』岩波書店
一九六五『精神の離陸』(集⑪所収)
一九六六『現代思想』(上）岩波書店
一九六六『現代思想』(下）岩波書店
一九六八『日本的なるもの』潮新書
一九七二『本はどう読むか』講談社現代新書
一九七二『倫理学ノート』(引用は、二〇〇〇『倫理学ノート』講談社学術文庫から)
一九七五『無思想時代の思想――わが精神の放浪記2』中央公論社
一九七五『日本人の突破口――わが精神の放浪記1』中央公論社
一九七五『わが人生の断片』(上）文藝春秋

一九七五『わが人生の断片』(下) 文藝春秋
一九七六『この歳月』中央公論社
一九七七『昨日の旅』文藝春秋
一九七七『日本語の技術――私の文章作法』ごま書房
一九七八『オーギュスト・コント』岩波新書
一九八〇『戦後を疑う』講談社
一九八〇『日本よ 国家たれ――核の選択』文藝春秋
一九八三『現代史の旅』文藝春秋
一九八四『ジョージ・オーウェル「一九八四年」への旅』文藝春秋
一九八六『私の社会学者たち――ヴィーコ・コント・デューウィほか』筑摩書房

一九九二―九三『清水幾太郎著作集』(全19巻) 講談社 (各巻末に清水禮子による「解題」がある)

●論文等

一九二二「清盛崇拝論」(集⑲所収)
一九三一「オーギュスト・コントに於ける秩序と進歩」『思想』8月号
一九三三「社会学としての史的唯物論」『唯物論研究』3号
一九三三「史的唯物論と社会学――大森氏は社会学を如何に遇するか」『唯物論研究』6号
一九三八「日本の知識階級は何故眠っているのか」(一九三九『現代の精神』集③所収)

一九三八「公と私の問題」(一九四〇『組織の条件』集⑤所収)
一九三八「東洋の発見と創造」(一九三九『現代の精神』集③所収)
一九三八「東洋人の運命」(一九三九『現代の精神』集③所収)
一九三九「日本精神」論文(一九四〇『組織の条件』集⑤所収)
一九三九「転換期の思想形態」(一九三九『現代の精神』集③所収)
一九三九「戦争と文化」(一九三九『現代の精神』集③所収)
一九三九「革新理念とヒューマニズム」(一九三九『現代の精神』集③所収)
一九四〇「国内文化の刷新」(一九四〇『組織の条件』集⑤所収)
一九四〇「歴史的精神」(一九四〇『組織の条件』集⑤所収)
一九四〇「知識階級と新生活運動」(一九四〇『組織の条件』集⑤所収)
一九四〇「日本の進路」(一九四〇『組織の条件』集⑤所収)
一九四〇「市民社会」(集③所収)
一九四〇「組織の条件」(一九四〇『組織の条件』集⑤所収)
一九四一「凡人の哲学」(一九四六『民主主義の哲学』所収)
一九四一「現代アメリカの倫理思想」(一九四六『民主主義の哲学』所収)
一九四六「二十世紀思想としてのアメリカ思想」(一九四六『民主主義の哲学』所収)
一九四八「匿名の思想」(一九六八『日本的なるもの』所収)
一九五〇「庶民」(一九六八『日本的なるもの』所収)
一九五〇「二十世紀の精神」(一九五一『私の社会観』所収)
一九五〇「運命の岐路に立ちて」(一九五一『私の社会観』所収)

一九五一「私の社会観」（一九五一『私の社会観』所収）
一九五三「占領下の天皇」（一九五三『現代文明論』所収）
一九五三「内灘」（一九五三『現代文明論』所収）
一九五三「中山村長への手紙」（一九五三『現代文明論』所収）
一九五七「最近の内灘」『世界』4月号
一九五七「ウチナーダとスナカーワ」（一九七五『日本人の突破口――わが精神の放浪記1』所収）
一九五七「デューウィの思想」（一九八六『私の社会学者たち――ヴィーコ・コント・デューウィほか』所収）
一九五七「日本の革命」（一九五九『現代思想入門』所収）
一九五八「日本人の突破口」（一九七五『日本人の突破口――わが精神の放浪記1』所収）
一九五八「テレビジョン時代」『思想』11月号（特集「マス・メディアとしてのテレビジョン」）
一九五九「機械について――現代思想研究ノート」（集⑪所収）
一九六〇「日本人の自然観――関東大震災」（一九六八『日本的なるもの』所収）
一九六〇「今こそ国会へ――請願のすすめ」（集⑩所収）
一九六〇「安保戦争の『不幸な主役』――安保闘争はなぜ挫折したか・私小説風な総括」（一九七五『無思想時代の思想――わが精神の放浪記2』所収）
一九六〇「大衆社会論の勝利――安保改定阻止闘争の中で」（集⑩所収）
一九六一「安保闘争一年後の思想――政治のなかの知識人」（一九七五『無思想時代の思想――わが精神の放浪記2』所収）
一九六二「〔訳者〕はしがき」、カー、E・H『歴史とは何か』（清水幾太郎訳）岩波新書
一九六二「理論と実践――経験のスケッチ」（集⑪所収）

一九六三「無思想時代の思想」(一九七五『無思想時代の思想――わが精神の放浪記2』所収)
一九六三「新しい歴史観への出発」(一九七五『無思想時代の思想――わが精神の放浪記2』所収)
一九六四「電子計算機」(集⑪所収)
一九六五「ビュロクラシー」(集⑪所収)
一九六八「わがプラグマティズム体験」(「世界の名著」48『パース　ジェイムズ　デューイ』「付録」[対談] 中央公論社)
一九六九「最終講義　オーギュスト・コント」(一九七五『無思想時代の思想――わが精神の放浪記2』所収)
一九七〇「見落された変数――一九七〇年代について」(集⑪所収)
一九七三「地震　明日に迫ったこの国難」(一九七五『無思想時代の思想――わが精神の放浪記2』所収)
一九七四「三木清と昭和研究会」(一九八六『私の社会学者たち――ヴィーコ・コント・デューウィほか』所収)
一九七四「戦後の教育について」(一九八〇『戦後を疑う』所収)
一九七五「私のヴィーコ」(一九八六『私の社会学者たち――ヴィーコ・コント・デューウィほか』所収)
一九七五「最近の社会科学　2. ロイ・ハロッド『社会科学とは何か』によせて」(一九八六『私の社会学者たち――ヴィーコ・コント・デューウィほか』所収)(R・ハロッド『社会科学とは何か』(清水幾太郎訳) 岩波新書の「訳者の言葉」)
一九七六「天皇論」(一九八〇『戦後を疑う』所収)
一九七七「安保後の知識人」(集⑰所収)
一九七八「戦後を疑う」(一九八〇『戦後を疑う』所収)
一九八五「私の一生を決めた田山花袋『生』」(集⑲所収)
一九八八「研究室」(集⑲所収)

一九八八「若き読書子に告ぐ」（集⑲所収）

■その他の引用・参考文献

【あ行】

青木　理　二〇一六『日本会議の正体』平凡社新書
『朝日ジャーナル』一九八一　特集「検証・『戦後を疑う』論理」1月2・9日号
天野恵一　一九七九『危機のイデオローグ――清水幾太郎批判』批評社
石井正己　二〇一二『いま、柳田国男を読む』河出書房新社
石田　雄　一九八四『日本の社会科学』東京大学出版会
伊藤邦武　二〇一二『物語 哲学の歴史――自分と世界を考えるために』中公新書
――――　二〇一六『プラグマティズム入門』ちくま新書
ヴィーコ、ジャンバッティスタ　一七〇九『学問の方法』（上村忠男・佐々木力訳）岩波文庫、一九八七年
――――　一七二五『新しい学』（清水純一・米山喜晟訳）、『ヴィーコ』（「世界の名著」続6）所収、中央公論社、一九七五年
――――　一七二八『自伝』（上村忠男訳）平凡社ライブラリー、二〇一二年
ウィトゲンシュタイン、ルートウィヒ　一九二二『論理哲学論考』（野矢茂樹訳）岩波文庫、二〇〇三年
――――　一九五三『哲学探究』（藤本隆志訳）「ウィトゲンシュタイン全集」8、大修館書店、一九七六年
ヴェーバー、マックス　一九〇五『プロテスタンティズムの倫理と資本主義の精神』（大塚久雄訳）岩波文庫、一九八九年

上田閑照　一九九五『西田幾多郎――人間の生涯ということ』岩波書店（同時代ライブラリー）
上山春平　一九六八「プラグマティズムの哲学」『パース　ジェイムズ　デューイ』（「世界の名著」48）所収、中央公論社
内田義彦　一九九二「自然と人間――社会科学から」『作品としての社会科学』所収、岩波書店（同時代ライブラリー）
――　一九八一「清水幾太郎氏の『方向転換』を疑う」『エコノミスト』10月6日号
内村剛介　一九七五「『人間の自然』への回帰」『内村剛介著作集　第6巻　日本という異郷』所収、恵雅堂出版、二〇一二年
――　一九八八「ついにユリイカは訪れず――清水幾太郎氏を悼む」『内村剛介著作集　第6巻　日本という異郷』所収、恵雅堂出版、二〇一二年
――　一九八八「〝ヴレメンシチク〟の無思想圏」『内村剛介著作集　第6巻　日本という異郷』所収、恵雅堂出版、二〇一二年
オーウェル、ジョージ　一九四七「ウクライナ語版のための序文」『動物農場』（川端康雄訳）所収、岩波文庫、二〇〇九年
大久保孝治　一九九七「自伝の変容――清水幾太郎の3冊の自伝をめぐって」『社会学年誌』38（早稲田社会学会）
――　一九九九「忘れられつつある思想家――清水幾太郎の系譜」『早稲田大学大学院文学研究科紀要』第四四輯第一分冊
――　二〇〇四「清水幾太郎の『内灘』」『社会学年誌』45（早稲田社会学会）
――　二〇〇六「清水幾太郎における戦中と戦後の間」『早稲田大学大学院文学研究科紀要』第五一輯第一

分冊
――　二〇〇七「清水幾太郎における『庶民』のゆくえ」『社会学年誌』48（早稲田社会学会）
大澤真幸　二〇一二『夢よりも深い覚醒へ――3・11後の哲学』岩波新書
大塚久雄　一九六三「現代日本の社会における人間的状況――一つの感想風な回顧と展望」、大塚久雄著・齋藤英里編『資本主義と市民社会　他十四篇』所収、岩波文庫、二〇二一年
――　一九六七「生活の貧しさと心の貧しさ」『生活の貧しさと心の貧しさ』所収、みすず書房、一九七八年
――　一九七四「もう一つの貧しさについて」『生活の貧しさと心の貧しさ』所収、みすず書房、一九七八年
――　一九七八『生活の貧しさと心の貧しさ』みすず書房
岡　義武　一九七二『近衛文麿――「運命」の政治家』岩波新書
小熊英二　二〇〇二『〈民主〉と〈愛国〉――戦後日本のナショナリズムと公共性』新曜社
――　二〇〇三『清水幾太郎――ある戦後知識人の軌跡』御茶の水書房
オルテガ・イ・ガセット　一九三〇『大衆の反逆』（佐々木孝訳）岩波文庫、二〇二〇年

【か行】

鹿島　茂　二〇〇九『吉本隆明１９６８』平凡社新書
加藤典洋　一九九九『戦後的思考』講談社
――　二〇一七『敗者の想像力』集英社新書
加藤秀俊　一九五七「中間文化論」『加藤秀俊著作集』6所収、中央公論社、一九八〇年

――― 一九六三「『余暇』への視点――生活論から文明論へ」『加藤秀俊著作集』6所収、中央公論社、一九八〇年
――― 一九八四『余暇の社会学』(引用は、一九八八『余暇の社会学』PHP文庫から)
川田順造 二〇〇八『文化の三角測量――川田順造講演集』人文書院
川端康雄 二〇二〇『ジョージ・オーウェル――「人間らしさ」への讃歌』岩波新書
河村　望 一九七三『日本社会学史研究』(上) 人間の科学社
――― 一九七五『日本社会学史研究』(下) 人間の科学社
川本隆史 二〇〇〇「解説」、清水幾太郎 二〇〇〇『倫理学ノート』講談社学術文庫
菅　孝行 一九八二『感性からの自由を求めて――文明の破局・存在の危機』毎日新聞社
菊池理夫 二〇〇七『日本を甦らせる政治思想――現代コミュニタリアニズム入門』講談社現代新書
久野収・鶴見俊輔・藤田省三 一九六六『戦後日本の思想』岩波現代文庫、一九九五年（初出は一九五九年）
黒川　創 二〇一八『鶴見俊輔伝』新潮社
古在由重 一九八二『戦時下の唯物論者たち』青木書店
小林敏明 二〇一七『夏目漱石と西田幾多郎――共鳴する明治の精神』岩波新書
小室直樹 一九九七『小室直樹の資本主義原論』東洋経済新報社

【さ行】

坂本義和 二〇一一『人間と国家――ある政治学徒の回想』(上) 岩波新書
佐和隆光 一九九〇『豊かさのゆくえ――21世紀の日本』岩波ジュニア新書
芝　健介 二〇二一『ヒトラー――虚像の独裁者』岩波新書

柴田　翔　一九六四「されどわれらが日々――」文藝春秋（一九六三年初出）
庄司武史　二〇一五『清水幾太郎――異彩の学匠の思想と実践』ミネルヴァ書房
――　二〇二〇『清水幾太郎――経験、この人間的なるもの』ミネルヴァ書房
鈴木貞美　二〇〇五『日本の文化ナショナリズム』平凡社新書
――　二〇〇八『日本人の生命観――神、恋、倫理』中公新書
勢古浩爾　二〇一一『最後の吉本隆明』筑摩書房

【た行】

高橋源一郎　二〇一五『ぼくたちの民主主義なんだぜ』朝日新書
高橋哲哉　二〇〇四『教育と国家』講談社現代新書
多木浩二　一九九九『戦争論』岩波新書
竹内　洋　二〇一一『学歴貴族の栄光と挫折』講談社学術文庫
――　二〇一二『メディアと知識人――清水幾太郎の覇権と忘却』中央公論新社
竹田篤司　二〇一二『物語「京都学派」――知識人たちの友情と葛藤』中公文庫
都築　勉　一九九五『戦後日本の知識人――丸山眞男とその時代』世織書房
鶴見俊輔　一九八四『デューイ』（「人類の知的遺産」60）講談社
――　一九九一『鶴見俊輔集　4　転向研究』筑摩書房
鶴見俊輔・関川夏央　二〇一五『日本人は何を捨ててきたのか――思想家・鶴見俊輔の肉声』ちくま学芸文庫
デューイ、ジョン　一九〇九「ダーウィニズムの哲学への影響」、八杉龍一編訳『ダーウィニズム論集』所収、岩波文庫、一九九四年

――　一九二〇『哲学の改造』（清水幾太郎・清水禮子訳）岩波文庫、一九六九年
――　一九二二『人間性と行為――社会心理学序説』（東宮隆訳）春秋社、一九五一年
デュルケム、エミール　一八九七『自殺論』（宮島喬訳）中公文庫、一九八五年
――　一八九八「個人主義と知識人」、フィユー編『社会科学と行動』（佐々木交賢・中嶋明勲訳）所収、恒星社厚生閣、一九八八年
暉峻淑子　一九八九『豊かさとは何か』岩波新書
トロウ、マーチン　一九七六『高学歴社会の大学――エリートからマスへ』（天野郁夫・喜多村和之訳）東京大学出版会

【な行】

中井久夫　一九八二『分裂病と人類』東京大学出版会
中島道男　一九九七『デュルケムの〈制度〉理論』恒星社厚生閣
――　二〇〇一『エミール・デュルケム――社会の道徳的再建と社会学』東信堂
――　二〇〇八「エゴイスムとアノミー――E・デュルケム『社会分業論』『自殺論』」、井上俊・伊藤公雄編『社会の構造と変動』（「社会学ベーシックス」２）所収、世界思想社
――　二〇〇九『バウマン社会理論の射程――ポストモダニティと倫理』青弓社
――　二〇一八『丸山眞男――課題としての「近代」』東信堂
――　二〇二一「バウマン：他者とともにあること」、デュルケーム／デュルケーム学派研究会（中島道男・岡崎宏樹・小川伸彦・山田陽子編）『社会学の基本　デュルケームの論点』所収、学文社
中村達也　一九九二『豊かさの孤独』岩波書店

中村政則・森　武麿編　二〇一九『年表　昭和・平成史　新版1926―2019』岩波ブックレット
中村雄二郎　一九七八『共通感覚論――知の組みかえのために』岩波書店
――　一九八三『西田幾多郎』岩波書店
――　一九八八『問題群――哲学の贈りもの』岩波新書
――　一九八九『場所――トポス』弘文堂
中山又三郎　一九五三「清水幾太郎氏の『内灘』を読んで」『世界』11月号
成田龍一　二〇一六『「戦後」はいかに語られるか』河出書房新社
難波功士　二〇一四『「就活」の社会史――大学は出たけれど…』祥伝社新書
ニーチェ、フリードリヒ　一九〇一『権力への意志――すべての価値の価値転換の試み』（原佑訳）『ニーチェ全集』第十一巻（上）、第十二巻（下）、理想社、一九六二年
西部　邁　一九八六『大衆社会のゆくえ』（NHK市民大学）日本放送出版協会
――　一九八八「能動的ニヒリストの生涯」『中央公論』10月特大号

【は行】

バウマン、ジグムント　二〇〇四『廃棄された生――モダニティとその追放者』（中島道男訳）昭和堂、二〇〇七年
福田恆存　一九五四ａ「平和論と民衆の心理」『福田恆存全集』第三巻、文藝春秋
――　一九五四ｂ「平和論にたいする疑問」『福田恆存全集』第三巻、文藝春秋
――　一九五五「ふたたび平和論者に送る」『福田恆存全集』第三巻、文藝春秋
フクヤマ、フランシス　一九九二『歴史の終わり』（上）・（下）（渡部昇一訳）三笠書房（原書刊行も一九九二年）

藤田省三 一九八一「或る喪失の経験――隠れん坊の精神史」『精神史的考察』（藤田省三著作集5）みすず書房、一九九七年
―― 一九八二「今日の経験――阻む力の中にあって」『全体主義の時代経験』（藤田省三著作集6）みすず書房、一九九七年
―― 一九八五「『安楽』への全体主義」『全体主義の時代経験』（藤田省三著作集6）みすず書房、一九九七年
ベラー、ロバート 一九五七『徳川時代の宗教』（池田昭訳）岩波文庫、一九九六年

【ま行】

松沢弘陽・植手通有編 二〇〇六『丸山眞男回顧談』（上） 岩波書店
松本 晃 二〇〇〇『清水幾太郎の「20世紀検証の旅」』日本経済新聞社
松本健一 一九九三「清水幾太郎の場所」『清水幾太郎著作集』⑰「月報」
松本清張 一九九七『両像・森鷗外』文春文庫
丸山眞男 一九五二「『現実』主義の陥穽」『丸山眞男集』第五巻、一九九五年
宮部みゆき 二〇〇〇『蒲生邸事件』文春文庫
森嶋通夫 一九八四『なぜ日本は「成功」したか？――先進技術と日本的心情』ＴＢＳブリタニカ

【や行】

柳田國男 一九一〇『時代ト農政』、『定本柳田國男集』第16巻、筑摩書房、一九六九年
―― 一九二八『青年と学問』、『定本柳田國男集』第25巻、筑摩書房、一九六九年

――――　一九三八『故郷七十年』、『定本柳田國男集』別巻3、筑摩書房、一九七一年
山本七平　一九七九ａ『日本資本主義の精神――なぜ、一生懸命働くのか』光文社
――――　一九七九ｂ『勤勉の哲学――日本人を動かす原理』ＰＨＰ研究所
湯浅泰雄　一九九五『和辻哲郎――近代日本哲学の運命』ちくま学芸文庫
吉野源三郎　一九八二『君たちはどう生きるか』岩波文庫
吉見俊哉　二〇〇七『親米と反米――戦後日本の政治的無意識』岩波新書
吉本隆明　一九五八「転向論」『吉本隆明全集　５　１９５７―１９５９』所収、晶文社、二〇一四年
――――　一九六三「丸山真男論」『柳田国男論・丸山真男論』所収、ちくま学芸文庫、二〇〇一年
――――　一九六六『自立の思想的拠点』徳間書店
――――　一九九五『わが「転向」』文藝春秋

【ら行】

リオタール、ジャン＝フランソワ　一九七九『ポスト・モダンの条件――知・社会・言語ゲーム』（小林康夫訳）書肆風の薔薇、一九八六年

【わ行】

渡辺　慧　一九九三「清水幾太郎さんの思い出」『清水幾太郎著作集』⑮「月報」
和辻哲郎　一九三二「国民道徳論」『和辻哲郎全集』第二十三巻、岩波書店、一九九一年
――――　一九四八「国民統合の象徴」『和辻哲郎全集』第十四巻、岩波書店、一九六二年

著者略歴

中島道男（なかじま　みちお）

1954年生まれ
1977年　京都大学文学部卒業
1981年　京都大学大学院文学研究科博士課程中退
現在　奈良女子大学名誉教授
専攻　社会学
著書　『デュルケムの〈制度〉理論』恒星社厚生閣（1997年）、『エミール・デュルケム――社会の道徳的再建と社会学』東信堂（2001年）、『バウマン社会理論の射程――ポストモダニティと倫理』青弓社（2009年）、『ハンナ・アレント――共通世界と他者』東信堂（2015年）、『丸山眞男――課題としての「近代」』東信堂（2018年）、ほか。
翻訳　ジグムント・バウマン『廃棄された生――モダニティとその追放者』昭和堂（2007年）、ほか。

清水幾太郎の闘い

2023年11月10日　　初　版第1刷発行　　〔検印省略〕

定価はカバーに表示してあります。

著者©中島道男／発行者 下田勝司　　印刷・製本／中央精版印刷

東京都文京区向丘1-20-6　　郵便振替00110-6-37828
〒113-0023　TEL 03-3818-5521　FAX 03-3818-5514　発行所 株式会社 東信堂

Published by TOSHINDO PUBLISHING CO., LTD.
1-20-6, Mukougaoka, Bunkyo-ku, Tokyo, 113-0023, Japan
E-mail : tk203444@fsinet.or.jp　　http://www.toshindo-pub.com

ISBN978-4-7989-1873-0　C3030